周巍 编著

看见生长的力量

的力量

基于立人思想的『三全导师制』探索与实践

Kanjian
Shengzhang
De Liliang

JIYU LIREN SIXIANG DE
SANQUAN DAOSHIZHI
TANSUO YU SHIJIAN

文汇出版社

图书在版编目(CIP)数据

看见生长的力量:基于立人思想的"三全导师制"
探索与实践/周巍编著.—上海:文汇出版社,
2023.8
ISBN 978-7-5496-4109-3

Ⅰ.①看… Ⅱ.①周… Ⅲ.①中学教育-教学研究
Ⅳ.①G632.0

中国国家版本馆 CIP 数据核字(2023)第 158615 号

看见生长的力量
——基于立人思想的"三全导师制"探索与实践

- -

编　　著 / 周　巍

策划编辑 / 张　涛

责任编辑 / 汪　黎

封面装帧 / 梁业礼

出版发行 / 文匯出版社

　　　　　上海市威海路 755 号(邮政编码:200041)

经　　销 / 全国新华书店

印刷装订 / 上海新文印刷厂有限公司

- -

版　　次 / 2023 年 8 月第 1 版

印　　次 / 2023 年 8 月第 1 次印刷

开　　本 / 787mm×1092mm　1/16

字　　数 / 290 千字

印　　张 / 14

ISBN 978-7-5496-4109-3

定　　价 / 68.00 元

- -

编委会

主　　编：周　巍

副主编：时　颖

编　　委：(按姓氏字母排序)

郭　坤　吉　利　钱炜临　苏莉丽　徐　瑶

禹晓丽　应晓默　俞颖婷　张丽芳　张则见

序一

党的十九大以来,中共中央、国务院提出坚持全员、全过程、全方位育人(简称"三全育人")的要求,虹口教育充分发挥区域"海派文化发祥地、先进文化策源地、文化名人聚集地"的资源优势,形成了"一体两翼三联动"育人机制,打造了"三全育人"新范式。

世界上没有两片一模一样的树叶,人亦如此,每一个生命都是独特的。全员导师制是新时代教育综合改革背景下,推进"三全育人"、构建新型关系在现代学校制度建设中的集中体现。它强调"教师全员参与、覆盖全体学生、关注重点个体、坚持因材施教",是教师对学生的学习生活、心理健康、生涯规划等进行全面指导的育人新机制。

上海市鲁迅中学自 2007 年至今,坚持传承鲁迅先生"首在立人"的办学精神,积极改革传统的班主任制,全面推进有本校"三全"(全员、全覆盖、全方位)特色的"导师制"工作。学校以深化"三全育人"综合改革为契机,始终将"三全"导师制工作融入学校工作的方方面面,聚焦"顶层设计""育人内容""关键人物""学生成长的关键环节"四个方面,务实推出导师制工作的"看、访、议、写"四步工作法,积极打造了以班主任为核心的导师团队,引导全体导师合力关注学生健康成长。学校坚持每年举办"德育论坛",重点围绕学生学业、心理、家庭教育指导等主题,精心组织导师利用论坛分享学生个案、深化工作交流,为本区学校的导师制工作提供了丰富、可借鉴的实践经验。

事实上,导师的作用能否得到充分发挥,关键在于学生是否有与导师沟通的意愿。据了解,鲁迅中学在开展"三全"导师制的探索实践中,坚持师生"双向选择",形成师生沟通的"双向奔赴"。同时,鼓励导师们挤出时间,多和学生们在一起,参与他们的各种学习、实践、课余活动等,努力实现"以心交心、以爱育爱"。

全员导师制下,导师肩负着"双重责任"——既要做学生的"良师益友",关心指导他们全面发展,疏解学业压力、增强成长信心;也要成为家校的"沟通桥梁",缓解家长养育焦虑,引导家长树立正确的教育观、成才观。为此,鲁迅中学坚持以"三全"导师制为平台,不断完善"三全育人"工作体系,强化"家—校—社"协同育人新机制,积极构建起具有时代特征、学校特色的现代学校治理制度,营造了良好全员育人氛围。

"师者,所以传道受业解惑也。"教师不仅是教授知识的教书匠,更是照亮学生前进道路的灯塔。实施"全员导师制",是践行习近平总书记"广大教师要做学生锤炼品格的引路人,做学生学习知识的引路人,做学生创新思维的引路人,做学生奉献祖国的引路人"好老师标准的具体举措,也是助力学生全面发展、健康成长的有效手段。虹口教育将始终坚持以"全员导师制"为抓手,不断探索创新,着力完善机制,持续深化"心育培塑工程"和以青春期青少年学生为重点的"润心滴灌工程",用心用情护佑每一个学生全面健康成长!

虹口区教育工作党委书记

序二

"首在立人"是伟大的文学家、思想家、教育家鲁迅先生的教育思想。鲁迅先生又是一位民主战士,在中国的新文化运动和新民主主义革命中,不仅身先士卒,更是成为不少青年志士的"导师"。今天的鲁迅中学继承了鲁迅先生的"首在立人"教育思想和"俯首甘为孺子牛"的鲁迅精神,在教育改革的过程中率先实施"三全育人导师制",取得很好效果,成为当前基础教育全面推进"中学导师制"的典范与榜样。

人们往往以为教育中的导师制起源于西方,不少人认为是起源于14世纪的牛津、剑桥大学。其实,中国教育中的导师制要远远早于西方,早在先秦时期的私学、汉初的经学大师在教学中都实行导师制。我国导师制的一些思想与做法被称为"师儒训导制",那时的教师职责就是"导师","教"与"导"、"学"与"研"融合在一起,既教书又育人,不但给学生以学识,还引导学生掌握学习方法和做人之理,形成了我国古代重视学生学习与品行共发展的传统教育理念。

自有现代教育以来,中学导师制的推行虽曾有政府要求与民间呼声,但种种原因导致并未实行,直到上世纪末,随着基础教育改革的深入,特别是中高考制度的改革,"导师制"重新被引入基础教育领域,并得以创新发展,被赋予了新的内涵与意义。2017年,中共中央、国务院印发《关于加强和改进新形势下高校思想政治工作的意见》,要求"坚持全员、全过程、全方位育人","三全育人"也由此成为上海探索大中小幼一体化育人体系和育人方式改革的重要指导理念。自2020年起,在全市12个区186所中小学,启动了"全员育人导师制"的探索和实践。至此,"导师制"逐渐成为上海市中小学深化育人方式改革和学生发展指导的典型实践模式。

鲁迅中学的"导师制"开始于2007年,在"鲁迅先生是青年导师"的感召下,根据教育分层的思想,对部分"学困"与"学优"的学生实施导师制,试图引导和指导学生得到个性化的帮助与发展,被称为"教师辅导制"。探索取得了很好的成效,开始建立了新型的师生关系,教师逐步从知识权威转向学生学习的促进者、组织者,成为平等参与学生学习的研究者,以及学生心灵成长的影响者、激励者。

三年教师辅导制的实践效果引发了学校和教师的进一步思考,在鲁迅先生"首在立人"思想的指导下,决定进一步扩大学生辅导面和辅导内容的涵盖面——从学生学业指导到兼导学生人生,构建一种全新的德智兼容模式,称之为"三全导师制",也就是具有"全员、全程、全方位"育人特点的导师制。在此过程中,学校努力探索了诸如教师工作精力、时间有限,如何统筹兼顾;教师绝大多数是"术业有专攻",如何指导学生的不同需求等问题,并形成了一定的导师工作方法与规范。

伴随上海高等学校考试招生综合改革的启动,导师制成为新时代教育综合改革背景下,推进"三全育人"、构建新型师生关系、建设现代学校制度的集中体现之一,并将带来一系列学校治理体系的深刻变化。在此背景下,学校进一步将导师制这项"有价值、有意义"的工作继续具体做、深入做、借助信息技术高水平做,使其与高中生身心健康发展、多元升学、职业规划等方面需求相匹配,并以"三全"导师制为平台优化了师生关系和家校关系,打造了"家—校—社"协同育人机制,逐步建成了凸显特色、多维联动的"三全导师制",使之成为学校育人特色之一。

十多年来,鲁迅中学的"三全"导师制实践,积累了丰富的案例,为高中阶段学校全员导师制的开展提供了一个丰富立体的借鉴案例。目前,学校正在逐步打造以班主任为核心的导师团队,试图合力在思想、学业、体育、美育、情感、心理等方面关注学生综合素养的成长,同时助力家长成长。

学校也认识到落实育人职责的关键还在于进一步提升导师自身素养,增强全体教师的育人意识和导航能力,努力建设一支高素质专业化教师队伍。同时,支持导师高水平研究学生,有效育人的技术、工具、资源的不断开发与优化也是学校正在努力探索与实践的内容。有理由相信,鲁迅中学每一个学生健康快乐、全面而有个性成长的力量将会被更多地看见。

上海市教育科学研究院研究员　朱怡华

2023 年 6 月于浦东

目录
CONTENTS

第一章

绪论：看见生长

周　巍

针对当代学生自我意识、主体意识日益增强的情况及高中生身心健康发展、多元升学、职业生涯规划等方面的需求，上海市鲁迅中学历经十六年，以鲁迅先生"首在立人"思想为办学理念，围绕从德育新模式到人才培养新模式的构建，展开了系统的实践。

第一节　问题提出的背景

一、学校发展的需要

上海市鲁迅中学创办于 1963 年，是以伟大的文学家、思想家、革命家鲁迅先生名字命名的一所区实验性示范性高中。自命名起，鲁迅先生的"首在立人"思想即成为学校几十年一以贯之的办学理念。

围绕这个办学理念，学校提出"抱诚守真，首在立人；规范选择，特色发展"的 16 字办学策略，"爱、诚、进、韧"的立人核心标准，以及"研究学生个性，发展学生特长"的立人途径，不断深化教育工作，学校、教师、家长、社会形成合力，共同助力学生核心素养提升和健康成长，以落实"立德树人"根本任务。这为"三全导师制"在学校的探索和实践提供了必要的基础。

导师制是一种教育制度，与学分制、班建制合为三大教育模式。一般认为，现代意义上的教育导师制度起源于英国牛津大学。

从词义上来说，"导师"一词应该包括两层意思：第一是"导"，《说文解字》中，将"导"作"引"解，即"引导"的意思；第二是"师"，一般词典对"师"有多种解释，其中，和"导"相联系又比较贴近的解释是指"教师"，即专门从事教书育人工作的人。将"引导"学生发展作为一种专门的制度，并由专门的职业人员，即教师去实施的这种制度就是"导师制"。

　　导师制的最大优势是师生关系更为密切,教育效果更为明显。导师不仅要指导学生的学习,还关注其心理健康、关心其生活起居、帮助其规划学涯,形成在课程教学以外密切的师生关系,延伸为生涯教育。

　　随着社会现代化发展趋势增强,学生自我意识和主体意识日益增强,学校教育教学面临着时代的新挑战,为了提升学校教育教学的有效性,提高办学和所培养学生的质量,需要重点关注"以人为本"的教育改革。

二、教育教学面临的挑战

　　学校教育教学面临着时代的新挑战,在开放社会的背景下,学生更加追求自尊和独立个性。为了呼应时代对培养下一代青少年更高教育期盼的需要,提升学校教育教学的有效性,提升办学和所培养学生的质量,需要重点关注教育实施的人本化,个性化。学校为了实现校本育人目标,全面注重教育内容、教育方法和教育途径的人本化改革。

　　鉴于新时代发展的需要,对青少年学生,除了加强常规性的学校管理、学科教育教学和班主任德育外,还需要更多老师参与教育改革,实施个别化教育,探索和实践以人为本、关注个性发展的育人模式改革,为达成校本化育人目标做必要的铺垫。学校从 21 世纪初就开始了延续至今 14 年之久的"三全导师制"探索与实践。

第二节　研究历程与实践

　　"三全导师制"的实践探索并不是一蹴而就的,经历了不断探索、不断实践,而逐步达成目标的过程。

一、第一阶段 2007 年—2011 年 先行与摸索 1.0 版:双向选择的"教师辅导制"

(一)时代背景

　　进入 21 世纪,伴随着社会发展和时代转型,家庭对子女成长的期盼发生深刻变化。区域教育整体环境也发生了巨大变化,学校生源情况也悄然发生着诸多变化。教师若要应对这样的变化,不仅需要保持原有的教育教学成效,还应当思考针对不同层次学生使其得到个性化发展。尤其是从两端着手,更好地帮助"学困生"强化自信和补齐学习短板,更好地帮助"学优生"更大限度地发挥自身的优势。学校应该如何进一步建立起师生之间的良好关系呢?

　　2001 年 6 月由教育部印发的《基础教育课程改革纲要(试行)》(简称《改革纲要》)要求:建立促进学生全面发展的评价体系。我校基于课改的目标,受到"鲁迅先生是青年导师"的启发,在教育分层思想的指导下,结合校情的变化——生源质量较以往有所下降,决定探索建立新型的师生关系,即实现教师从知识权威到学生学习的促进者、组织者的转变,进而成为平等参与学生学习的研究者,以及学生心灵成长的影响者、激励者。

(二)研究实践

2007年9月,鲁迅中学开始尝试开展导师制的雏形"教师辅导制",着重关注学困生、学优生,因为这两端学生的表现影响着更多学生。良好的师生关系也影响着全体学生的学习态度、学习成绩,学生个性发展也得到促进。

学校成立了由校长任组长的工作小组,对这项工作进行全面领导与管理。确立了每个年级以年级组长、两位班主任和两位教师代表组成的年级工作小组,共同管理。

学校召开全体教工大会和学生大会,就"教师辅导制"的重要性和必要性进行了广泛宣传,确定教师与学生"双向选择"的运行机制:优先让学生自选教师,在此基础上,由年级工作小组进行统筹调剂,让所有有需要的学生都能得到教师的个别化辅导。辅导教师通过与学生的互相交流、互相探讨,帮助学生认识自己的核心竞争力和自身存在的不足,以及就自己定位的人生目标制订相应的发展规划和实施措施。班主任也积极参与到指导学生如何有效制订规划的过程中。除此之外,辅导教师还会在日常与所辅导学生进行交流和沟通,指导学生全方面的发展。

基于"教师辅导制",在"一对一""一对几"的辅导过程中,教师对学生学业的个别辅导工作责任加强了、学业质量优化了,高考中的大学本科升学率也有所提升。毋庸讳言,"教师辅导制"的起点虽然是"建立促进学生全面发展的评价体系",但实践过程中,我们仍然感觉到其立足点还是侧重于学科辅导和学业指导的要求。

二、第二阶段 2011年—2015年 彰显鲁迅特色2.0版:"看、访、议、写"的"三全导师制"

(一)时代背景

学生在校三年的实践收获了学业成效,同时也引发了学校和教师的进一步思考:高中三年间,由于学生的个体差异,他们所遇到的问题不尽相同,除了学业,还有更多来自其他方面的问题,却相对较少得到关注。基于对第一阶段效果的分析,我们觉得有必要扩大辅导制内容的涵盖面——从学生学业指导到兼导学生人生,构建一种全新的德智兼容的模式。相信在新的模式下,师生关系应该会更为密切并对教学效果提升有更大的帮助,同时,将会离《改革纲要》要求的目标更近一步。

当然,促进师生关系变化也必然会带来新的困惑或问题。许多教师提出:工作精力、时间有限,如何统筹兼顾?学生的需求不同,教师绝大多数都是"术业有专攻",如何指导学生?

(二)研究实践

2011年6月,为了加强育人工作的有效性,学校将"教师辅导制"从内涵和做法上进行了改进和深化。将鲁迅先生的"首在立人"思想引入导师制中,构建成"三全导师制",也就是具有"全员、全程、全方位"育人特点的导师制,以更加符合并彰显"首在立人"的办学理念。

全员：全体教师参与。通过双向选择，确定辅导教师名单，做到在学校里"教师人人是导师，学生个个受关爱"。

全程：涵盖全体学生整个高中学程。从高一至高三每个年段的每一位学生都有一位导师，他们又多了一位"良师益友"。三年的高中生活，导师与学生携手共成长。

全方位：全面指导学生成长。做学生全方位的导师，给予学生学业指导、生活辅导、心理疏导、职业导航、人生规划指导等。

在原有基础上，学校进一步明确导师工作责任和要求。导师要主动和全面关心所辅导学生，担负起如下任务：

(1)每月一谈心，师生共同做好记录，并及时与班主任保持沟通；

(2)经常性指导，如指导学生研究型课程和拓展型课程的选题与选课工作等；

(3)经常性沟通，经常与家长保持联系和沟通，及时反馈被辅导学生在校信息；

(4)半年一接待，或利用家长会或家长接待日，与家长面谈沟通；

(5)一年一反思，每学年导师撰写个案和指导论文，通过反思提高指导实效。

学校同步开展了"研究学生个性 导航规划人生——三全导师制校本课程的构建与实施"的研究。完善了《导师辅导制手册》，做到"一生一档"，加强记录与研究。确立了"看、访、议、写"的小结交流形式。此形式包括：定期查看《学生导航手册》《导师辅导手册》和活动的原始资料，及时了解开展情况；定期访谈导师和结对学生，了解他们的需要和想法；讨论"导"过程中的难点和热点问题，寻找解决的办法，及时进行调整；课题组策划专题活动，导师负责撰写结对学生个案和心得体会。

在第一阶段学业成效的基础上，"三全导师制"的实施，进一步发挥包括任课教师在内的学校全体教师在新课程改革中的指导和教育作用；营造全员育人的教育氛围；秉承新课程改革的要求，推动师生之间积极平等的充分互动、教书育人的和谐统一，努力在学校里做到"教师人人是导师，学生个个受关爱"，促进每一位学生的全面健康成长。

三、第三阶段 2015—至今 完善与发展 3.0 版：基于数据、多维联动的"三全导师制"

(一)时代背景

2014 年，伴随上海高等学校考试招生综合改革的启动，加强对学生理想、心理、学习、生活、生涯规划等方面指导，帮助学生树立正确理想信念，正确认识自我，更好地适应高中学习生活，处理好个人兴趣特长与国家和社会需要的关系，提高选修课程、选考科目、报考专业和未来发展方向的自主选择能力，显得尤为重要。

前八年的教育实践，"三全导师制"已经成为学校重要的学业—德育融合新模式，如何在原有的对学生全面、全程、全方位辅导要求的基础上，进一步将导师制这项"有价值、有意义"的工作具体做、深入做、高水平做，构建人才培养新模式，使其同高中生的身心健康发展、多元升学、职业规划等方面需求相匹配，以促使每一个学生达到全面发展、个性发展、特色发展,成为了学校在第三阶段研究、实践的重点。

(二)研究实践

1. 完善常规举措,开展符合学生特点的导师制特色活动

学　段	培养目标	特色活动
高一年级第一学期	社会主义核心价值观教育; 爱、进的教育	"真情传递"活动
高一年级第二学期	理想信念教育(职业道德); 社会主义核心价值观教育(公民意识); 诚、进、韧的教育	"走出校园,一同探访"活动
高二年级第一学期	心理健康教育; 爱、进的教育	"师生同乐"活动
高二年级第二学期	理想信念教育; 心理健康教育; 爱、诚、进、韧的教育	"夸夸我的导师"活动
高三年级	理想信念教育; 心理健康教育(励志;意志品质); 爱、诚、进、韧的教育	"毕业了,我想对你说……"活动

在完善一系列常规性举措的基础上,在各年级开展符合学生身心特点的导师制特色活动。在实践中,导师们以家访、心理疏导、主动资助等方式,给予特殊、困难学生更多的帮助、关爱、温暖;通过导师、学生共同参与的讲座学习、心理团训、拓展训练等活动,提升班、团干部的理论素养、团队意识、工作能力。

2. 修订完成导师、学生谈心记录 3.0 版本

依托区校合作项目《生涯教育视角下学生个性化辅导中导师制的深度实践与改进》的开展,学校对原有的谈心手册再次修订,初步形成了导师和学生的两本记录手册。同时利用教工学习时间,宣讲导师制相关内容及调整后的手册使用事项。继续开展"关爱计划",了解学生个性化需求,并及时调整导航计划给予学生更为有效的个性化辅导。

3. 将"立德树人"与学校实际工作相融合,持续加强实践探索

伴随着《关于深化教育体制机制改革的意见》(2017 年 8 月中办国办印发)和《关于新时代推进普通高中育人方式改革的指导意见》(2019 年国务院办公厅颁布)的相继颁布,为了更好地贯彻两份教育《意见》的精神,进一步将"立德树人"根本任务与学校实际工作相融合,学校做了如下实践:

(1)积极开展校园数字化建设

在大数据时代,学校自主开发"可视化数据模型",将来源于学情的真实数据作为资源,根据考试波动的标准差,借助机器学习算法设定预测半径,在系统中呈现每一位学生在学业模型中的具体位置。

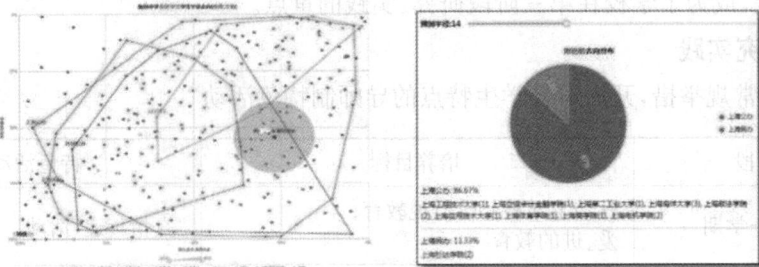

可视化数据模型

　　结合学校购买相关测评服务,对学生进行心理健康等项目测评的数据,给出学生个人画像,在多元录取的高考环境下,帮助学生精准定位,给予导师以数据支撑,协助导师给迷茫的学生、家长以指导,一定程度上消除学生、家长焦虑情绪。

　　(2)积极实施"关爱计划"

　　基于"三全导师制",推行"关爱计划",建立个案分析制度,形成骨干指导团队,深入各个年级排摸特殊学生,确立重点关注对象,并进行集体会诊。团队动态跟踪、调整,协助班主任、导师帮助学生解决在学习、生活、心理等方面的困惑,给予学生以个性化辅导、陪伴式关怀,为学生身心健康成长护航。

　　(3)家校联动,形成教育合力

　　我校作为上海市家庭教育示范校,导师充分结合学生个体情况,发挥学科育人的功能,优化教师与家长之间的家校沟通,指导家长开展家庭教育,缓解学生过度的学习压力、情感压力和家长在教育中的焦虑,重构与现代教育治理体系相适应的和谐师生关系、家校关系和亲子关系。

　　(4)联动社会,探索生涯教育多途径

　　学校注重与社会、社区联动,依托"三全导师制",基于鲁迅中学升学数据库的支持,"走出去、请进来",积极探索生涯教育的多途径模式:①导师和学生共同参观一些大学校园、参加上海市职业模拟体验营;②邀请家长、社区工作人员、校友走进学校,开设职业规划讲座等活动;③学校统一安排、组织导师参与各种活动,有许多导师在寒暑假期间走进暑托班、图书馆等实践基地,指导学生志愿者工作,与学生共同体验志愿者实践活动;④导师指导学生开展寒假职业访谈、暑假职业实习活动,强化生涯体验教育。

　　4. 开展经常性的导师培训与研讨活动

　　学校注重对导师的培训,支持所有教师,尤其是青年教师参与心理专业知识培训、家庭教育师等培训,采用全体培训和分层培训相结合、自培和他培相结合的模式,通过研讨培训,启迪智慧,取得良好效果。

　　随着研究和实践的深入,需要把"导"做得更好,内涵更加深入,外延更加拓展,覆盖到学生的人生全部,积极助力其未来的成长和成才。在德育论坛中,导师们以智慧结晶、教育诠释和教育案例分享了各自的实践与思考。

第三节 研究内容与价值

"三全导师制"扎根在鲁迅中学，作为一种运行多年的制度，既包含策略性艺术和技术性方法，也是体现鲁迅中学"首在立人"办学理念的一项人本关怀制度。

一、引领学生健康成长的引路人

随着"三全导师制"的全面实施，学校出面为全体学生健康成长都推荐了一位亲密引路人（导师）。候选导师覆盖到全校教师，这就要求全体教师关注自己带教的学生成长，从入学至毕业的整个教育过程，从学习到生活的各个环节，都是应该被关心的内容。

"三全导师制"可以为每一个在校中学生的学习、生活、交往和未来职业选择提供有益帮助与指导途径，也是可以引导全体学生主动、持续、和谐发展的教育运行及管理机制。在中学生中建立导师制，可以有效帮助青年学生解决学习、成长中的困惑与矛盾，从而更好地实施个别化教育。促进了学生健康发展。

二、形成富有特色的德育校本制度

鲁迅中学实行的"三全导师制"，区别于其他的人才培养模式，可以称为富有特色的德育校本制度，这是因为这种德育制度有以下特点：

1."导师制"关注学生更多的个人成长问题

我校的"导师制"当然很关注学生的学业，但更倾向于关注广义的学生成长问题，比如，思想、心理、品格、道德、人际关系、生涯目标、个人发展等。这类问题通常很难通过课堂、课程或辅导的方式来解决，而通过推进"导师制"，以及师生之间非公开的指导与交流，解决学生的人际交往、生涯规划、个人成长的问题，促进其健康的心理、优良的品格养成。

2."导师制"鼓励形成师生长期的支持性关系

我校的"导师制"通常采用"一对一"或"一师对多生"的指导方式，学生有需要可以单独找导师，导师也会定期与所指导学生（学校将此类学生简称为"导生"）接触。因此，建立长期的导师与导生①的支持性关系，特别适合解决学生学业及生涯发展进程中产生的各种个性化问题，是一条最合适的师生个别交往途径。

3."导师制"提倡导师的言传身教，起到榜样引领作用

导师的挑选是双向的，尤其关注学生对导师的选择性。导师至少对学生来说是可接受的，得到认同的，可以成为伙伴关系的老师，具有亲近性的一面，并为建立更为密切的师生关系奠定了扎实的基础。于是，导师的榜样作用、言传身教的力量，将是独一无二的。

---

① 导生：特指被导师指导的学生。书中"导生"皆同此注。

4."导师制"更加注重隐性知识的传承和感悟

大多数的教育教学所传播的都是显性知识,就是能用文字写入教科书,可以在大庭广众之下宣讲和传授的知识。"导师制"在施行的过程中,学生从导师身上学到的往往是很难提炼的隐性知识,比如,为人处世的方式、想问题的思路、动态解决问题的能力、交友的艺术等,而这些隐性知识对人才发展的促进作用更为显著。导师制能够使隐性知识的传递成为可能,在学习过程中,最难传授的就是隐性知识。导师制则可以通过导师和学生一对一的结合,导师传授一些具体的、亲身的经验,使学员领会或感悟一些隐性知识。导师制还可以提高导师本身的教育业务能力,因为并不是所有人生来就会辅导别人,做他人思想工作的。这个导育过程本身就是对导师的一个提高的过程。

5."导师制"光大了"俯首甘为孺子牛"的鲁迅精神

在鲁迅中学,讲到"导师制",不能不说鲁迅精神对学校的影响。上世纪二三十年代,鲁迅先生就是当时上海一批优秀青年作家的导师,尤与左联的胡也频、柔石、殷夫、冯铿、李伟森(后称"左联五烈士")等有更多来往,堪称"俯首甘为孺子牛"。后来,鲁迅先生又写下《为了忘却的记念》(1933年)、《白莽作〈孩儿塔〉序》(1936年)等文,以纪念"左联五烈士"。鲁迅中学推行"三全导师制",其实就是受到鲁迅先生当年做青年作家们的导师故事的影响。"导师制"现已深深影响我校一线教师的成长和发展。

三、"三全导师制"辐射及推广成效

"三全导师制"作为一种德育创新方式已经渗透到学校的各项活动和各个领域中,成为学校工作的重要组成部分。除了日常的教育教学工作之外,在家庭教育指导、心理健康教育、学生生涯学涯指导、志愿者服务等领域,导师制也发挥了积极重要的作用,促进了全体学生素质的提升和学校办学质量的节节提高。据不完全统计,2014年至今,学生在国家级、市级各类比赛中获奖200多人次;2018年至今,教师在国家级、市级各类比赛中获奖77人次。

在"三全导师制"的实践中,学校注重对导师的培养,定期开设德育论坛分享导师工作经验,同时鼓励青年教师参与心理专业知识、家庭教育师等的培训。采用"全体培训和分层培训"的形式,自培和他培结合的模式,开设导师培训课程,通过研讨培训,启迪智慧,取得了良好效果。

学校完成编撰《"三全导师制"的构建与实践研究》一书,围绕与此相关内容,先后在各级各类科研项目上成功立项6项,案例获奖5项,其中2020年12月,我校德育案例《爱诚进韧 首在立人》(三全导师制为其中重要组成部分)入选教育部"一校一案"落实《中小学德育工作指南》典型案例;2021年,学校开发了区级教师培训课程"'全员导师制'背景下高中学段导师指导的路径和策略"。

近年来,除了各大报纸期刊对我校导师制相关内容进行报道和转载以外,我校还在市区乃至全国范围内进行了有关内容的专题交流和主题报告,截至2020年12月,共有相关

报道、交流、报告 20 篇左右。如今打开网络搜索"三全导师制",可以看到许多与我校导师制工作相关的报道和转载内容,可见影响范围之广。我校"导师制"工作已获得了许多同行的认可,也被许多同行借鉴。

第四节　研究成效与反思

经过十多年的实践,学校意识到转变教师的观念,推进校本化的创新,并非易事。这不但需要坚持开展持续探索实践,更需要不断总结反思,还需要相应的运行保障机制。但我们坚信,只要坚持,总是可以达成目的的。"三全导师制"的实施,就是这样一个渐趋目标达成的过程。

迈入新时代,面对新情况、新要求、新变化,学校更应当意识到改革育人方式、健全落实立德树人机制、全面提高教师队伍的育德能力、提升学生发展指导能力的重要性。就我校校情来说,需要以深化导师制为抓手,进一步健全落实机制,进一步转变育人方式。学校将深入构建人才培养新模式,发展素质教育,遵循教育规律,注重对学生的思想引领、学业指导、生涯规划、心理护航,不断完善、强化与之同步的、适合不同学生多样化、个性化发展需要的高中教育教学管理机制。学校还将为教师的专业化发展开辟新的空间,为学生适应社会生活、接受高等教育和未来职业发展打好基础,努力培养德智体美劳全面发展的社会主义建设者和接班人。

一、"三全导师制"中的导师角色定位

实行了"三全导师制",就把"人人都是德育工作者"的要求真正落到了实处。每一位教师都必须做导师。不论资历深浅,自愿与否,只要是本校教师都必须承担起这一份责任。

导师要将课堂教育与课外教育相结合,共性教育与个性教育相结合,重点在课外教育和个性化教育。努力使自己成为学生心灵的聆听者、思想的引导者、生活的帮助者、未来的策划者。导师要在生活、学习、做人等方面对学生进行全方位的关心和指导,把目标瞄准在每天发生在学生周围的具体的、实在的教育事件和教育细节上,并把这些教育实践中的问题作为研究的起点,使教育研究与教师自身的生活体验相结合,真正成为专业发展和素养提升的基础。

论导师制中教师的多元化角色

随着双新的推进,教学模式的改变,教师角色的转换,给广大教师带来不少挑战和压力。构建民主、平等、和谐的新型师生关系是时代发展的必然,也是教育改革的要求。如何构建起这种良好的师生关系,确保教学改革的顺利进行,笔者认为本校实行的导师制恰

好体现民主、平等、和谐的师生关系,是一个富有成效的探索。

导师制是一种教育制度,与学分制、班建制同为三大教育模式。导师制的最大特点是师生关系密切。导师不仅要指导学生的学习,还要指导学生的生活,进行德育。导师制从制度上规定教师具有育人的责任,使教师在从事教学科研以外,对学生进行思想、学习、心理等方面的教育。因此导师制中教师承担很多责任,具备多种身份。导师主要通过以下几种身份建立起和学生的密切联系。

一、朋友般的专业引导

导师制首先是指导师指导导生学习。一般说来,导师和导生是经过双向选择,双方考虑的首要因素都是学科学习。比如数学学习有困难的学生很想找个数学老师做导师;数学导师也想帮一帮数学学科弱的学生。导师在时间和空间上比班主任宽裕。班主任主要负责班级管理,他们的活动地点是以教室为主;导师指导学生的场所在教室、在办公室、在操场、在宿舍等。时空的转换,话题的切换——谈兴趣、爱好、电影、足球、学科学习习惯等。师生的身份随之转变,似大小朋友般,进行平等的沟通,促进双方建立信任与好感。在获取学生足够的个性信息后,导师就能在学业上提供学生乐于采纳的意见和建议。这是一种贴身服务,专业的个性化指导。对导生来说,能够把课堂知识和课外知识很好结合起来的只有导师,导师就是他们的最好教师;对导师来说,课外辅导能弥补课堂差异化教学的不足,保证教学效果最大化。给予导师时间,经过课内和课外结合教育的导生,他们的学科成绩必定会一步步提高。

二、长辈般的精神引导

高中学生处于青春期,容易躁动和叛逆。在这个时期,学生要处理与家长、班主任、同学、学习和自我内心的多方面关系,每个人都有困惑烦恼。他们选择导师寻求帮助,因为导师是他们喜欢的人——语言幽默,为人可亲,学识渊博,观点相同,但更重要的是年长,有经验。高中是学生认清自我、合理定位、建立正确的人生观和世界观的时期。这时候导师的适当帮助可能给学生带来重大影响。记得去年高三有位导生,在众人眼中她是"坏"学生,爱搬弄是非,煽风点火,屡教不改,十足一个班级刺头。大家为此好心提醒我与她保持距离。我也不多想,就首先从学习上帮助她。先仔细分析原因,再找出解决办法。结果她非常认真去做,成绩进步很快,于是她的学习兴趣得到极大激发,每天都来问问题,很快和我建立良好的关系。期中考试后,她将某科失利归咎于老师。鉴于她在班级的舆论力量,我极力稳住她,告诉她老师只是学习中的一个方面,自身原因更重要。英语谚语中说上帝只帮助自助之人,问题总有解决的办法,实在不行请家教,极尽努力设法冲淡她的偏激看法。由于我实实在在帮助她解决问题,她安心了。不久,她又因个人情感问题和班主任起冲突,在家里闹情绪;后来来了新老师,她不适应,成绩下降,整天满腹牢骚;再后来她和同学在外面惹事,她紧张地悄悄地来问我怎么办……对于这样的导生,有鲜明的个性,由于年龄和阅历的关系导致她看法过于片面,作为导师,以言教和身教纠正她的一些误解或曲解,在她心理颠簸期缓解她激动的情绪,使她能继续学习,是非常值得做的事。对她来说,高三过得不平静,但她终于顺利走过来,而且幸运地考上大学。我想在将来回首时,她会意识到曾在导师帮助下少走许多弯路而心存感动。遗憾的是她本来可以考得更好一点。后来她醒悟了,对我说:"在大学里真的要改改脾气了。"

姑娘的心事本来就很难猜,但她肯定希望有个知心姐姐来猜。做好导生的知心人,发扬"爱、诚、进、韧"精神,以真心实意的态度打动导生,身教和言教并行,导生的各种心结终将一一被解开。

三、职业规划师般的就业指导

在日本,20世纪中后期,职业生涯教育开始进入"课程化"时期。日本文部科学省从2000年起,用3年时间开展了专业教师培训,还为高中学校提供了职业教育课程所必要的设备、实习与实验经费。在中国,一般学校没有生涯规划课和职业发展教育。曾有人对高中生职业观做过调查,高中生职业认知水平和职业抉择能力一般,不太了解社会对人才的要求和标准、职业种类和紧缺人才等,不能很好地确定自己未来要从事的职业。调查发现,高二学生面对职业抉择感觉更迷惘,他们不了解社会职业种类,对自己今后要从事的职业把握不大。事实上,高中生面临文理分科、填报志愿等人生方向性选择,生涯规划已是一种迫切的现实需求。导师在这一方面可以弥补一些学校不足,利用自己的所见所闻加强学生职业意识和对行当的认识,让学生考虑自己的个体需要,了解自我兴趣、个性、价值观,明晰自己的职业选择,以及相关的知识储备,并利用假期通过社会考察与实践活动,培养职业技能,提高适应能力。事实比单纯的说教更有说服力,在人生目标的指引下,导生学习会更有动力,言和行更有责任感。

多种身份的导师满足学生各个层面的需求,也更便于为他们营造温馨和谐的课堂和课外氛围。导师制让学生亲近教师,大胆与教师做朋友,解开心灵的枷锁,释放创造的激情。

我想本校的导师就是学生获得真知的引路人,建设特色学校过程中"立人"道路上的指引者。

(韩海晓)

班主任与学生成长导师

一、班主任与导师的角色定位

教育部于2009年8月印发了《中小学班主任工作规定》。《规定》明确:"班主任是中小学日常思想道德教育和学生管理工作的主要实施者,是中小学生健康成长的引领者,班主任要努力成为中小学生的人生导师。"《规定》创造性地强调了班主任要成为学生的人生导师,对班主任做了科学、准确的角色定位。

那么,学生成长导师角色如何定位?

大约 2500 年前,孔子与他的学生在课间进行关于个人志向的交谈,这样一个温馨、令人向往的教学场景,被《论语》一书记载了下来,这就是有名的"侍坐篇"。"侍坐",是老师、学生一道坐着,当然这是古人的坐法,臀部坐在脚后跟上。师生同坐,更宜于亲切交谈,师生之间的对话围绕话题"言志"来展开,为了让学生畅言所志,孔子先消除他们心中顾虑:"以吾一日长乎尔,毋吾以也。居则曰:'不吾知也。'如或知尔,则何以哉?"这耐心的启迪、真诚的发问,既显示了他雍容谦恭的气度,又消除了师生之间因身份不同而形成的隔阂,融洽了师生交流的气氛。

作为师长,《侍坐》中的孔子是以一个态度和蔼、思想深沉、循循善诱的长者形象出现的。而当学生言志完毕后,孔子没有对各人的志愿做好坏的判断,而是做了没有抹杀各自个性的恰如其分的评价。

孔子通过问答辩驳来让学生进行思想传承;通过情境创设,强化对学生人生道理及理想境界的熏陶。而整个对话过程不枝不蔓,娓娓道来却波折起伏,教育效果自然是如坐春风,润物无声。学生成长导师该是怎样一个角色? 在我看来,就是像《侍坐》中的孔子那般。

二、班主任与学生成长导师的角色与工作的共性

和谐社会是时代所趋,人心所向的理想社会。要使这一理想社会化为现实,需要各行各业的人们共同努力。对于教育这一行来说,建设和谐教育就是建设和谐社会的主要目标之一,而要实现教育的和谐,关键在于教师的努力。其中,对学生影响最直接、最深刻的又当数班主任,在学校的教育教学当中,班主任是一个举足轻重的角色。但是,作为加强学生心理辅导、搭建师生心灵沟通桥梁和帮助学生健康成长的学生成长导师的作用也是不容忽视的。

(一)角色共性

角色共性是指两者共同具备的素质修养,大致是指班主任和学生成长导师应具备的思想、道德、科学文化知识、心理品质、教育教学管理能力、教育艺术等方面,经过学习和实践锻炼而达到的水平。应具备高尚的思想道德素质和修养,丰富的知识修养和创新意识,健全的心理品质和工作能力,巧妙灵活的教育艺术。

1. 学生的忠实伙伴

教育作为人类特有的社会现象,它必须把关怀人性、塑造人性作为天职,千方百计唤醒美好的人性,培养学生的人文精神,做学生的忠实伙伴。班主任也好,学生成长导师也罢,要与学生做平等对话、平等交流的朋友,因为每个人都打心底里不愿意与俯视他或藐

视他的人相处交流，而中学生的"成人感"特别强，特别希望得到别人的尊重。若能真诚地与学生平等交友，学生就能和你进行默契的配合，也愿把自己的心里话跟你交流。

2. 学生的心理按摩师

中学阶段是学生心理、生理开始走向成熟的时期，由于生活阅历和自身能力的限制，他们对有些问题的认识和判断不很科学，不少学生在家长的呵护下，耐挫能力相当低，一旦遇到挫折很容易产生心理问题，性格忧郁多变。因此，班主任与学生成长导师时时处处要做有心人，要善于从学生的眼神、表情、姿态、行为、兴趣，甚至衣着去透视其内心秘密和个性特征，从而摸清他们的心理状态，及时加以疏导，可采用谈心、笔谈、手机短信、网上交流等方式与学生进行沟通，做学生心理的按摩师。

3. 学生和谐发展的好导师

在信息网络时代，班主任与学生成长导师的任务是帮助学生制定适当的学习目标，并确认和协调达到目标的最佳途径，指导学生形成良好的学习习惯，掌握学习策略，激发学生的学习动机，培养学生的学习兴趣，充分调动学生的学习积极性。班主任或学生成长导师要关心学生的全面发展，尤其是非智力因素的发展，在德育、智育、体育、美育、劳动方面选择精当内容，运用科学方法，将人类智慧的结晶转化为学生的精神财富，使学生真正成为道德高尚、知识丰富、体魄强健、富于美感、热爱劳动的人才。

（二）工作共性

工作共性是指班主任与导师同样担任教育工作，因而具有的共性素质。

1. 善于发现的眼睛

俗话说得好，"金无足赤，人无完人"。再好的学生难免也有不足之处，再差的学生身上也有自己的优点。教育的作用就在于捕捉学生身上的闪光点，因势利导，使其对自己有信心，使周围的人对他有信心，从而产生积极的情感，以点带面促进其全面发展。

可以说，教育是一项情知交融的活动。在传统的"传道、受业、解惑"的基础上，必须关注学生的情感世界。这就要求班主任或学生成长导师做个有心人，拥有一双善于发现的眼睛，会用不同的标准去评价和衡量学生，学会赏析自己的学生，善于发现学生的长处，调动学生积极进取的情感，引导和激励学生不断地获得成功，认识并充分挖掘自己的潜能，以拥有更大的成就。

2. 乐于倾听的耳朵

倾听是一种美德。善于倾听的人身上有一种善良的天性和善解人意的美德，这种力量超过老师对学生的道德说教，也更能赢得学生的尊敬和爱戴。

听是入耳，但不一定入心；而倾听则不同，是入耳又入心。不要只听言语本身，还要听"言外之意""话外之音"，做一个积极的倾听者。班主任或学生成长导师在倾听中应认真揣摩和分析学生表达的语言，推断出学生的未尽之意，这样才能真正理解学生的意图，同时，学生也会因为班主任或学生成长导师善意的、会心的理解而倍感高兴。班主任或学生成长导师在听学生讲话时，应尽量为"理解"而倾听，而不是为"评价"而倾听，既让学生得到适当的关注,又让其可以畅所欲言。要耐心听,不随便打断学生,让他们把话说完,把自己的意思表达清楚,也不要把自己的观点强加于学生,在倾听中交流,在倾听中沟通。

3. 坚持不懈的爱心

前苏联教育家苏霍姆林斯基曾经说过:没有任何东西能比人类的爱更富有智慧,更复杂。每个学生都是不一样的个体,难免会碰上一个或几个遵守常规较差乃至性格怪异的。在接触各种类型的学生时,作为班主任或学生成长导师的我们,不能凭着自己的喜好而或亲或疏,更何况我们的职责就是指导学生学知识学做人,帮助学生成长和发展。对后进的学生尤其要给予更多的关心和指导,要花更多的心思和精力,这就要求做班主任与学生成长导师的我们有一颗坚持不懈的爱心,也唯有怀着这颗心去对待他们,才能不流于形式,才能取得成效,达成教书育人的价值。

三、班主任与学生成长导师的工作区别

1. 班主任是班级管理的总设计师,导师是学生个体健康成长的守护者

班主任主要面对的是集体,是整个班级管理的组织者和领导者,班主任对班级管理是通过培养坚强有力的班级核心体,组织井然有序的课堂教学和开展丰富多彩的教学活动来进行的。班主任不仅要具备科学文化知识,而且要具备多方面的能力,其中重要的一项是当好班集体建设的总导演、总设计师。在班级活动中,要把学生设计到主角的地位,凸显学生的主体作用,班主任要做好多项幕后的策划,设计好班级和谐进步的近期和长期计划。教学是学校一切工作的中心环节,班级管理要紧紧围绕着这个中心环节开展,班主任要为教学顺利进行设计坚实可靠的学风、班风建设方案,还要将班风、学风的管理细则渗透贯穿到全部的教学过程和教学环节中去,精心设计出用教学带管理,用管理促教学的互动模式。班级管理工作绝不是开几个会、谈几次话就完成的,而是通过丰富多彩的课外、校外活动来分时分段实现班级管理目标的。因此,每一个活动都要认真规划设计,制订出详细的管理计划。

学生成长导师主要面对的是学生个体,关注的主要是学生个体存在的问题,要让学生个体得以健康成长,因此要对自己的导生有正确全面的认识。

中小学是人生成长的关键时期,人的一生成败与中小学时期关系巨大。在这一阶段,孩子们思想观念新颖,意识超前,性格鲜明,不墨守成规,对新事物有很强的接受能力,对事物有自己的评价标准,喜欢标新立异,有活力,好冲动,好表现,等等,这些都是积极和主流的一面;但同时,由于中学生思想不成熟,社会实践经验缺乏,分辨是非的能力较弱。这些需要老师对他们进行正确的引导,要通过老师自己的人格魅力来感化他们,要结合实际情况有针对性地提出建设性的意见和建议,培养正确的世界观、人生观、价值观,使学生成为一个思想健康的人。只有用人格去引导学生的人生方向,用思想去疏导学生的精神世界,用智慧去诱导学生的创新意识,这才不枉一个"导"字。

2. 班主任是协调多方关系的艺术师,导师是加深师生彼此关系的掌舵者

一个班集体的管理涉及学生、家长、任课老师、学校乃至社会,因此,班主任还应成为协调多个方面的人际关系的艺术师。首先班主任要科学地处理好自己与班级学生的关系,班主任不能将自己凌驾于班级学生之上,更不能同他们对立起来,而应将自己融入班集体之中成为其中一员,与学生平等相处。学生对老师的态度格外敏感,班主任的关心与和蔼的态度能唤起学生的感激之情,相反对学生的挖苦与讽刺也能加深他们的逆反和对立情绪。其次,班主任要协调好任课老师的关系,由于教学要求不一致,学科特点不一样,班主任容易与任课老师产生矛盾,这就需要班主任主动协调,主动征求任课老师对班集体管理的意见,细心听取他们对班级情况的反馈,争取得到他们的支持和配合,共同协助做好班级的管理。再次,班主任还要协调和学校领导的关系。班级是学校最小的管理单位,无论好坏都直接影响到学生的管理,如果缺乏整体与全局的观念,或者没有进行必要的沟通,班主任很容易与学校产生分歧。班主任只有深刻理解学校领导的意图,与学校领导保持高度一致,班级管理才能卓有成效。最后班主任还要协调好同社会各界、学生家长的关系,比如班主任不宜把家长会开成批评会、训人会,要始终与家长保持平等友善的联系,发挥纽带与桥梁作用,使班级管理在得到家长大力支持的和谐氛围中稳步前进。

在帮助个体学生健康成长的工作中,导师与导生的良好关系是一个至为重要的因素,试想导生对自己的导师敬而远之或压根儿不喜欢,那么导师的辅导只是流于形式,没多少作用了。在此,我认为导师与导生的关系应是亦师亦友的关系,并且导师应主动不断地去加深这种关系,使师生达到亲密无间的境界。首先,学生成长导师要理解学生。如果不理解学生,师生间就有隔膜,指导就无从下手。对于学生的理解,包括理解心理特征,理解合理的心理要求,理解思想,理解自己所带导生的独特个性,尊重和保护导生的创新精神等。只有理解学生,才能使学生理解自己。其次,通过共同活动增进师生感情。师生间形成和谐的关系,需要思想情感交流沟通,需要相互理解,相互尊重,而这一切都必须在接触交往中才能做到。因此,师生共同参加的活动是增进师生情感,形成和谐关系的条件和途径。应尽可能参与学生的各种形式和内容的课外活动,在丰富多彩的活动中,既可以观察学生的各种表现,又能与学生进行思想和感情交流,增加亲密感。

(许晴洁)

"三全导师制"中的导师与任课教师

"亲其师,信其道",可亲可敬的教师对学生进行的教育肯定是有效而持久的。有效的德育必须是个性化和亲情化的。"三全导师制"正是德育亲情化、个性化的载体。

现在的学生绝大多数是独生子女,各种各样的问题尤其是心理问题越来越多,学校对这方面很重视,班主任投入很大的精力,但班级人数众多,班主任也有自己的课要教,精力有限。"三全导师制"是实现全员育人的一个重要途径,任课教师担任导师可以更好地进行思想品德教育,有百利而无一弊。

第一,可以加强师生之间的了解和沟通。一个班级中的优秀学生和成绩相对落后的学生往往受到更多的关注,而中等学生有可能无意中被老师忽视,他们同样渴望得到老师的重视。历年来出现心理问题的学生中多是中等生,他们在班级中默默无闻,等到出现问题了再去做工作却为时已晚。任课教师担任导师,基本在每学期开学时由学生自己提出申请,班主任与任课教师协调,确定每个学生的指导教师(通常是班主任以外的任课教师),经常性地与导生沟通交流,及时地了解导生的学习和心理状态,并给予必要的帮助。

第二,可以加强班主任与任课教师之间的协作,更有效加强对班级的共同管理。以往许多任课教师对班级缺乏了解,与班主任进行沟通时常常不知道所讨论学生是谁。实行导师制后,导师在与学生的交流中可以了解班级的学生情况,而且学生与导师一对一交流时,当学生对导师产生信任感之后,会打开心扉向老师倾诉。任课教师(导师)可以借此机会更好地了解学生的心理状况,发现问题可以及时和班主任老师沟通,任课教师和班主任共同协作管理班级,更好地进行个性化、亲情化的教育。班主任可以借助任课教师,不仅在教学上共同协作,也在班级教育上发挥任课教师的有效作用。

第三,可以加强对高中生心理问题的研究和探索。虽然教师们在上大学或进修期间都学过心理学,但毕竟是纸上谈兵。经过和学生的近距离接触,可以把理论和实际相结合,更有效地对学生进行心理疏导。任课教师和学生接触机会不是很多,往往上完课就不接触了,学生和任课教师关系比较远,任课教师担任导师后,加强了学生和任课教师之间的接触,每月一到两次的谈心交流,拉近了互相之间的距离。学生的成绩波动、情绪变化、生活上的困难,尽在导师的掌握之中,这对于学生的个性发展有很大的益处。

第四,"亲其师信其道"。有一位教育专家说过,"如果教师很有威信,那么,这个教师的影响就会在某些学生身上留下永远的痕迹"。由于导师主要由学生自主选择,会选择某门学科的任课教师担任导师,可以看出学生是比较喜欢这位任课教师或者这门学科的。在此基础上,任课教师可以抓住这个机会,鼓励学生更好地学习这门学科。每月一次的交流或者考试测验之后的谈心,可以让导生有机会和导师面对面地交流学习方法,如果遇到学习困难,教师可以当面指导。有了导师制,任课教师对学生学习的指导非常直接。高二开始,学生面临加一选修,学生对如何选择更有利于自身发展没有经验,任课教师可以根据自身的经验给予学生指导意见。另外,学生对老师的信任和喜爱会转化为对这门学科的喜爱。作为加一老师,借此机会可以吸引优秀的学生对你所教学科更有兴趣。

作为任课教师的导师,能够帮助学生们在全面健康的状态下快乐成长,使每个导生更好地提高能力水平,是每个导师的心愿。在工作过程中,我们要尊重学生的个性特点,与学生真诚地相处、平等地交流,营造一种轻松宽容的教育氛围,潜移默化地达到教育目标。导师要成为学生思想上的指引者、学习上的辅导者、生活上的指导员、心理上的疏导者。

(黄菁华)

二、"三全导师制"中的和谐师生关系

师生关系是学校教育过程中最基本、最重要、最活跃的关系。良好和谐的师生关系会对学生产生"随风潜入夜,润物细无声"的教育效果。可以说师生之间的关系决定学校的面貌。和谐的师生关系,能充分挖掘并发展每个孩子独特的禀赋与潜能,唤起他们内在的求知欲望和创造激情,使其产生强烈的自信和自尊。因此,优化师生情感关系,建立和谐、温馨、感人的师生情谊,是"三全导师制"重要的内容和任务。

建立朋友式的师生交往

一、教师要与各式学生心灵贴近

在教学工作中,从教者遇到过各种各样的学生:成绩优秀者常目中无人,趾高气扬;学业平平者常循规蹈矩,唯唯诺诺;身处后进者则我行我素,破罐破摔;更有少数性格古怪的学生常对老师心怀怨气。对这些学生,做教师的既不能秉承老祖宗的传统,用戒尺打他一顿,也不能放任自流,任其发展。教师肩负教书育人之重任,不能培养像录音机、打印机那样靠人控制的机器人。教师要按祖国的需要去培养下一代人,去塑造他们的灵魂,不仅要向学生传授科学文化知识,更要培养他们正确的人生观和世界观,教他们学会做人、学会生活、学会劳动、学会学习,成为高素质的人才。要达到这个目标,就要对学生施以长久的培养和锻炼。这长久的育人过程,就决定了教师在教育工作中必须与学生心灵贴近,产生共鸣,才能收到预期的教育效果。

二、着力于发展"朋友式"的师生关系

教师应着力于发展"朋友式"的师生关系,并以这种关系作为处理各种事务的支点,化教学任务为杠杆,撬起教书育人这副重担。"朋友式"的师生交往是一种新型的师生关系,符合时代对教师的要求,也符合学生对教师的企盼。它不同于传统的以师权统治学生的师生关系,而是更具有亲和力和感染力。它要求教师对学生的感情基调是既有朋友的民主平等,又有朋友的言而有信、坦诚相待,绝对的真情实意,更有文化知识的教学相长,互相促进。在这样的感情基调上进行教育教学,处理一切事务,传授文化知识,探讨人生之道,疏而不堵,情理兼容,就可以顺利地完成教书育人的任务。

如何建立这种朋友式的新型师生关系?最主要的是要用民主、平等去播种,方能长出幼芽。在与学生交往的过程中,必须破除"师道尊严"传统观念,放下老师的架子,不要对学生施以任何压制性的举动。初接新班之际,师生关系生疏,大部分学生对老师态度怯怯,也不乏一些试探老师的好奇心理,此时教师必须注意教育教学细节,为学生营造民主、平等的氛围。渐渐地,师生交流的内容也越来越多,交流的内容也越来越丰富,言语往来

也越来越自然，由此，教师和学生在心灵上沟通了，在感情上共鸣了！

三、用朋友式的师生关系带动教学互助互动

师生心灵上相通，感情上共鸣，对开展教学工作和也是十分有利的。在任何一次课堂中，学生都能积极配合教学，在作业练习中学生也能按时完成，对教师指出的错误，也能着手修改订正；对老师课堂上出现的错误，学生也能友好地指出来，甚至能对老师的讲授做适当的补充和修改。老师通报的教学计划，学生心领神会，师生配合默契，师生关系在默契中成长起来了。

朋友式的师生关系，靠民主和平等去播种，靠言而有信、坦诚相待的真实情意去培育。在教学中的互助互动、教学相长中结出累累硕果。因而从教者应用自己充满温情的爱心、坦荡磊落的诚心、从善如流的虚心投放在学生的身上，只有这样，才能得到学生的最纯真的情义的回报。师生相处就是朋友之间的相互期待，学生是教师最纯真的朋友。

我有一个导生小张，是个好学敏感、情绪易波动的孩子，每次重要考试前情绪都有很大的波动，所以成绩起伏很大，每次考试前我都让他来找我谈谈心，疏导一下。通过用上述方式方法，我们逐渐建立了良好的师生关系，他也乐于将心里的困惑告诉我，让我帮他走向成熟和冷静。现在的张同学，平时努力，考试放松，成绩稳定；与父母的紧张关系得到了很大改善。看着导生一天天地进步，我感到十分安慰！

（张旭旻）

"望、闻、问、切"中医四诊

——建立人文关怀下的导师导生关系的良方

近年来，国内各学校都在探索研究生教育以外也能建立一种新型的教育教学制度——导师制，以更好地贯彻全员育人、全过程育人、全方位育人的现代教育理念，更好地适应素质教育的要求和人才培养目标的转变。我校的"三全导师制"重要内涵之一就是人文关怀。人文关怀，一般认为发端于西方的人文主义传统，其核心在于肯定人性和人的价值，要求人的个性解放和自由平等，尊重人的理性思考，关怀人的精神生活等。在我校的"三全导师制"框架内，人文关怀是指尊重导生的主体地位和个性差异，关心导生的丰富多样的个体需求，激发导生在学习上的主动性积极性创造性，促进导生的自由全面发展。构建和谐的导师与导生的关系，是体现对导生的人文关怀、促进教育发展的重要因素。

导生也是学生，自然难免出现各种发展中的问题，诸如学习压力、人际关系、经济困难等。作为导师，如果不能准确地把握导生的思想脉搏，及时发现问题，那么导师在与导生的关系中就会处于被动地位。根据笔者的体会，如果能把祖国传统医学中诊断疾病的基本方法——"望、闻、问、切"灵活地运用到协调导师导生的关系中，可以起到事半功倍的效果。

"望、闻、问、切"是中医诊断疾病的传统方法,简称为"中医四诊"。医生运用这四种手段来收集疾病的症状,通过归纳分析,就可以了解疾病的成因、病变的部位、性质及其内在联系,最后确定治疗措施,下药除病。

一、"望"

"望",就是运用视觉,通过察言观色,了解导生的思想状态。因为人的精神、表情、言语及动作等是其内心活动的外在表现。通过留心导生这些方面的变化,就能及时了解其思想变化,从而有针对性地开展工作,能收到较好的效果。

我班有位小林同学,刚入校时精神状态不佳,整天心事重重,少言寡语。我观察到这些情况后,对其进行了家访,了解到其家庭经济状况不好,爸妈已经离婚多年,且都另外成家,家中只有年迈的奶奶和她相伴;另外,她担心自己成绩不好,对不起奶奶。家中经济拮据,自己感觉无脸见人,因此整日郁郁寡欢,也不太愿意参加班级的活动。获知这些情况后,我耐心地做她的思想工作,经常鼓励她:"你目前家庭的经济困难只是暂时的,等你考上了好的大学,有了好的工作,就可以经济独立了。班级有帮困指标,老师会帮你积极争取,经济上的事,老师会尽力帮助你,你现在应该做的就是放下包袱,刻苦学习,以优异成绩考上好的大学,争取早日独立,也可以回报为你含辛茹苦的奶奶,以及所有关心你成长的人。"

通过几次谈话,小林同学思想稳定下来,一个内向害羞的女生逐渐变得活泼开朗了,朋友渐渐多了,话也多了,笑容也多了,班级里的各种活动总是少不了她的身影,还积极参加校运动会。她还在暑假里勤工俭学,补贴家用。由于自卑心理得到了缓解,她的学习动力充分发挥,学习成绩取得了不小的进步。现在,她是班级的生活委员。看到她开心的笑容,我感到由衷的高兴。

小林同学在她的感言中写道:"进入了鲁迅中学之后,我的导师知道了我的困难,对我的学习和生活更加关心,为我申请了学费减免,能为我减免的,都想方设法替我争取名额。很幸运,我得到了中广公司的帮助,也非常感谢英籍奶奶对我的资助,几乎资助了我全部的学费,让我能够安心读书。这个名额是来之不易的,因为全年级只有两个。当然,我也承受了一份压力。我会把这份压力转化为学习的动力,在今后的日子里继续奋发图强!在今年暑假的时候,我尝试着做了兼职,在康师傅和麦氏啤酒打工。这使我增长了对社会的认识,以及日后踏上社会的能力,我的日销量最好成绩是八十五箱,在所有的短期促销员里是屈指可数的。在以后的日子里,我会继续用我的努力,去回报所有帮助过、关心过我的人!为社会做出我力所能及的一份贡献。"

所以,我想,导师的"望"能及时地了解了学生情况,发现学生的问题,及时解决问题,使学生轻松学习。

二、"闻"

"闻",就是运用听觉,收集有关班级的信息,真实、快捷地掌握班级情况。有时导师在班里,仅靠"望"还不能了解到所有的情况。因为导师和导生在一起的时间毕竟有限,而有些导生,班主任在与不在时的表现差异较大。这时,就必须设立自己的信息渠道,而这个渠道是多方位、多层面的,信息源有授课老师、品学兼优的班干部,也有班级的其他学生。这样才能做到"兼听则明"。

高二合格考、等级考的复习已经进入关键时期,听班级学生反映,很多学生都很苦闷、焦虑、急躁,学习效率不高、情绪不稳定等。听到自己的导生甚至和别人说"我的学习成绩使我烦躁,东西背不好就要挨批,挨批就不爽,不爽就压力大,大了就会自杀,会跳楼"。

我深感不安,觉得有必要和该导生交流一下,但是为了使这次谈话有一定的效果,我做了充足的准备,先让导生吐露自己的内心苦恼、宣泄自己的情绪、坦言自己的观点,以缓解水平测试考前的压力。我问导生:"你对现在的学习状态满意吗?""目前你的压力主要来自哪里?""面对'冲 A'二字你想到了什么?"有的导生回答很极端,有导生提到"痛苦,前途一片黑暗";有的导生在"提到学习,想到了什么"这一问题时,说到了"痛苦、无边无际"。根据导生的这些反映,我向导生指出了我们学生中存在的一些问题,如"我们如何度过水平测试考之前的'心理高原期'""我们应该如何缓解学习压力",等等。同时,我也邀请了我校的心理老师申老师给学生们进行心理疏导。通过这节课,对导生们的触动较深。我想,这就是多角度"闻",及时舒缓导生的心理压力,解决学生出现的心理问题,让导生们在水平测试考的关键时刻,重新鼓起了勇气,不断进取,快乐地向自己的目标奋进。

三、"问"

"问",就是嘘寒问暖,关心导生。"亲其师,信其道。"导师只有缩短与学生之间的距离,时刻把导生的学习、生活放在心上,关心他们的学习,解决他们生活上的困难,才能取得较好的教育效果,导生才能相信你。

班级有一位小陈同学,有一次,他的数学考得一塌糊涂时,急得哭了,我发现这一情况,和他进行了交流,询问他的近期学习情况及思想动态。他告诉我,他在初中时学习较优秀,刚进高中时,认为学习上可以放松一点了,不用像初三那样认真了。他是我校动漫社的社长,很喜欢动漫,有时会沉浸其中不能自拔。再加上他家住在宝山区,离学校较远,来回要两小时,觉得睡眠不够,天天头昏沉沉的。现在他发觉自己有时想认真学,可是有很多东西已经不会了,所以都有点自暴自弃了。

我及时对他进行了思想疏导。首先,向他指出高中的知识量较大,知识关联性较强,每一个环节都要认真学习;其次,高中学习更强调的是学习能力的提高,光靠死记硬背是不行的,考前一星期的突击其实效果不大,平时的学习要提高效率;最后我向他指出要协调好兴趣和学习的关系,加强自控力。同时我联系了他的家长,建议是否在条件允许下,在学校附近租借房子,减少来回路途上花费的时间,给孩子充分的睡眠,帮助孩子提高学习的效率。家长意识到了问题的严重性,听取了我的建议,同时也加强了对他的监控。经过了一学期的努力,该导生重新树立了学习的信心,在学习上有了一定的进步。他在班级担任了历史课代表，工作也变得很认真。在虹口区中学生才艺展示时，他的 cosplay 表演受到了大家的好评。

四、"切"

"切"，就是做导生的思想转化工作要找准切入点，及时发现问题，把握解决问题的时机，可以使导师的工作事半功倍。

谬·詹姆斯说："每个人都具有在生活中取得成功的能力。每个人天生都具有独特的视、听、触以及思维的方式。每个人都能成为富于思想与创造的人，一个有成就的人，一个成功者。"正因为这样，也就要求细心的教师注意学生的"独特方式"，发现学生的问题所在。每个学生都可能具有一技之长，一旦发现他的某种特长潜能，就满腔热情地因势利导，运用肯定、鼓励及创设条件等手段强化它、发展它，这就是要找准的"切入点"，找准了切入点，那么，学生的问题也会迎刃而解。

小高同学自从进入我班后，我就把他作为私下里的重点帮教对象，因为从他的初中班主任口中得知他早晨迟到一周两三次，作业天天不交或漏交的情况，但是该生的脑子较为灵活，初中时成绩中等，家长看到他的成绩还可以，对他十分庇护，所以他经常为小事和老师顶撞，甚至还对老师骂脏话。有一天在英语课上，小高同学在玩游戏机，我收掉了他的游戏机，下课后，他执意问我要回他的游戏机，我为了不影响他后面的课，和他说放学后再来找我，没想到他勃然大怒，从我的手上抢走了他的游戏机，还把我手上的书和上课用的移动硬盘狠狠摔在地上，转身跑掉了。我看着摔坏的硬盘，欲哭无泪，当时很想拨打他家长的手机，让他们立刻来学校，但是，我转念一想，这时叫他的父亲来学校，除了对他大骂一通或者当我的面把他打一顿外，还有什么别的教育效果呢？我调整了一下自己的情绪，决定晚上对他进行家访，他的父亲大概已知道我的来意，见到我时有点忐忑不安。我先了解了一下该生最近在家的表现情况，再以自己也是孩子母亲的身份，感慨培养孩子的不容易、做父母的艰辛，引起了他父母的共鸣。于是我不失时机地和他的父母交流，让他的父亲深刻认识到父亲在家庭教育中的重要性，小高同学这时也主动向我承认了错误。家访结束后，他和他的父亲一直把我送到了车站。

自此，我发现我和小高同学父母的关系就像坚冰一样渐渐开始融化了。从那以后，小高同学的作业按时交了，迟到的次数少了，成绩逐步上升，在上学期末，他的数学还考到了班级前列。更让人高兴的是，本学期他一见到老师就喊老师好。在班级里，他也得到了同学和老师越来越多的赞扬，越来越自信。从他的身上我得到了很多启发，导师要抓住教育的契机，及时切入，才能取得较好的教育效果。

大多数学习方式所传播的都是显性知识，就是能被总结进教科书的知识。而"导师制"在施行的过程中，导生从导师身上学到的往往是很难提炼的隐性知识，比如，为人处世的方式、想问题的思路、动态解决问题的能力、艺术化的抗挫折技巧，等等，而这些隐性知识对人才发展的促进作用更为显著。

"望、闻、问、切"具有很强的人文性特点,在建立和谐的导师导生关系中各有其独特的作用。但在实际应用中,导师必须将"望、闻、问、切"有机地结合起来,才能全面、系统、深入地了解导生的情况,及时发现问题,才能对症下药、药到病除。

(禹晓丽)

构建情感融洽的师生关系

师生关系是学校教育过程中最基本、最重要、最活跃的关系,良好和谐的师生关系会对学生产生"随风潜入夜,润物细无声"的教育效果,可以说师生之间的关系决定学校的办学面貌。因此,优化师生情感关系,建立和谐、温馨、感人的师生情谊,构建和谐教育氛围,是新课程实施与教学改革的前提和条件,更是其重要内容和任务。

那么怎样构建情感融洽的师生关系呢?这里谈几点浅见。

一、情感融洽的师生关系来源于教师对学生的热爱

情感融洽的师生关系来自教师热爱学生的真诚,以爱感人,以爱化人。没有爱就没有真正的教育管理;没有爱,也说不上什么成功的管理方法;没有爱,也不会有良好的教育成果;没有爱,更谈不上和谐的师生关系。

我们都有过这样的体会,如果一个老师爱他的学生,师生感情就会好,那么老师表扬,学生认为是鼓励;老师批评,学生认为是爱护;如果一个老师不爱他的学生,师生关系就会紧张,那么老师表扬,学生认为是哄人,老师批评,学生认为是故意找茬儿整人。所以,爱是和谐师生关系建立的基础、支柱、精神、灵魂。热爱学生是教师的天职,是教师高尚的职业道德的表现,也是教师热爱教育事业的体现,更是教师进行教育的一种手段,情感融洽的师生关系应以热爱学生为出发点。

二、情感融洽的师生关系来源于教师对学生的了解

教师与学生打交道的第一件事就是要了解每一个学生,从了解学生个体出发,以"熟悉"形象来建立良好的师生关系。在开学的第一天,你如果能够直呼学生姓名,就他的兴趣、爱好、特长聊上几句,就他的家庭、生活情况扯上几句,这样就会使你的学生感到分外亲切,他们的第一感觉就可能是"你既像老师,更像老朋友",这对建立好师生关系无疑是有很大帮助的。在平时的教育教学中,教师一定要善于观察学生的细微变化,即通过察言观色把握学生的眼神、表情、动作、姿态的变化,准确、及时、全面地把握学生在学习、思想、生理、心理、智力等方面的发展变化和真实情况,准确掌握信息,从而有针对性地帮助学生,为学生加油鼓劲、排忧解难,从而赢得学生的信任与爱戴,所以,情感融洽的师生关系的建立应以了解学生为前提。

三、情感融洽的师生关系来源于教师学识水平的广博

学生在成长过程中,需要多方面的指导和关怀,这就要求我们教师具备多方面的知识,教师具备丰厚、广博的知识和修养,方能以"博"服人,以"德"育人。因此,教师的施教能力,德能并举是和谐师生关系的基础。

人是存在差异的,教师在教育教学过程中应将尊重差异与统一要求结合起来,横向面向全体学生,纵向注意与存在较大差异学生的沟通。对教学结构、组织形式不断进行改革,以适应学生的学习,这样才能促进师生平等互动的良好氛围的形成。同时要鼓励参与,教师要通过采取各种鼓励措施,调动学生学习的主体性,鼓励全体学生积极主动参与到教育教学过程中来,达到师生之间深层次的平等互动。特别要做到情感共融,教师要用自身健康的情感去感染学生,调动学生,要用爱心和真诚与学生建立相互信任和相互尊重的情感,学生自然而然地会把教师当作最可信赖、最亲近的人。

学生是尊重教师的,这种尊重是学生心中油然而生的,因此,你的一言一行会对他们产生潜移默化的影响。要培养具有创新精神和实践能力的建设者、接班人,重要前提是教师要具有创新精神与能力,要能创造性地开展教育教学工作,作为教师要注重提高自己教育的创造能力,提高自身的素质,培养自己热爱学生的工作热情,研究教材教法的意识,持之以恒的学习精神和充满智慧的教育能力,在教育教学实践中转变传统教育中阻碍学生创造力发展的某些方面,变教师为中心为学生为中心,变墨守成规的紧张课堂为生动活泼、主动探索的研究型课堂,师生互动,共生共长,充分利用现代化教学媒体、教学手段,频繁地在课堂中使用。这种"新"无疑容易使学生佩服,既树立了教师的威信,更在无形当中激发了学生的好奇,对知识的渴望,而要做到这些则要求教师时刻遵循"学高为师,身正为范"的教诲,只有这样在教育的全过程中才更容易做到民主、尊重与理解。

四、情感融洽的师生关系来源于教师不泯的童心

教师的年龄与学生的年龄有差距,这往往成了师生沟通的一道障碍,如果教师能打破年龄障碍,就可以使学生与教师之间的心理距离缩短,感情融洽,从而建立良好的师生关系。而这些,首先要建立在热爱学生的基础上,教师无微不至、始终如一地关怀学生成长,竭尽全力帮助他们解决困难,站在与学生平等的地位去理解学生,和学生一起唱歌、一起跳舞、一起游戏,在活动中不仅是教师了解了学生,而且学生也有机会接触老师,他们才可以发现老师是一个热情活泼、和蔼可亲、多才多艺的人,学生就会信任你、亲近你。这种在学习、活动中建立起来的平等、互助的朋友伙伴般的关系,无疑是建立好师生关系的重要环节。

如何构建情感融洽的师生关系是一门科学,也是一门艺术。因为教师工作的对象是不断发展变化的个性不一的未成年人,需要我们教师通过创造性的工作,因时、因地、因事、因人制宜地去寻找适合自己教育对象的方式和方法,方可构建一种和谐、温馨、融洽的

师生关系,从而有效地推进新课程的实施与教学改革。

(严　烨)

三、"三全导师制"中的有效沟通策略

"让每个学生都有自己的导师",给学生提供思想引导、学习指导、心理疏导、生活辅导和成才向导,这已成为每个鲁中学子能够真切感受到的现实,成为莘莘学子成长中的幸福。导师亲身实践,积极探索,不断创新学生思想道德建设的新内容、新机制、新手段,充分运用"三全导师制"这一平台和载体,推动了学校管理、教育教学工作迈入科学发展的新轨道。

智慧的爱心

相信每个班级里或多或少都会有几个学习困难学生,教师常常把他们作为重点关注对象,上课提醒他们听课,有时间便给予辅导,发现有点进步便鼓励……但是一学期下来,我们往往发现这些学生大都未能从根本上改变,有的甚至收效甚微,原因何在? 爱孩子是教育者首要的素质,是做好教师的前提。没有了爱,教育将变成一潭死水,毫无生机和意义。但是,作为导师,光有爱是远远不够的。教育孩子,更需要方法、技巧,不仅关注其智力、习惯,更关注其情感;不仅关注其表面行为,更关注其内心所想;不仅关注学生的今天,更关注他们的明天。所以教育学生需要 一颗"智慧的爱心"。

班里的小杨同学家境优越,是个非常以自我为中心的性格倔强的男生,虽然能够遵守学校常规,但是言行方面很容易冲撞师长与同学。他重视学习成绩,但是缺乏踏实与努力。尽管高一时我多次因为他的性格和学习问题与他谈心,关心他,他却毫不领情,一直把老师拒之于心门之外。曾在高一下学期,我调动了包括他在内的几个同学的座位,把他从原先的第五排换到了第四排,他为此事非常不高兴,因为他与要好的几个同学分开来了。他很不满意地说:"还有一个月就要期终考试了,你现在换座位根本没有必要,像儿戏一般!"虽然当时我狠狠批评了他,而且将这件事情告诉他的家长,他的家长也为此批评了他,最终他也换了座位,但是他当时这一番话令作为教师的我颜面尽失,从此我对他也非常冷淡。然而他始终是班级的一员,如果他的问题没有解决,他在班级管理中存在的负面影响就会随时爆发出来。

果然高二开学初的一个周五,我与他之间又发生了一次不愉快事件。我在班级里批评了他,但在周六的中午,我接到了他的电话,在电话中他的语气依然是没有认识到自己的错误,这令我很不高兴,我对他又是一番劈头盖脸的批评,20 分钟后我听到了在电话一头他的哭泣声,这时我这才缓和下语气。挂断电话之后,我对自己对小杨的教育方式重新进行了思考。我对小杨同学的态度对吗? 真的是关心他吗? 我对他早已带上了成见,对他的教育也只是例行公事罢了,所以他感受不到老师对他的那份关爱之情,当然更不会理

解回报老师,因而在学校生活中总是对老师有抵触情绪。

怎样打开他的心扉? 一定要从他的立场去考虑问题,让他体会到老师真关心他的成长,为他着想,这样他方能够理解老师的所作所为。

于是周一中午,我找他谈话。我反向问了他一个问题:怎样才是一个强者? 开始了与他的谈话。我记得当我问他这个问题时,他带着很诧异的眼神。他一定没有想到我会以这样的方式开始我们的谈话。从这以后,我们谈话时会聊聊他的家庭,会谈谈他的生活,他也感受到教师对他的关心。为了调动他的学习热情,我安排他担任物理课代表。他的工作表现让我刮目相看,非常认真主动,渐渐地,办公室中我对他的批评声越来越少,他也不再和老师发生冲突,表扬的声音也越来越多,看到他的转变,我真的很欣慰。

许多人谈到教师工作时,都离不开一个字——爱,是不是只要爱就能解决一切教育问题呢? 要当好教师,除了具备一颗对学生无私奉献的爱心,还应该具有基于自身体验、感悟、实践、反思而形成的教育智慧。爱是教育的前提和贯穿始终的催化剂,但绝不是教育的全部。爱心主要体现在教师对学生及其所存在问题采取欣赏和包容的态度,而智慧则直指问题的解决和学生的终身发展。学生出现问题时,恰恰是教育、帮助学生的良机,也是教师不断修正自我、不断进步的契机,实现教育目的,光有爱心显然是不够的,更需要教师敏锐地观察、灵活地分析、机智地处理、耐心地巩固。"智慧＋爱心"方能实现有效的教育。

赞可夫说过:"不能把教师对儿童的爱,仅仅设想为用慈祥的、关注的态度对待他们。"这种深刻的爱,来自教育者深厚的教育思想。教师应该像淘金者一样有信心,有耐心,不为表面的沙砾困扰,慢慢地去除沙砾,最终才能看见闪光的金子。

(陈　华)

与导生家长沟通的策略

导师与家长有效沟通是导师制工作取得实效的一个很重要的环节。导师与家长的沟通有效与否在一定程度上影响着结对学生的自我转化与进步,这就需要导师注重与家长沟通的策略,以取得预期的效果。

小王同学高一开始就是我的导生,他非常热心于学校与班级工作,但有一阶段没有处理好工作与学习的关系,成绩下滑很多,一度情绪苦闷,时不时写点文章抒发感情;理科成绩突出,文科上没有下苦功,偏科厉害。在指导这样的学生的过程中,我不忘经常与家长沟通,共同帮助他健康成长。下面结合我与导生小王的家长的沟通案例,来谈谈与导生家长沟通的策略。

策略一:何时沟通

导师与家长的沟通有别于任课教师与家长的沟通。任课教师因为管理的学生众多,因此与家长的沟通往往在学生发生什么事情以后，并且数量比较少。导师对导生进行的是学习、生活、心理甚至成长等全方位的指导，因此次数时间不受限制，导师只要着眼于效果而选择合适的沟通时机，可以像朋友一样聊聊对孩子的教育问题。两年的时间里，我与小王家长的沟通十七八次，我们也成了朋友，共同为小王的健康成长保驾护航。

策略二：沟通什么

任课老师与家长的沟通往往侧重于学业方面。导师对导生有思想上的引导、心理上的疏导、生活上的指导、学业上的辅导等，而导师与家长的沟通当然也应该涉及孩子成长的这些方面。两年的时间中，我与小王家长的沟通包括：鲁迅纪念馆志愿者工作即将半途而废时，与家长一起鼓励他应培养多为社会奉献的意识和坚持的毅力；在选择物理还是化学犹豫时的指导分析；有成绩不理想情绪低落时的心理辅导；有参加业余党校和递交入党申请书时的积极鼓励；也有工作中协调好与老师和同学关系的指导……

策略三：怎样沟通

导师与导生家长的沟通不是告状，不是指责，不是发泄，是协商，是建议，是朋友与朋友的交流。导师可以提供示范性样本，或者提供可行性建议，要使家长感到今天的沟通很有收获，产生愿意配合的强烈欲望。有一次，小王爸爸来找我，抱怨孩子现在什么话都不愿跟家长讲，不知道孩子心里在想什么，家长不知所措。我建议家长写一封情真意切的信，告知家长的担忧，由我来交给小王。小王看了父母的信件，十分感动，也向父母敞开了心扉。

策略四：沟通后如何

导师与家长沟通后，只是沟通活动的结束，不等于整个工作的结束。导师应该对整个沟通活动做一个小结，看看沟通目前取得的效果如何；家长的反应与协助意愿如何；尤其是学生的变化情况更要耐心等待，静心观察；反思沟通不尽如人意的地方，以期待下一次沟通的改进等。

导生的健康成长单凭导师一个人的力量是不够的，还离不开家长和任课教师的帮助，今后我将继续加强与导生家长的沟通交流，经常和任课教师探讨方法，通过三方的力量共同促进导生们的健康成长。

（祝　芳）

导师制让学生健康成长

鲁迅中学推行"三全导师制"多年了，它将学校的德育目标、任务从班主任工作中部分分解到任课老师身上。使任课教师与班主任紧密配合，形成整体合力，对学生德育管理进行优化，形成全员育人、全科育人、全程育人的良好育人模式。导师制可以让每一个学生的成长需求得到满足，在尊重学生差别的前提下，使"因材施教"变成一种可操作的机制，实现了学习中的个性关注，让每一个学生都能够有效地学习，充满信心地获得成功。

教师变成导师，首先必须完成自身的两大转变：一是从导"学"走向导"育"，导师不仅关心学生的学习成绩，更要关心学生的理想信念、思想品德、心理状态、生活等，全面关心他们的成长，真正变为"学生成长的导师"；二是从"导师型"向"导生制"转变，教师的指导要"以学生为本"，激发学生自身学习动力。如何才能做好一名导师呢？

一、做导生的知心朋友，加强思想引导

关心学生是每个教师的责任。关心不止于课业，在各种活动、日常生活或是心理情绪上，教师若能持续关心，就能触动学生的心灵，师生之间的距离就会更接近，学生也能够在潜移默化中学习到如何关心别人、关心教师的情绪及生活，因此会更加信赖教师，相信教师。

我的导生小艾同学刚来校读了不到一个月，他的母亲就找到我，说他在家如何不听话，跟父母吵架，甚至夜不归宿，态度极其恶劣，父母对他已经绝望。对于这样一个特殊学生，连家长都无能为力，作为他的导师我该如何是好呢？

第二天我找他到办公室，以听众的身份，让他从学校生活谈到家庭情况，再谈到他最大的困惑。我没有像他母亲说的那样去责备他，而是从理解、帮助、关心他的角度出发，肯定他个性中的闪光点——不容易屈服，然后引导他说出自己的心里话。在整个谈话过程中，我都是以他的一个亲人、朋友的身份在聆听他的心声。看得出，他很信任我，说到伤心处竟然大哭起来。当时，我想，这样一个平时那么桀骜不驯的学生，其实内心也有很多的痛。哭完，他轻松了许多，对我说："老师，你是第一个愿意听我说话的人。"我点点头，真诚地告诉他："你以后有什么心里话，只要你信得过我，我都乐意听，只要能帮助你。"从此以后，我发现他把我视为真心朋友，我们之间的交谈越来越多了。他也变得更积极向上、更阳光，同时对父母的态度也发生了明显的变化。

从他身上我看到，注重个性化教育，把教师的关爱深入特殊学生的心灵深处，从思想上引导他，能使师生关系更融洽。

二、及时发现导生的优点与进步，进行赏识教育

我有一个导生，与班里其他成员相比，他的表现几乎没有突出的地方，想表扬他还真不容易。但是，有了"放大镜"，他的优点就明显了，他的点滴进步就能看得到了，自然，表扬他的机会也多了。"你的字有了进步，祝贺你！""瞧，某某同学最近上课多认真啊，还经常举手发言呢！""老师真高兴我们班里的某某同学这么负责任，总能把老师交给他的任务完成好！""你的发言让老师看到了你课后认真学习和思考了，相信你会越来越棒！"诸如此类，每天总有几句称赞的话为他而响。渐渐地，他眼睛里有了光彩，上课较之以前可认真

多了,作业的质量也有明显提高,期中、期末都取得了良好的成绩。

三、常给导生家长报喜,带动导生发展

学生的教育离不开家校合作。在学校里,教师的教育能带给学生希望、信心、动力。同样,如果家长能给自己孩子的进步添砖加瓦,不断增强孩子的信心,激活孩子内在的动力,他们进步得更快,效果肯定就会倍增。

我的一位导生,学习成绩一般。我在鼓励这位导生的同时,总是及时把导生的点滴进步反馈给他的父母,让他们看到自己孩子发展的潜力,以此鼓起他们对自己孩子的信心,转变对孩子的态度,使孩子从父母那里也时常能得到一些肯定。这样,孩子的信心就不断增强,学习劲头也不断提高,由此逐渐形成了良性循环。经过相当长的一段时间后,我的这位导生的各方面表现有了较为明显的进步,成绩也提高了不少。

"一分耕耘,一分收获。"相信经过师生的共同努力,将会取得更大的收获。虽然这过程是艰辛的,但结果是令人欣喜的。

(武海勋)

四、"三全导师制"实施开展路径

学校确立"全员、全覆盖、全方位"育人宗旨,彰显"首在立人"的育人特色,规范导师和导生的要求,尤其是导师的任务、职责和考核。

导师常规工作要求

- 关心学生的思想和心理状况,并及时与班主任保持沟通;
- 指导学生制订高中三年个人导航计划;
- 每月与辅导学生至少谈心一次,并做好记录;
- 每学期与辅导学生的家长至少联系一次,并做好记录;
- 每学期对辅导学生至少进行一次家访,并做好记录;
- 每学期完成所辅导学生的成长寄语,并做好记录;
- 指导学生研究型课程和拓展型课程的选题与选课工作;
- 认真填写本手册及《学生记录手册》中的相关内容等。

学校课题研究中心组设计了《导师制学生记录手册》和《导师工作手册》,设有每学年一次的学生成长计划和每学期的评价与展望等板块,并在实践中加以优化和完善。

《导师制学生记录手册》要求

- 针对自己实际情况,统一用黑色水笔书写,字迹端正;
- 每月主动与辅导教师谈心一次,并做好相关记录;
- 听取辅导教师研究型课程和拓展型课程的建议;
- 记录手册需保管好,每学期上交两次,学年结束后统一上交学生处。

五、"三全导师制"取得卓越成效

十多年来,鲁迅中学的"三全导师制"工作收获了积极的办学效果,也成为了学校工作的一大特色亮点。

1. 构建和形成"中心联动、整体推进"的工作机制

学校现有专职心理教师1人,国家二级心理咨询师5人,家庭教育指导师6人,生涯规划师5人。学校的专业心理咨询师和指导教师团队能够对导师制工作中出现的问题进行专业性的分析和指导,从而有利于工作的深化和推广。

学校成立了由校长任组长,学生处、教学处、总务处等共同组成的导师制实施领导小组,对"三全导师制"工作的组织建设、导师的职责、导师的指导培训和评价激励等方面进行全面指导与管理。同时成立了以分管副校长、学生处、心理教师、未保教师为主的学校导师制工作团队,负责具体工作的开展;各年级则组建了年级导师工作小组。

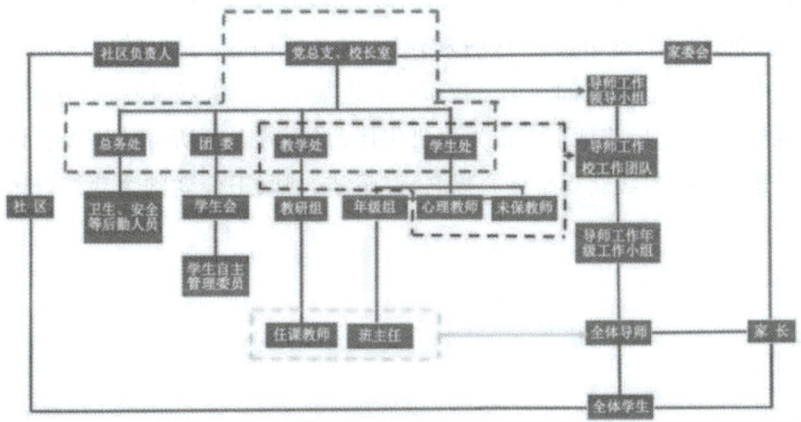

"三全导师制"组织管理图

经过多年的实践研究,目前已经确立和形成了相应的工作梯队模式,各梯队、各层次相互协作,开展导师指导工作。领导小组和工作团队已经形成定期研讨机制,领导小组每月一次,利用行政例会时间进行沟通商讨;学校工作团队则每月一次,在年级班主任例会时间,或开会研讨,或进入年级,同年级工作小组一起商讨。

2. 凝聚了实施"三全导师制"的人本化成功经验

实行"三全导师制",归根到底是强化师生之间的教育联系。教师和学生之间又增添了导师和学生的"一对一""一对几"的亲密关系,使得教育教学,尤其是个性化德育更有成效。可以把融合在"三全导师制"中的这个成功经验概括为如下的24个字来扼要表述:亲近结对,师生往来;生活学习,全面覆盖;感同身受,入耳入心。

3. 形成了基于数据、多维联动、协同共育的管理格局

基于学校升学数据库和测试数据,探索生涯教育多途径,梳理开设"立人为本助力家

长"成长课程;2020年,我校祝芳老师撰写的《激发孩子持久的学习动力》已被选中参与虹口区家庭教育微课录制;随后,我校张则见、张晓帆老师、张丽芳老师参与撰写的家庭教育微课也已录制完成。"家—校—社(社会)"协同共育的鲁迅中学学生全面发展支持网和身心健康守护网正在逐步构建中。

4. 进一步完善了"三全导师制"相关制度、保障机制

《上海市鲁迅中学导师职责》规定了我校导师的工作定位是个性引导、个别教育、个案研究,并且明确了导师的常规工作和考核办法。学校出台《导师考核与奖励条例》,针对导师考核和评优工作,通过学生的评价和教师推荐,结合导师工作实际评选优秀导师。对导师的奖励则在绩效工资实施方案的"其他奖励"中予以体现。

在"三全导师制"实施推进中,学校涌现了一大批先进典型。明星班主任、优秀导师事迹等,均可以在网上和宣传栏中见到,为师生树立了引领示范的榜样。

5. 营造师生和谐、健康积极向上的校园氛围

在"三全导师制"的实施过程中,学生主体作用得以发挥,自我管理意识得以强化。师生之间积极平等、充分互动、密切联系,这均为学生健康成长创造了良好的条件,也促进了教师自身的成长与发展。学校先后涌现了一批市区先进集体和个人,如钱炜临老师、徐瑶老师、王佳老师所带的班级先后获评上海市先进班集体,张丽芳老师所带的班级获评虹口区先进集体,徐瑶老师所带班级获得金爱心提名,许晴洁老师、王佳老师荣获虹口区优秀班主任称号等。

第二章

❖───────❖───────❖

立人为本:基于立人思想传承的
"三全导师制"德育活动研究

2020 年,习近平总书记提出了立德树人的根本任务。所谓立德,即立大德、功德、私德,要求"明大德、守公德、严私德";所谓树人,即"培养德智体美劳全面发展的社会主义建设者和接班人",其核心是要围绕、关照及服务学生成长与发展,坚持以学生思想水平、文化素养、道德品质、政治觉悟的提升为导向,让学生成为全面发展而又德才兼备的优秀人才。上海市鲁迅中学围绕鲁迅先生当年提出的"首在立人"思想,秉承"首在立人"的办学理念,从学校文化传统出发,坚持育人为本,将习近平总书记"立德树人"根本任务融入校本化办学理念中;全面实施深化"三全导师制"工作,坚持将"爱、诚、进、韧"立人核心标准贯穿于校"三全导师制"工作中,积极打造学校育人特色品牌,形成鲁迅文化校园氛围,符合为中国特色社会主义新时代培养全面发展的时代新人的基本要求。

第一节 传承立人思想的"三全导师制"德育活动

禹晓丽

一、传承立人思想的"三全导师制"德育活动概述

上海市鲁迅中学,以文学大师鲁迅先生的名字命名,是上海的一所普通高中。从 2007 年开始,学校积极探索"教师辅导制"。在鲁迅先生"首在立人"思想的引导下,为了加强育人工作的有效性,在导师制中实行"三全"——"全员、全程、全方位"育人,正式定名为"三全导师制",体现"立德树人"的育人特色。全员:"三全导师制"德育活动要求全体导师参与,在学校里"教师人人是导师,学生个个受关爱";全程:导师从高一到高三全程跟踪导生,是导生的"良师益友";全方位:导师给予学生学业指导、生活辅导、心理疏导、职业导航、人生规划指导等,以努力实现"为每一个学生创造主动发展的无限空间"的教育理念,

全面指导学生成长。"三全导师制"德育活动的开展不断推进学校全员德育、全程德育的落实,发挥全体教职员工教书育人的积极性,增强学校德育的实效性。2021年1月上海市人民政府办公厅印发了《关于本市新时代推进普通高中育人方式改革的实施意见》,其中提及"完善高中班主任与全员导师制相结合的高中学生成长服务机制"。在"三全导师制"德育活动的实施过程中,如何按照"首在立人"的办学理念,将导师制这项"有价值、有意义"的工作具体做、深入做,就显得更为重要。

鲁迅中学的"三全导师制"德育活动在推行过程中,对于导生成长方向、学什么、怎样学和做事做人方面,予以引领和指导,激发学生积极主动发展,为学生的健康成长创造良好的条件,推动师生之间积极平等的充分互动、教书育人的和谐统一,达到师生共同发展的目标并在具体实践的过程中,不断丰富着导师制的内涵并逐渐形成自己的经验与特色,围绕"三全导师制"的构建与实践研究,各级各类科研项目成功立项6项,案例获奖5篇,其中2020年12月,我校德育案例《爱诚进韧 首在立人》("三全导师制"为其中重要组成部分)入选教育部"一校一案"落实《中小学德育工作指南》典型案例。

二、学校"三全导师制"德育活动课程研究

(一)学校"三全导师制"德育活动课程研究的思路及重难点

学校"三全导师制"德育活动课程目标体系的核心是集中体现国家意志和社会主义核心价值观。教育部印发了《关于全面深化课程改革落实立德树人根本任务的意见》,明确了德育活动课程目标体系的核心是"培养全面发展的人",其中文化基础、自主发展、社会参与是重点需要落实的三个核心素养,具体细化为人文素养、科学素养、终身学习能力、社会担当、健康生活和创新实践等六个方面。随着教育综合改革的推进,育人方式的创新,教学组织形式的改革,现代学生面临着更加开放广阔的世界、更多的发展机会和更加充分的竞争,他们需要在校园有限的时间内得到最大限度的潜能发展、知识积累、人格完善和思想成熟。

学校德育的主体是学生。如何创新学生感兴趣的德育形式，激发他们的学习热情，从而主动参与到德育实践活动中来，最终实现"自我服务，自我管理，自我教育"的目的，是学校"三全导师制"德育活动课程构建的主导思想。

上海市鲁迅中学积极深入推进学校教育改革，改革学校德育活动体系，创新学校德育模式，加强对学生全面的指导，探索实施"全员、全程、全方位"的"三全导师制"。"三全导师制"是新时代、新形势、新任务下的一种教育教学管理制度的创新，是对学生全面而个性的指导，是关注学生生命成长过程的管理制度。它打破育人的领域、时空、人员等的障碍，从单一的班主任指导走向"人人都是德育工作者"的全员指导，指导学生的学业、关心学生生活、疏导学生心理、帮助学生规划人生和树立崇高的理想。

（二）学校"三全导师制"德育活动课程研究的实践与举措

本次德育活动研究明确习近平总书记在重要教育会议上多次提出的"立德树人"的根本任务，结合鲁迅先生"爱、诚、进、韧"的精神，以学生的全面发展为核心，着眼于时代要求，构建起提升学生品质和能力的"三全导师制"德育活动课程体系。

1. 基于校情，确立德育活动课程目标

上海市鲁迅中学的"三全导师制"以"德育为先，立德树人"的教育理念为引领，促进学校德育工作的专业化、规范化和实效化，打破"德育工作"等于"班主任工作"的片面认识，从而形成"全员、全程、全方位"育人的德育工作新格局。

基于此，我们对德育活动课程的总目标定位为：以学生的全面发展为核心，着眼于时代要求，构建起学生品质和能力培养的育人体系。为此，我们根据高中各年级学生的心智发展情况，对总目标做进一步的分解和细化。

"三全导师制"活动课程通过个性的引导、个别的教育、个案的研究，对学生进行充分的主体性教育，引导学生充分发挥主体作用。主体性是人健康成长的关键性品质，学生的主体作用主要表现为做学习活动的主人，以主人的姿态对待所有的学习和活动。

因此，不能把导师工作仅仅认定为面向学生的事务性工作，导师工作是学生的个别化教育工作，有实践研究的要求。导师要注重对所指导学生的个案研究、经验总结，在研究中提高指导水平和指导质量，让每一个学生在导师指导下，积极主动地学习，达到学会发展、全面发展、个性发展的目的。

2. 常规和特色相结合，全面构建德育活动课程体系

"三全导师制"的本质内容为导师与学生心灵的沟通。因此，学校的常规活动是每月固定时间进行导师导生交流谈心。另外，根据高中各年级学生的心智发展情况，还设立了各年级的主题活动课程。

高一年级

"真情传递"活动：借东方绿舟国防教育活动之契机，通过学生自制卡片，以卡片寄语的形式与导师谈心，交流国防教育活动前后的心得感悟，说说心里话，以缩短师生间的距离，增进彼此的感情

"一次难忘的活动":导师结合自身特长,利用社会资源,组织一次特色活动将自己所指导的学生带出校园,利用课余时间,组织一次特色活动,带领学生走进社会。在活动中传递情感,交流思想,给予学生多方面的指导。导师导生通过校外的活动,换一种交流方式,换一种环境,在活动中自然交流情感,传递思想。

高二年级

"师生同乐"主题活动:导师与导生共同策划,可以是游戏类的,也可以是谈话式等多种形式。在活动中,师生之间互相了解,敞开心扉,加油鼓劲,配合默契,心灵相通。通过活动,师生之间更加熟知,像朋友一样相处,拉近彼此心灵的距离,便于今后交流。通过师生之间的互动,优化校园育人氛围。

"夸夸我的导师"征文活动:活动使学生更加感受到导师对自己的关怀与爱护,从而激励自己以实际行动来报答对老师的爱,并能更深层次地交流,促进师生之间的共同成长,教学相长,取长补短。

高三年级

高三年级开展了"毕业了,我想对你说"特色活动。常规活动中凸显特色,增进师生情感。

在开展经常性指导的同时,各年级结合高中学生的特点开展特色活动来推进导师制工作。每学期,学校还会根据每个年级的学情,精细设计年级品牌活动,导师们利用各种契机,引导教育导生,走好人生实践的每一步。如:在评选"三好学生"时候,引导学生正确分析自我,了解自身不足;在学工前,就学工的场所及注意点对学生进行指导;利用学农这一实践活动平台,适时鼓励关心学生,增强他们克服困难的决心和信心,有的学生在导师的鼓励下,积极参与"学农主持人大赛",增强了自身信心;开展导师导生"根植红色基因"打卡活动,导师带领学生打卡上海红色景点,在参观与交流中进行思想引领;导师导生通过共看一部电影、共读一本书丰富交流内容,在欣赏和阅读中提升自我;导师导生大学研学活动,通过参观大学,了解大学专业,为导生的生涯规划打下坚实基础。

同时,学校推行活动记录手册,保障活动有效开展。为规范过程性管理、保障活动有效开展,学校精心制作《导师制活动记录手册》,细化导师职责的指标,让教师在清楚如何"引导""陪伴"学生的同时,留下过程中的感悟和点滴思考。

3. 定量分析,深化德育活动考核评价机制

德育活动的开展同样需要评价机制的保障。在对"三全导师制"活动课程的评价中,学校一方面丰富评价主体,另一方面将学生发展情况,学生学习、生活、行为的进步作为考核德育活动课程成效的标准。

(1)考核主体多元化,保证评价的客观性。学生问卷调查评价导师、导师自评和年级组推荐相结合,保证考核的全面客观。

(2)数据定量分析,细化考核标准。一是依托导师制记录手册,一学期两次定期检查加若干次不定期抽查。量化导师参与每月特色活动情况。

(3)设定奖励激励,优化考核成果。学校将"鲁中优秀导师"的评选纳入学期考核评优中,并将"三全导师制"活动课程中的优秀案例汇编成册。同时,在教师节表彰大会上,学校层面表彰优秀导师,创造良好的氛围,唤起导师工作的积极性和主动性,提升德育活动课程的有效性。

4.有序开展培训,为"三全导师制"德育活动课程研究的实施提供保障

(1)提升导师专业能力

为满足不同学生多样化、个性化发展需要、强化学生的人生规划和终身发展方向,形成学业指导与道德指导同步的高中教育教学管理机制,提升教师开展导师制的专业能力,学校构建与开展专题培训、论坛分享、教师案例研究等形式多样、内容多元、参与广泛的研训举措,为教师的全面发展开辟新的空间。

表1　　　　　　　　　　　　　　　　学校培训平台

类型	主要范畴	形式
学校培训	1.师生交流的技巧与艺术;2.职业生涯指导与辅导策略;3.心理健康指导;4.走出家庭教育误区。	讲座
	交流汇总优秀导师的工作经验和感悟。	德育论坛
	学习他山之石。	参观考察

表2　　　　　　　　　　　　　　　　同伴互培平台

类型	主要范畴		形式
分年级有侧重开展培训	高一年级	1.高中三年个人规划;2.如何弘扬"爱、诚"精神。	1.年级会议交流;2.静思录平台。
	高二年级	1.人际交往的发展规划;2.选科指导;3.如何弘扬"进、韧"精神。	
	高三年级	1.生涯规划与志愿填报;2.大学生专业等升学指导;3.如何弘扬"韧"精神。	

表3　　　　　　　　　　　　　　　　自我培训平台

类型	主要范畴	形式
自我培训	网上学习	静思录平台
	书本学习	书籍

(2)举办专家讲座,实现德育活动课程方向引领

围绕全员导师制工作相关的理念、政策,邀请傅丽旻等市级学者、专家对全校教师开展专题讲座。通过培训,教师对"三全导师制"德育活动课程开展的目的和意义有了进一步了解,对需要履行的责任有了进一步明确。专题讲座也聚焦心理健康教育能力、学生发展指导能力、家校沟通能力等,提升了导师开展工作所必备的素养和能力。

（3）利用学校静思录平台，深入案例分析，形成本土经验

作为塑造未来社会人群的灵魂工程师，作为导师，如何走进学生的心灵，如何提升教育教学境界，这些都要求导师不断转变既有的思想和观念，不断学习新知识、完善自身知识结构，不断发挥教育策略、展现教育智慧，不断调整教育方法、探究教育技巧，以适应未来社会的需要，以适应塑造现代人格的需要。基于这样的认识，我校着手构建"静思录"形式的自我培训和同伴互培平台，旨在交流思想，启迪智慧，点亮心灯，将一个个身边的教育教学现象、问题和案例呈现给所有导师，通过导师的思考、讨论、体会、感悟，达到对德育活动课程不断动态完善。

（4）以本校推进"三全导师制"德育活动课程过程中形成的经验进行论坛分享，组建研究同盟，进行课题研究，撰写典型案例集，形成系列化的德育活动校本课程。

（三）学校"三全导师制"德育活动课程研究的成效

1. 学校"三全导师制"德育活动课程研究由内而外地唤醒并强化教师的全员育人意识，这种基于实践需要的案例分析，让"三全导师制"的开展在教师层面具有了思想基础。对教师自身发展十分有利。教师通过分析当下教育教学的实际情况，明确开展导师制的目的。正确认识导师与班主任、普通教师之间的区别与联系，明确导师角色的定位，知道自己应该导什么、怎么导，从而提升教师的育德意识和能力，也有利于发挥教师在教育、教学过程中的主导作用。

2. 学校"三全导师制"德育活动课程研究帮助学生充分发挥在教育、教学过程中的主体作用。学生的主体作用主要表现为做学习活动的主人，以主人的姿态对待所有的学业升学问题；在导师指导下，达到全面发展、个性发展、学会发展的目的；导师也引导学生逐步学会规划人生，为其终身发展奠定基础。

3. 学校"三全导师制"德育活动课程研究提升学校德育工作的有效性。学校"三全导师制"德育活动课程研究为探索教育资源提供了共享平台和共享机制。推动学校在课程、师资、实验室、科研等方面资源共建共享；完善学生心理健康服务机制，实施关爱生命行动，建立学生心理危机个案转介绿色通道，促进学生身心健康，同时，也使得"三全导师制"本身不断动态生成、优化完善，提高学校德育工作的有效性。

4. 同时，通过"三全导师制"德育活动课程研究丰富导师评价的要求，从规定动作到特色发展，以评促建，不断完善"三全导师制"，进一步创建一种个性化、新型的"全员育人、全程育人、全方位育人"德育工作体系。

第二节 "三全导师制"常规主题德育活动

钱炜临

一、高一年级的主题活动

(一)高一年级上学期开展"真情传递"主题特色活动

目的:导师导生通过卡片实现远距离交流,传递真情。

具体步骤:

1. 学生设计温馨卡片。在卡片上进行个性设计,画上自己喜爱的图案,写下想对导师说的心里话,然后亲自交给自己的导师。

2. 导师寄语。导师收到学生的卡片后,认真阅读学生的留言,并在卡片上写下对学生的寄语,封口后,将其交给所指导学生的班主任。

3. 学生的新体会。班主任将写有学生心里话和导师寄语的卡片带至东方绿舟国防教育基地,并在军训结束时交给学生。学生在阅读了导师的寄语后,结合军训生活,在卡片上写下自己的新感受和想对导师说的话。

4. 师生交流、谈心。回到学校后,学生将写有新内容的卡片亲自交给自己的导师。导师与学生在谈心时,结合卡片上的内容,面对面交流各自想对对方说的话。

【教育活动案例】

"真情传递"活动

一、背景

我校导师制开展至今,已经是第三个年头了,在促进师生情感交流方面,取得了良好的效果。但由于高一学生刚刚进入学校,辅导教师虽然是由学生自主选择,但师生间缺乏深入的了解,还存在一定距离感。

二、目的

通过卡片实现师生之间的远距离交流,增进导师导生间的感情。

三、途径

学生设计个性卡片,写下对导师的心里话,或画上自己喜爱的图案。完成后送给各自的导师,导师则写下寄语并将卡片装入信封,交给所指导学生的班主任,统一带至东方绿舟后,发给学生。

以下是在军训活动以后,导师与导生之间的一次书面的心语对话:

学生小严:经历了暑假军训,多少知道了军训期间的一些苦与乐。我期待着11月23日,希望这一次可以不晕倒,坚持到最后一刻。但听说这一次比上一次军训还苦,不禁有些打退堂鼓了。

导师寄语：I can do it! 这是多么好的自我激励！相信自己，I can do it! 没什么好担心、害怕的，怎么可以打退堂鼓呢？记住：严嘉懿，你不比别人差！战胜自己才是最重要的，你一定能行！

经过上次的交流和看了你的只字片语，能够感受到你是个内向文静、纤细敏感的女孩。我曾经也是这样，你一定想象不到吧！读书时我连举手发言都不敢的，可如今上台发言都不会紧张，因为人是锻炼出来的。相信历经磨炼，你也一定可以成功。

（导师：王皓晾　　学生：严嘉懿）

（时　颖）

（二）高一年级下学期开展"导师导生特色活动"

目的：换一种交流方式，换一种环境，通过校外的活动，在活动中自然交流情感，传递思想，进一步拉近导师和学生之间的关系。

具体步骤：

1. 导师结合自身特长，利用社会资源，与导生一起确定特色活动地点、内容。

2. 利用课余时间，组织自己所辅导的学生，赴确定地点进行特色活动。

3. 活动结束后，学生书写"记一次特色活动"，记录下活动内容、活动中的点滴感受。

【教育活动案例】

到赵屯去采草莓

今天上午紧张的期中考试刚结束，我的导师陈老师就带着我们几个导生一起坐她租来的面包车，前往青浦赵屯的草莓基地采草莓。在车上我们一行人有说有笑，一小时左右我们就到了青浦赵屯。

草莓采摘点是被称为"中国草莓之乡"的青浦区白鹤镇赵屯地区，是上海最大的草莓基地。一群农妇在路口摆了一排新鲜的草莓，每一颗草莓都红艳欲滴，看了让人忍不住咽口水。在农民的带领下，我们来到了草莓大棚，塑料大棚整整齐齐，在春日的太阳下闪着白光。红艳艳的草莓密密麻麻地挂在草莓苗上，如辣椒，又似小红灯笼，细细的叶秆上还有黄蕊白花，个个玲珑可爱。远远望去，像在一片绿莹莹的锦缎上铺着红宝石，颜色是那么搭配。

我们迫不及待地进入大棚中，一股热气扑面而来。老师带着我们小心翼翼地走在草莓苗的中间。看到成熟的草莓，小黄同学怕来不及似的把刚摘的草莓放进嘴里，惹得大家哈哈大笑。

我们要了一个篮子，钻在草莓棚中，一只只红彤彤的草莓让我垂涎欲滴。草莓的外形像鸡心，但是比鸡心大得多。它的茎秆很细，支撑不住草莓，所以草莓总是躺在地上，太阳光照的那一面红得发紫，而贴在地上的那一面白里透红。一片草莓地，就任我们尽情地摘了。草莓地的结构是一行一行的，我走进去，就闻到了泥土的清香。从上面看，只见一片片椭圆的叶子密密地铺着,蹲下身子,才能看见一个个从枝丫上垂下的草莓。有人叫了一声:"哇,好大呀,绿绿的草地,红红的草莓,真配呀!"

摘草莓时,老师告诉我要摘又红又大的草莓,不要摘不成熟或外形奇怪的草莓,而且要连同草莓蒂一起摘下。听了老师的话,我弯下腰,拨开叶子,仔细寻找好的草莓。看到满意的,就轻轻摘下,放进篮子里。我一个个摘着,小心翼翼地摘着,生怕弄醒一个个熟睡的小宝宝。摘了一会儿,我腰酸了,但当我看着眼前诱人的草莓,忍不住又弯下腰来,继续摘。不知过了多久,有人在门外喊:"差不多了,难道你们不累吗?"我站起来,发觉确实有点腰酸背疼,但是摘的时候一点也没感觉到。最后,我们出了大棚,依依不舍地离开了。

在紧张的学习之余,来到这美丽的乡村田地里,卸下心灵上的疲惫,让我亲近大自然,让自然洁净我们的心灵。这次的导师活动给我留下了深刻的影响。平常较严肃的老师在生活中也是如此可爱,而我们这群已是高中生的孩子,在美丽的田园风光与浓浓草莓香中似乎找回了童年那份畅快轻松。

（学生　吴馨怡）

我与导师游外滩

五一长假的最后一天,我们三个学生随着导师方舫老师来到外滩观光。外滩是上海的著名游览胜地,经过"世博"大修后的外滩焕然一新,我们还没有来观光过,所以这一次我们来到这里,感受一下正处"世博热"的上海新风貌。

我已经许多年没有到过外滩了,记得很小的时候去外滩,还存在着那个"亚洲第一弯",乘着车从那个弯角下来,将浦江两岸的美景一览无遗。如今再去外滩,已经是别有一番滋味了。不计其数的外地人、外国人涌入上海,来到闻名的外滩,趁着世博期间将上海的大小景点都游个遍。

这次我们和方老师一同前往外滩,一开始我和杨浩都显得比较拘谨,气氛也比较沉闷,但一段时间过后就好了许多。我们聊到五一期间各自的活动,聊到热门的关于"世博"的话题。我时而抬头看车窗外的世界,看着车子从住宅区开向繁华的中心地段,我对这次的活动越发充满了向往。

虽然江面上吹来的风很大,将头发吹得有些凌乱,但是我们的兴致丝毫没有消减。在黄浦江畔合影看风景,看到上海如此巨大的变化和新整修后的外滩,不禁赞叹发展的突飞猛进。比起对面浦东的现代和闪耀,浦西也具有它古典和优雅的美,风格迥异的建筑,最高的钟楼,还有外白渡桥、人民英雄纪念碑、陈毅雕像,等等,我一一回顾着这些在很多年以前停留在我脑海中的景象。从北外滩沿线走了一段,我们有些累了,在一旁的长椅上坐下,于是开始聊起一些生活中和学习上的琐事。方老师很关心我们,经常问到我们的学习情况,我们也各抒己见,有时会谈到学习的压力,有时也会说到选课的问题,还有就是最现实的会考了。方老师也给了我们许多的方法和意见,我也从中感受到了老师平易近人的一面,她也是这样一位和蔼可亲的老师,愿意和我们用心交流。

这是我们的第一次导师导生特色活动，虽然看似普通又短暂，但是留给我的印象却是非常深的，这也为我们日后更多的活动开了一个好头。这次的活动，不单单是一次游玩，更是老师与学生互相了解的一个最佳平台，通过活动，相信我们和导师会在以后的学习生活中配合得更加默契，导师制也会越来越顺利地进行！

（学生 夏晟嘉）

到丁老师家里做客

那天是学农回来的第二天，我们几个导生集合后，兴致昂扬地到了丁老师的家里。

这是我们第一次来到老师的家里，感觉很新鲜，但还是有些拘谨。不过，在这个温暖又亲切的房子里，那种烦躁、不安很快便烟消云散了。

我们先是来包饺子。饺子肉馅，是丁老师在我们来之前已经弄好了的，还剩下切菜的任务。我第一个上场，围个围裙，还颇有那么些架势，不过毕竟不是老手。还好这个切菜的任务，不是很需要刀工，只要切得碎就行了。我们做馅，完全是流水操作，一个接一个。不干活时，坐在客厅的沙发上，看看电视，顺便玩玩配音；干活时，绝不马虎，也不能马虎，再怎么说，过会儿是要自己吃的。

在切菜和搅拌之后，馅终于完成了。接下来就是包的环节了，有人包得好，有人包得怪。大家的想象力，完全被激发出来了，看着第一锅饺子下水，我感到很欣慰，因为这是大家劳动后的成果。

下的第一锅饺子，也是我们自己干的，可是后面就都是老师接手了。我们就围着桌子开吃了。很开心啊，虽然同学聚在一起吃饭，在学校里天天发生，可就是没有这种感觉。没有劳动后得到回报的满足感。

说是搞活动嘛，光吃饭是远远不够的。于是，吃好饺子，我们的活动就进入了第二个环节——表演节目。说真的，那可是很开心啊。表演者刚开始有些害羞，不过，毕竟是在气氛的渲染下，同学们也都使出了自己的拿手好戏：二胡、笛子、魔术、唱歌等，我没有现场表演，拍了个视频，也就算表演过了。正好借着放我的视频，丁老师便把学农时的彩虹视频拿了出来，让那些没有去学农的同学一睹为快，我们内心激动万分。

这次导师导生活动虽然转眼就结束了，但是我学到了很多，学会了包饺子，看着容易，其实是不容易的；别看大家很平常，其实都深藏不露；还有就是，越是觉得快乐，就越会觉得时间过得快。

这是我的第一次导师活动，在我的记忆中留下了抹不去的痕迹。

（学生 沈昊文）

二、高二年级的主题活动

（一）高二年级上学期开展"师生同乐"主题活动

目的：通过活动使师生之间更加了解、更加熟知，像朋友一样相处，拉近彼此间的距离,便于今后的交流。通过师生之间的互动,优化校园育人氛围。

具体步骤:

(1)导师与导生共同策划,可以是游戏类的,也可以是谈话式等多种形式。

(2)在活动中,师生之间互相了解彼此,敞开心扉,加油鼓劲,配合默契,心灵相通,为今后的学习、生活、活动中的谈话与交流创造条件。

(3)活动结束后,师生之间更加熟知,更加亲密,增进了感情,缩短了师生之间的距离,从而达到了预期的目标。

【教育活动案例】

"珍贵师生情"活动

在主题教育中,有关主题的内容丝丝相扣,其中不乏体现浓浓师生情的环节:

1. 导师发言

上个学期我们开了一节别开生面的主题教育课,这节课的主题是"感恩和责任",活动的一个主要环节是请来一些同学的导师,由他们来谈谈对感恩和责任的认识,发言的导师有数学邢老师、英语韩老师等。他们在讲台前用最朴素的语言谈了自己的见解,其中不乏深刻的道理。但三句话不离本行,每位导师的讲话都带有明显的学科特点,比如数学老师和英语老师时不时冒出的数学术语和英语句子让我们都忍俊不禁。让我们印象最为深刻也是触动很大、颇有教育意义的就是他们谈到坚守自己的岗位就是一种责任。

2. 送贺卡、祝福语

有一种职业最美丽,那就是教师;

有一道风景最隽永,那就是师魂;

有一种情感最动人,那就是师生情。

当课快要接近尾声的时候,两位导师的导生——数学课代表和英语课代表分别为老师送上了代表全班同学的贺卡,上面写下了我们对老师最真诚的祝福、感谢辛勤的园丁。希望导师和导生的友谊长存! 我们也坚信这种温馨场面将会永留在我们每位同学心中。

导师制感想:

导师制是我们年级从高一开始就一直在坚持的一项活动,每个月一次的导师导生谈心增进了老师与我们之间的情谊:

1. 我们的导生导师制已经连续进行了近两年了。在我们平日里与老师的交流中,我们和老师成为知心的朋友,而不是单单是师生的关系了。老师从我们的学习、生活中的点滴表现,更加了解我们,懂得我们,开展的导生导师活动让同学们更加能够积极主动地参与其中。我们通过这样的方式,在老师的关怀下,渐渐地从一只小鸟蜕变成了一只展翅翱翔的鹰,我们虽然有时候会遇到一些挫折,但是却能够从挫折中得到经验教训,以后绝不再犯。

2. 导师制的开展,为我们平日里繁忙的学业生活增添了一些乐趣。比如,去年主题班会上我们就设置了有导师发言的环节。老师们在这个环节中,谈了一些好的学习方法,并且对我们的学习生活提出了希冀,祝愿我们都能够取得好的学习成绩。我们的导师制活动,从点滴之中都体现出了老师们对我们的关爱,之所以对我们如此关心,是因为他们希望我们可以有一个更加美好的未来。这正是我们现在在追求的梦想。老师们正在为我们铺平前进的道路。

(二)高二年级下学期开展"夸夸我的导师"征文活动

目的:通过活动,使学生更加感受到导师对自己的关怀与爱护,从而激励自己以实际行动来报答老师的爱,并能更深层次地交流。通过活动,促进师生之间的共同成长,教学相长,取长补短。

具体步骤:

(1)各班发动学生每人写文章,字数700~800字,从某一个角度来写,突出特点。

(2)请语文老师、班主任认真批改,挑出优秀文章上交到年级组,每班2~3篇,班内交流,同时给相关导师看,便于及时了解情况,交流沟通。

(3)年级组再经过挑选上交到政教处,在学校范围内交流,发扬先进,鼓励、表扬优秀的文章和相关的导师。

(4)学校层面评选"优秀导师""优秀导生"若干名,以资鼓励。

【教育活动案例】

生命中的引路人

你的眼睛是我永远的牵挂,即使我走过千山万水,却总走不出您那慈祥的目光;您的呼唤是我永恒的温暖,无论凄风冷雨,您总是为我点亮心中的那盏灯;您的背影是我永生的眷恋,您的坚强牵引我勇往直前,感谢您,我的导师。

我的导师是吴老师,在我眼中,她是一位气质不凡且善解人意的老师。作为课代表,每日交送作业是必不可少的。在作业繁多时,老师总是体贴地为我免去这项工作。我是一个很没有自信、心态很差的学生,总是会被挫折打败。而老师总是耐心地疏导我、帮助我,调整我消极的心态。老师总是跟我说:"不论结果如何,只要尽全力去做,就不会有遗憾。"在我失落的时候,老师总是安慰我;在我进步的时候,老师总是为我的成功而感到喜悦。经过老师的辅导,我的消极心态渐渐得到改善。课后的吴老师一改上课时略带严肃的神情,举手投足间像一位和蔼的母亲,更像一位可爱的朋友,谈话中总透露着一股亲切感,进一步拉近了我们之间的距离。

导师如一盏明灯、一盏灯塔,如一颗耀眼的启明星,为我指引人生的方向。感谢您,我的导师。

(学生 潘嘉菲)

平凡点滴见真情

我的导师也是我的班主任李老师，可以说对有着双重身份的她，我已是再熟悉不过了，每次谈心都能从中体会到她的那份关切和真诚，她不单单注重学生的成绩，她更注重人的品质，教会我们怎样做人。

还记得上次导师与导生搞活动，老师买了个大蛋糕给导生一起过了个大生日，尽管当天电闪雷鸣、风雨交加，但大家都沉浸在那种快乐的令人难忘的气氛中，一边吃蛋糕，一起合影留念。

一眨眼，我们已从高一步入高二，学农是大家在一起的最后一次集体活动了，导师也与我们一起，不常走路的我们没走多久都开始疲惫了，这时飘来的阵阵馒头香气顿时让早已饥肠辘辘的我们兴奋起来，导师见状便给我们买了许多馒头，大家手中拿着馒头继续前行，边走边啃，非常难忘。

作为班主任，每天的唠叨是不可避免的，在学校，班主任就像是家长，看管那么多孩子，从身体、心理、学习样样都到位，严格的管教也是必需的，但身为导师的她也会给我们放松的空间，不会时刻盯得死死的，在课间她也会与我们聊聊谈谈。

大家带来的绿色植物也让她费心不少，我们都很少记得浇水，都是她在忙活。而开窗通风是她最关心的，保持空气流通是相当重要的，这小小的细节保障了同学们的身体健康。每天的值日也是她关心的，她总是保持教室整洁，给上课的老师和同学一个良好的学习环境。

我的导师李老师，总是在为我们无私付出。

（学生　陈露奕）

夸夸我的导师——亲爱的张老师

导师，是美的耕耘者，是美的播种者，是你们用阳光普照，用雨露滋润，我们的心田才绿草如茵，繁花似锦。我的导师是亲爱的张丽芳老师。

张老师是一位活泼开朗、尽心尽职、严于律己的好老师。她不仅是一位生物老师，更是我们的班主任。她关爱学生，能够充分理解同学们的心理，愿意听取同学们的意见和建议。她能够发现每位学生的优点，也能够指出我们的缺点，包容我们的任性与小脾气，更会在批评学生后再对自己进行反思，站在学生的立场上思考问题，以真心换真心。

在每次的导师与导生谈心时，她都会先询问我们近期感觉如何，包括学习方面，也包括日常生活及人际交往方面。我们也是有什么烦心事都会毫无顾忌地跟她倾诉，而她总能合理地分析问题，巧妙地化解问题，给我们一个"满分答案"。她的话就像一阵微风，抚平我们心灵的褶皱；就像冬日里的一抹暖阳，照亮我们内心的阴霾；就像一缕茉莉的清香，沁人心脾。

在学习方面，她也会关注我们的学习情况，一针见血地指出我们的问题所在。当我们考得不理想时，她便会询问我们在学习方面有没有什么困难之处，从而给出合理建议来帮助我们；当我们考得好时，她也会毫不吝啬地夸奖我们，给我们更充足的学习动力。

除此之外，当有同学咨询她高考选科与未来的规划时，她总会给出自己的见解，并结合我们的自身情况综合分析，给予我们真心的建议。

亲爱的张老师，您用心点亮了我们的心，用爱培育了我们。正是有您的陪伴，让我感受到了世界的温暖。您是一位良师，句句教导使我受益匪浅，您的一份真情，我将铭记一生难以忘怀。我可能不是您最好的学生，但您一定是我最好的导师。

（学生 胥洁）

致信息黄老师

流水爱高山，
它滋养苍绿；
千千万万年年。
飞鸟爱天空，
它不留痕迹；
划过白昼与黑暗。
而您，
如此负责，
炽热地、绵长地，
不求回报地，
教书育人。
纵使我们太过顽皮，
但您没有意兴阑珊，
星海横流岁月成碑，
总有一天，我们不再少年，
方时才知负您一汪苦心。
黑格尔说：
一个民族要有一群仰望星空的人，
您在茫茫黑暗中，
燃起点点星火，
让我们不至于摸着黑学习，
助我们步入"信息科技"的殿堂，
通过您，
让我学到：
再微小的光也是光，
平凡的人也能拥有属于自己的高光。

无论我身在何处,

无论我与他人差距多大,

人生总有那么大段时光,

在静默,在等待,在坚忍,

在等一场春暖花开,

在等一树春华秋实,

在等一场雷霆万钧,

嫣然绽放。

身为您的导生

我深感荣幸

人生一世,

草木一春,

来如微雨,

去似微尘,

但您如云飘浮,

必将引下学生心中的闪电。

(学生 汪洋)

答 案

"你为什么要选我当导师?"

我不敢沉默太久,目光落在鞋尖上,纹丝不动,答案近乎脱口而出。"我……我想过合格考。"手指别在背后搅在一起,脱口而出的同时,思绪又被拉回六个月前那个燥热的下午。高中的第一堂化学课对我来说同从前没有分别,梦魇般在我身边伴随了两年,如今又出现在眼前:像一个我从未了解的人,一个高高在上蔑视我的人,装作不认识般朝我招手,带着陌生的笑容。

我深知来者不善,再次选择缴械投降,抵挡不住困意泅涌,低下头,昏昏欲睡。

"第3排那个女同学……"我敏感地察觉到无数目光落在身上,条件反射般站起来,心中暗暗涌起一股晦涩和悔恨,随着0.1秒的流逝越来越强烈,我低下头等候着接下来的一顿痛骂。

"回去记得做一下这个实验,撒点盐在炉灶上看看变色。"

我怔了怔,仿佛一个每天准时到达的快递落了空却没有感觉到失落,甚至有点不相信自己的耳朵。我愣愣地抬起头,这才看清楚您的模样,自那一刻起深深烙印在我心中。深蓝色的短袖,干练清爽的短发,一双令人印象深刻的眸子,一双能说话的眼睛注视着我,好像看到了我对这门学科源自心底的抗拒和抵触。而您只是用目光便安抚到了我的内心深处,那是一种无需言谈便意会的感觉。我想也许是缘分使然,将一个深恶痛绝的学科和一个令人印象深刻的老师就这么碰撞在一起,闯入我暗淡的时光中。

您最早记住了我的名字,这令我窃喜。很快导师选择单摊在桌上,我几乎是下意识地看到了您的名字,不由自主写下了这一笔,当然也怀揣着隐隐的心虚和不安。化学分数年级垫底的学生选了化学老师当导师,这是一个戏剧性的开场。

第一次化学大考以失败告终,等到分数的刹那我心都冷了。课上您点名批评了我,将那惨绝人寰的分数直接报了出来。错愕的同时,紧接着的是羞愧与失望,我低着头,心中头一次对您产生不满,不合适的自尊心暗自作祟,我感到羞愧难当,甚至又羞又恼。待到伤心渐渐散去后,理性慢慢回归。晚上我独自思考着,决定要从现在开始认认真真学习化学,把之前缺漏的都补上,一雪前耻。想到这里,我恍然大悟,张老师这么做不就是为了能让我下这样的决心吗?

在一次线上家访中,您对我说,学习之前要先好好生活。我望向自己就算不是狼藉一片也是杂乱不堪的书桌,于是我开始整理卷子,原来揉作一团的试卷被分门别类地装到文件袋。看似简单的动作却花了好多年才学会,从那以后我再也没有丢过一张试卷。

开学之后我欣喜地发现上课状态明显好了很多,即使想睡也睡不着,渐渐地注视您成了习惯,注视黑板成了习惯,边听边记忆成了习惯,化学课上能有这样的状态是我从前从未想过的奢望。现在化学的脸庞仿佛亲切许多,是我向它发出了友好请求还是它发给我的? 或者说都不是,是您将两个孩子稚嫩的手牵在一起,是您化解了化学包裹我的坚冰。用什么呢? 我觉得您是不喜欢主动去褒奖别人的,您用一种更穿透人心的方式——眼神,每次您在讲台上满怀激情地讲课时,你总是能在一片神采奕奕的同学中找到我的位置,眼睛好像会说话:不错,坚持下去,所以每次对接上您的目光,又会让我干劲十足。

思绪如梭,回到此刻,我在你面前词不达意。对于这个问题的答案,我正在用化学课的每分每秒去回答。

(学生 谢文婷)

当世界变成黄蓝色

我梦见了一片海,咸湿的,暗潮涌动的海,迅猛的波涛钻进我身体的每个角落。惊醒后我仍久久不能平息。直到两年前的那个金秋,我误入一片丛林。丛林的尽头是一条河流,晨曦浸染着它折射出恬适的光辉。我的思绪不禁驻足于这片黄蓝色的景前。

由于祝老师高一请了一个学期的病假,身为政治课代表的我获得了鲜有的"双导师制"体验卡。蓝色和黄色本是对比色,组合在一起反而更突出蓝的平静和黄的明亮。正如我的两位性格迥异的导师,董倩老师和祝芳老师,共同渲染出我黄蓝色的世界。

"董姐,这个题什么意思?""哎呀董姐,我又卡点成功了……"从我的称呼中不难发现,董老师是位亲和力很强的老师,同学们也都爱叫她"董姐"。高中数学的难度令无数同学头疼。董姐坚持每天绞尽脑汁地用诙谐的语言提升我们的学习兴趣。并且无论我多晚在微信上问她题目,她总是在 3 分钟之内打来语音通话,不厌其烦地为我这个"困难户"耐心讲解。

董姐的"懂"，不仅在于她懂得使用有趣的授课方式和认真负责的态度，更在于她的悉心观察。

当我的作业正确率有了提升，她总会第一时间肯定我的努力；当我剪短了齐腰的长发，是她最先发现并打趣问我是不是要决心专心学习，排除干扰；当我情绪低落，她会及时安慰我，精准地找到我郁闷的源头并拉我重回光明。她就像空中广阔的蓝，无论我当下多么迷茫、不安甚至是恼怒，她的气息总能让我恢复平静。甚至有次我换了新的包挂，几天后她突然问我："你的小瓶子嘞？"我才发现，我的挂件掉了一部分。

亲爱的董姐，谢谢您。原以为我是折翼的飞鸟，您只是恰巧路过，而我得穿过重重森林才能再次遥望您的身影。那些空洞的话术使我的双耳疲倦，唯独您俯下身，轻抚我温润的羽手。

晚风轻轻吹散了火红的霞，一阵淡雅的气息忽隐忽现，热情，舒心，充满力量。抬起头，一抹淡淡的鹅黄色在严肃的走廊中显得格外温暖。"从今往后，你就是我的导生了啊。"

祝老师是学校的高级教师，喜欢穿一件暖黄色的羽绒服。临近退休的她，心态却越来越年轻。网购、哔哩哔哩、流行语等年轻人的生活方式，她都有涉猎。

课堂上，祝老师用热情为我打开一扇窗，将略显枯燥的知识通过轻松易懂的语言传达给我们。每当我有学习上的问题，祝老师总会耐心为我解答。她以学识启迪我们，以人格感染我们，秉承着尽职尽责的态度，耕耘在鲁中的讲台上。

课后，祝老师用心灵为我带来阳光和微风。每次谈话，她都耐心地倾听我的烦恼，想方设法地为我解决问题。临近选加三学科，她会仔细分析我的学习情况，规划我近期及未来的努力方向。疫情期间，考虑到长时间的网课容易使人疲劳，她向我们分享舒缓的音乐和手指操；在每次谈话后，她总会鼓励我平时多多与她沟通，哪怕仅仅是生活中的闲聊也都可以。她像一位知心姐姐一般，蹲下身来，捧出心来，轻柔地滋润着我的心房。

又是一年春来时，窗外几朵嫩黄色的迎春花早已悄悄爬上枝头。不远处河流的歌声忽近忽远。我无法留住今天的黄花与清河，但那一抹灰白中的暖黄和浅蓝，会永远镌刻于我的内心世界。

最后，谨以此诗，感谢任教和曾任教过我班的所有任课老师。

启航

莹莹白露 一芷清香

缄默的枝丫上 洁白的花

我毫无征兆地闯入这片丘宇

柔光娉婷 携半束金光

照亮寡言的我 悄然起航

看踽行无依的海 微风拂晓

利剑高悬 无措得如同砧板上黏腻的鱼

该如何挣脱这敏感暴戾的囹圄

低声吟唱着的你引明灯一盏

拥抱着的残缺跨越整座山岭

初展笑颜 火光烨烁

恣意的乐音奏响菁华

窗外一场酩酊大醉的雨

将天地搅成一团冷蓝

遗留池中的梅衍生片刻迷迭

韫言未逝 催生我纷飞的遐想

斩断枯枝 奔赴星火

你为重生的我佩戴自由的勋章

失之交臂 误入无尽的夜

蝴蝶们涉世未深 也只得在这一刻寂然

远方你的倩影浮现

像是正凌空飞翔的鹰

月郭明晰 瑶花装点

你用柔媚的笑轻抚我哆嗦的身

直至新一轮红日徐徐升起

桃色晕染初醒的大地

坠满露珠的茉莉与光影缠绵

你们的丹青妙笔吻出三十一朵玫瑰

静候着初夏迎来绚丽的绽放

去吧 去吧

趁着春光依旧 驶向最遥远的山穹

再把海风、浮萍和无数的波浪封存

永远前行 永远芳华待灼

肆意地翩跹于我的脑海

（学生 肖静妍）

桃李不言,下自成蹊

古之圣王,未有不尊师者也。我与我导师的初见,于蝉鸣之夏,导师的恩情,常春不忘。

刚到鲁迅中学的那一年夏天,万物欣欣向荣,高中生活大大地吸引了我,使我对生活中的每件事都充满了热情。由于我对历史学科的喜爱,我不时会去想象我高中的历史老师会是什么样,从而对历史课翘首以盼。第一节历史课到了,随着上课铃声走进教室的是一位岁月在脸上刻下了沉淀的老师,他讲话有些大大咧咧,但却幽默风趣。在武老师的课上,永远不缺乏笑声。他会在讲解历史的过程中添上自己的见解与一些有趣的故事,我几乎是立即就被他吸引住了。

随着学校"三全导师制"的开展,我们每个人都要选择一名老师成为自己的导师。由于我对历史老师的印象深刻,我毫不犹豫选择了他当我的导师,我心十分荣幸地被他选中,而对我今后生活影响颇大的导师导生间交流也开启了。

从那时起,我才明白了"导师"与"老师"之间的区别,同样是教书育人、心系学生的教师,"导师"会时刻注意着你的学习和生活,并加以引导。曾经有一次,我得知我的导师正在寻找我,我来到他的办公室,他找出我最近的成绩单,询问我学习上的难处,末了还仔细叮嘱我不要忘记好好休息。我的导师在引导我之外,也十分关心他的导生们的学习与交流。每一个月,他都会寻一个中午——或是我们去寻找他——将他的导生们聚在一起,到操场上散步,呼吸新鲜空气,再问问我们的近况,听听发生我们身上的有趣故事,然后讲他以前的经历来开导我们努力学习、好好做人。他会指着天上偶然飞过的飞机讲它的型式和功用,他会在疫情网课的时候开视频会议来调剂我们的心情……

我的导师知识渊博,幽默风趣又不乏慈爱,在他的指导下,我对自己的未来生活有了一个比较明确的规划。十分感谢我的老师,是他给了我高中生活的多种可能性、对广阔世界的认识和对即将到来的美好人生的向往。

桃李不言,下自成蹊。我的导师,他值得我用所有美好的词句与语言去赞美他,去感谢他!

(学生　陈东尔)

三、高三年级的主题活动

高三年级开展"毕业了,我想对你说"特色活动。

目的:在高三学生毕业前夕,组织"导师(导生),毕业了,我想对你说……"主题活动,以此检验三年导师制活动的成果;培育感恩品行;寄语殷切希望和美好祝愿。

具体步骤:

各班主要围绕以下步骤进行活动,邀请全体导师共同参加,鼓励开展具有班级特色的活动。

（1）三年导师制回顾；

（2）导师，毕业了，我想对你说……

（3）导生，毕业了，我想对你说……

【教育活动案例】

"毕业了，我想对你说……"

一、活动目的

我校 2010 届学生自进校就全面推行导师制，至今已三年了，而这一届学生也将于今年毕业。在毕业前夕，我校组织开展"导师（导生），毕业了，我想对你说……"主题活动，目的在于：检验三年导师制活动的成果；培育感恩品行；寄语殷切希望和美好祝愿……

二、活动准备

1. 各班设计活动方案；

2. 导师准备；

3. 导生准备。

三、活动过程

各班主要围绕以下步骤进行活动，邀请全体导师共同参加，鼓励开展具有班级特色的活动。

1. 三年导师制回顾；

2. 导师，毕业了，我想对你说……

3. 导生，毕业了，我想对你说……

四、活动反思

有前面三年导师活动的基础，导师和导生结下了深厚的感情，本次活动开展得很温馨、很感人，这从一个侧面反映三年导师制非常成功。导师对自己的导生寄予殷切的希望，鼓励他们在高考中取得理想的成绩，祝愿他们在今后的人生道路上一切顺利。导生充满感情的回顾与导师在一起的点点滴滴，感谢导师的辛勤培养和精心指导，祝愿导师工作顺利身体健康。有的导师和导生还精心准备了礼物和贺卡。

因为活动放在学生毕业后高考前夕，学生忙于准备高考，有些班级活动准备不够充分，略显仓促；有些导师因各种原因没有到场，使得有些导生有话无法对自己的导师倾诉。

同学们深情地说：三年的高中生活有导师的陪伴而变得格外亲切温馨，我们在美好快乐的学校生活中度过了人生中最重要的转折点，导师让我们体会到了别样的温馨与快乐。祝愿母校的导师制越办越好。

（祝　芳）

毕业了，我想对你说

活动主旨：三年的导师活动随着高考的临近，也将拉下帷幕。在高三学习的最后一天,我们高三(4)班全体同学邀请了全体导师,组织了一次"导师,我想对你说"的回顾小结活动。自从我们进入高中,导师便与我们相伴三年。在这三年中,我们一起分享了学习与家庭生活的快乐与难过。

活动流程：

1. 开场白：陪伴了我们三年的导师,随着高考的临近,也将逐渐淡出我们的生活。今天,让我们再次欢聚一堂,回顾一下三年来与导师之间的点点滴滴,说出自己想对导师说的心里话。

2. 活动回顾：借助 PPT 的照片与视频,向大家展示了三年导师制活动的精彩画面与片段。

3. 节目表演：奚望、赵子豪、徐岚清、金烨等同学纷纷用唱歌的形式,表达了自己对导师的心声。

4. 游戏环节：导师和导生同做游戏。

5. 表达心声：同学们拿出卡片和笔,写下了对导师说的话,随即抽取了几位同学的真情话语,由同学真情表达。

6. 导师寄语：最后的环节,导师对同学们寄语祝福,希望大家高考成功,把握好自己的人生。

活动反思：

有前面三年导师活动的基础,导师和导生结下了深厚的感情,本次活动开展得很温馨、很感人,这从一个侧面反映三年导师制非常成功。导师对自己的导生寄予殷切的希望,鼓励他们在高考中取得理想的成绩,祝愿他们在今后的人生道路上一切顺利。导生充满感情地回顾与导师在一起的点点滴滴,感谢导师的辛勤培养和精心指导,祝愿导师工作顺利身体健康。有的导师和导生还精心准备了礼物和贺卡。

同学们深情地说：三年的高中生活有导师的陪伴而变得格外亲切温馨,我们在美好快乐的学校生活中度过了人生中最重要的转折点,导师让我们体会到了别样的温馨与快乐。祝愿母校的导师制越办越好。

(高三 4 班)

山海之间,愿我们乘风

流年似水,岁月如歌。轻掸岁月的尘沙,心中的回忆愈发清晰。这里,汇聚了最热烈的青春,最美好的回忆,最明媚的笑颜,还有最想记住的人。这是我进入鲁中的第三年,也是与您——我的导师相识的第三年。

在进入高中之前,我并不是一个自信的孩子,或者说是比较内向。不敢与老师有过多的交流,不善于表达自己的想法；没有什么明确的目标,也没有努力的方向,更多的时候是比较迷茫的。进入高中后,得益于鲁中的"三全导师制",让我与您互相熟悉,有了更多交流的空间。于我而言,这是一个全新的开始,一个正确的引导,让我重新找到了自己的目标和努力的意义。

在我心中，您像是黑暗中的那一束温柔而又永恒的光，照亮前行的道路。

"师者，所以传道受业解惑也。"您，是一个非常敬业的老师。还记得第一次听您课时的喜悦，第一次翻开您课本时的惊讶。您的课程总是充满着惊喜，有趣的案例、生动的讲述、活跃的互动，无不激起我的兴趣；每一次作业的认真批改、讲评，让我对知识点有了更为全面的了解。当星星隐匿在遥远的天际，依稀的灯光依然闪亮在窗前，您的无数个夜晚辛勤的备课，带给我们不一样的体验。

您，对于我来说，更是一个温柔的姐姐。

高一的时候，班级正进行班委改选，那时的我并不觉得自己有能力胜任班长这个职务，在我犹豫之时，您找到我，鼓励我去试一试，希望我能有更多的锻炼机会。也正因如此，在您的支持下，我在担任班长期间组织完成了许多活动，做出了第一步改变。此后的三年中，您给予了我许多机会，对我来说，每一件事都有着它独特的意义。从最初公开课上的"迈进新五年，实现新跨越"演讲，课堂上给同学们讲解题目，到全校面前的开学第一课讲述"我们能够平视世界的底气"，是您带着我，一点点完善稿子、一步步练习演讲能力。从一开始上台会紧张慌张，到从容不迫，在您的陪伴下，我也在一点点进步、一点点成长。

进入高三后，随着学业难度的增加，在学习上会感到困难，作为等级班的班长更是希望能做到最好，而给自己无形中增添了许多压力，面对错题和背不完的知识点时，我的焦虑感不断上升。但生活中总是隐藏着许多小细节，感化着内心，也是无数温柔的瞬间，带来了最温暖的光。您即是如此。每一次的关心、每一次注意到我情绪的波动、每一次的交谈、每一次的用心倾听，"没事，你选什么我都会支持你的""在努力面前，一切困难都不是困难""遇见什么事情，就说好的，没问题。不要说自己不行""你已经很棒了，相信自己"……不只是鼓励，更多的是认可。是您，给予了我信心和希望。

我们，亦师亦友。

高中的最后一次演讲结束时，您说："我觉得高中三年，对你来说，就是越来越自信了，站在台上很稳，这是质的飞跃！"是的，我不再是之前那个我，因为有你，我才会更加出色。也是你让我明白："世上成功之路千万条，成功的定义也不尽相同。人这一生最终极的追寻，无非是认识自己，找到自己的热爱，并一生为此付诸努力。"

"三生有幸，得您伴我一程风雪。"星辰大海的探索，从未停止；山河湖海的辽阔，我们一同奔赴。以渺小启程，以伟大续航。

（导师 王霄　学生 崔宇宁）

花开自有期，绽放亦有时

风过岁月，白驹过隙。转眼间高中生活已是尾声。在这段漫长艰辛的学习历程中，您，我的导师起到了不可或缺的作用。

您是我们学校里面教学资历最深的老师之一，也是见多识广的长辈。对我们这些英语天资不高的学生也算是见怪不怪,但您从来没有泼过我们冷水,一直都用您独特的方式表达对我们的关心和鼓励。处事老练的您不会轻易将喜怒溢于言表,对一心求学的学生,会尽自己所能帮助;即使是面对那些对学习不太感兴趣的学生,也会尽职尽心,做到自己身为教师的责任。

上课时,您是一个不苟言笑、老成持重的严师,但课余时间却摇身一变,如慈母一般。身为导师,您对我们这些导生可谓是关怀备至。在每两周固定的导生谈话中,您都会询问我们这阶段的学习感受,进行阶段性总结与下阶段的愿景展望。同时,您也会关心我们的心理健康,调节我们因生活中种种不顺心不愉快的事而郁闷的心情。因此有的时候心情不好,我也会去您办公室坐坐,把我心中的郁闷一吐为快。

还记得有次英语考试发挥失常,心理落差让我无法接受这一事实,委屈的泪水在我眼眶里转了又转,一下课我就冲出教室,释放压在我心头的委屈与不甘。您知道后当即把我拉到办公室苦口婆心地开导我:"一次考试证明不了什么,真正重要的成绩是高考分数,如果你还是只知道哭不知道该努力的话,那等高考成绩出来你再哭也没有用。"听了这些话,我如雷贯耳。意识到一时哭泣于事无补,如果想考出让自己满意的成绩就只能靠充实自己来实现。从那以后,我把这些话记在心头,取得了数次相对满意的成绩。

吴老师,您并不只是我们的老师,更是我的良师益友。在我成长过程中发挥了不容小觑的作用。时光不语,静待花开。如果我们是那些尚未绽放的花骨朵,那您就是无言奉献,一直默默守护在我们身边的辛勤园丁,用自己的青春血液浇灌,使得我们茁壮成长,在阳光下绽放出自己最美的样子。

花开自有期,绽放亦有时。待到山花烂漫时,她在丛中笑。

(导师:吴健　学生:管嘉伟)

第三节 "三全导师制"特色主题德育活动

钱炜临

在推行了"三全导师制"以后,各个导生组在导师的带领下,利用余暇,开展了别开生面的活动。通过师生交流,加深了互相的感情,强化了友谊。同时,极大地活跃了导生的身心,带动了学习质量的上升,提升了思想品德的成长。这里列举几个导生组活动。

一、跟着导师寻访红色足迹——行走的"虹"课程

(一)活动目的

虹口区有着丰富的红色资源,结合党史学习教育活动,虹口区教育系统开发出了行走的"虹"课程,绘制出了"山阴多伦名人老街、四川北路星火大道、外滩码头启航之路、百年学府校史鸿途"四条"虹"文化经典线路,利用暑假导师和学生一起实地走访、考察与调查,

"活化"红色资源,增进了师生之间的情感,强化学生的理想信念,激发他们的爱国热情。

(二)活动途径

导师和导生一起确定需要前往的红色路线,可选择上海鲁迅纪念馆、上海邮政博物馆、李白烈士纪念馆、中共四大纪念馆等。

(三)具体要求

导师带领学生利用暑假完成行走任务,学生根据学习手册完成探索活动,并且与导师一起合影留言。

【教育活动案例】

参观鲁迅纪念馆是鲁迅中学的传统活动。鲁迅中学以鲁迅先生名字命名,与鲁迅纪念馆合作办学,学习鲁迅的品格,继承鲁迅的精神,因而历来就把鲁迅纪念馆作为大课堂来看待。

又一次参观鲁迅纪念馆

站在鲁迅纪念馆门口,不禁笑曰,跟鲁迅先生还真是有缘。

记得第一次读鲁迅先生的作品,大概是那篇《狂人日记》。那时年幼,不懂看文章要联系社会背景,因而面对鲁迅笔下的"吃人",可以说是丈二和尚摸不着头脑,因而一气之下弃之不理,觉得既然读不懂,也没有再看下去的兴趣。时隔多日,在课本上与鲁迅先生的文章再会,先是《从百草园到三味书屋》,继而是《故乡》,再则是《孔乙己》。在老师的指导下细品,我终于看出了一丝先生对社会的哀叹。

如今,即将再次品读先生的我正期待着新的收获,何况导师还教语文,多了比别人获得更多知识的机会。

参观的一路上,每到一处,老师就会提供些相关的讲解。记忆比较深的是讲鲁迅先生弃医从文的那一段。老师讲述了鲁迅先生从学医,到留学海外,一心盼着学业有成救治国民,而后看到了中国民族思想上的愚昧堕落,因而意识到,这个民族需要的不是身体上的救治而是思想上的、精神上的,便下决心用文学创作来唤醒国民意志。的确,鲁迅先生是伟大的。他时刻把民族的振兴放在首位,并且放弃日本优越的条件,回国呕心沥血地用笔为国民奉献,正是这种"给人民当牛马"的精神使其被人们铭记。在敬佩先生的同时,我也学会了看文学作品要了解社会背景,要站在作者的角度上,体会作者情感,怀着同样的情怀细品其中的内涵。游馆之中也注意了些小细节,例如鲁迅先生的平日着装、书写工具,以及友人的介绍,而对于那些作品的章节及电影,倒不如在家中持书细品。

总之,每一次参观鲁迅纪念馆都是受益匪浅。

回到家中的闲暇时光,随手拿起《鲁迅文集》,翻到《阿 Q 正传》。这一次,多了一份对背景的了解,对其爱国热情的敬佩,以及对先生表达的思想理解的渴望。于是,我读到了先生笔下封建社会的不良风气,懂得了先生对国民愚昧的悲愤之情,体会到了他对"阿 Q"这类人的爱恨交错,也明白了他对国民觉醒那深深的呼唤。合上书的那一刻,一种理解之情涌上心头,不禁大呼一声"快哉"。

　　或许对先生的作品我仍有不解之处或者误解之处,但这一次的特色活动确实教给我很多,是真正让我"走近鲁迅"了,因此觉得意义非凡。

（学生　施语尘）

走访红色场馆

　　今年寒假,我和家人一起怀着崇高的敬意再一次瞻仰了龙华烈士陵园。在那风雨如晦、白色恐怖弥漫的旧中国,无数仁人志士为了建立一个独立、自由、民主和富强的新中国前赴后继,先后在龙华就义。这其中就有龙华二十四烈士,有彭湃,有罗亦农,还有就是我今天要重点介绍的陈延年和陈乔年烈士。

　　1927年,由于叛徒的出卖,陈延年不幸被捕。面对敌人的死亡威胁,他喊出了"革命者只能站着死"。他宁死不跪,当场牺牲,年仅29岁。1928年,陈延年的弟弟陈乔年同样由于叛徒的出卖而被捕。在狱中,他受尽酷刑,宁死不屈,光脚走在血水和泥水里,遍体鳞伤,从容赴死,年仅26岁。龙华的桃花凋零在他们盛开的年华,但九死不悔的脚步一路走来,从未改变。牺牲前,狱中的战友为陈乔年即将被害十分难过,他却乐观地说:"让我们的子孙后代享受前人披荆斩棘的幸福吧!"有一位革命志士曾写道:"龙华千古仰高风,壮士身亡志未穷。墙外桃花墙内血,一般鲜艳一般红。"

　　在安庆有一条延乔路,是为了纪念陈延年、陈乔年兄弟而命名的。延乔路旁还有一条叫集贤路,而陈延年、陈乔年兄弟俩的父亲,新文化运动的旗手,中国共产党的创始人陈独秀就葬在集贤关。延乔路短,集贤路长,他们没能会合,但却都通往了另外的一条马路——繁华大道!

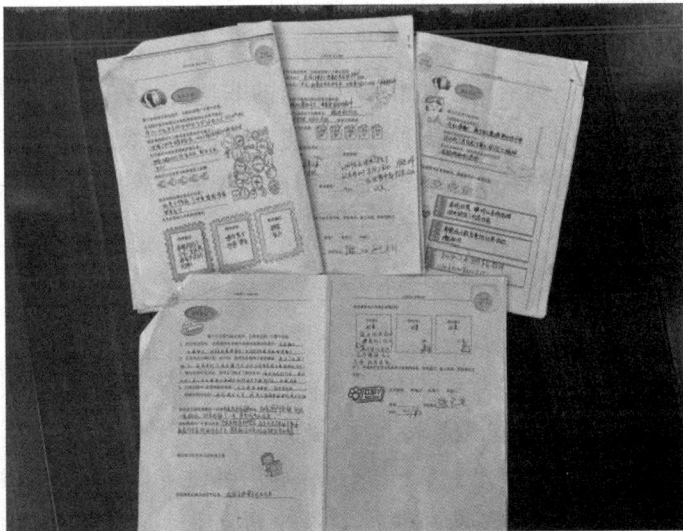

　　今年的6月份我又和同学在苏老师的带领下来到了位于四川北路桥下的上海邮政博

物馆参观。上海邮政大楼是 1949 年解放上海时战斗最激烈的一个地方。5 月 25 日凌晨,人民解放军发起了解放上海的最后战斗。四川路桥成了敌军的一个防御要点,位于桥北的上海邮政大楼的火力可以覆盖整个桥面。在当日凌晨的战斗中,解放军付出了巨大牺牲。为什么不用大炮轰楼?因为当时,解放军内有一道"严苛"的命令:为了将上海完好保存,解放军进攻时只能用轻武器。5 月 27 日晨,当国民党士兵用竹竿顶着一件白衬衫,表示缴械投降时,解放军战士们欢呼雀跃:"胜利啦!"邮政大楼屋顶旗杆上升起了鲜艳夺目的红旗。上海邮政大楼完整地回到了人民手中,同日上海解放。可是有不少战士,他们没能看到上海的解放,他们牺牲在上海解放的前一天。

站在龙华烈士陵园陈延年、陈乔年烈士墓前,又站在曾经进行过激烈战斗的邮政大楼下,我思绪翻飞。是呀,看到死亡,不惧死亡,这正是无数共产党人选择的路。革命的道路本就是一条向死而生的路,他们看到自己的未来,仍选择义无反顾地往前走,遍地荆棘也绝不回头。他们在血泊中奋力前行,硬是在暗无天日的长夜中开辟出一个民族的未来、光明的前景。他们在中国共产党百年的奋斗历程中,为了追求崇高的信仰,慷慨明志,从容赴死,留下了永远的青春之歌。致敬陈延年、陈乔年烈士,致敬所有的革命先烈。

（学生 徐正平）

二、"劳模进校园"主题活动

活动目的:

在导师带领下开展优秀劳动者(劳模或父母、老师等)采访、劳模手工坊体验等活动,引导学生树立正确的劳动观念,培育积极的劳动精神,养成良好的劳动习惯和诚实守信、吃苦耐劳的品质;导师转变育人理念,提升育德能力。

(一)跟着劳模学非遗

邀请市级劳模,开展系列活动。如市劳模工坊的非遗传承人,带着海派面塑、海派剪纸、汉服书签、手工香囊、团扇绘画这五种传统手艺走进高一年级的课堂,带领同学们一起制作传统手工,体会中华传统艺术之美,并感受用自己双手创造美好的快乐。同学们也邀请各自的导师一同参与到传统手工的制作中。

【教育活动案例】

周五我们在学校参与了"劳模进课堂"的活动,学习了海派面塑捏制,同时也了解它的历史——是清代晚期从民间糕团装饰演变而来,最早是用大米和糯米制作泥人,后来为了便于保存,才改用黏土。我们今天学习捏的是小兔子,经过老师细致的讲解,我们迫不及待地动手,把圆圆的脑袋悄悄地安在竹棍上,再搓出两只水滴形的耳朵,放在脑袋上,三角形的身体抱住棍子与头相连,两只手臂环抱着锥形的胡萝卜。同学们互帮互助,没多久,一只栩栩如生的小兔子就展现在我们眼前。这次活动十分开心,不仅体验了民间传统艺术,也培养了我们的耐心和动手能力,收获颇丰。

(学生 吴尘乐)

一把普普通通的剪刀,一张平平凡凡的彩纸,结合起来就是源远流长的中国传统文化——剪纸。2023年3月10日,非遗课程走入了上海市鲁迅中学的校门,我们高一(2)班的同学们在两位老师的带领下走近了剪纸艺术。

首先,老师向我们展示了她制作的"岁岁平安"剪纸作品,是由一个花瓶和两根稻穗以及两只小兔子组成。花瓶意味着平安,稻穗则是"岁"的谐音,两只小兔子代表了兔年,可用来过年时送祝福。真是一件别有深意的作品呢!然后,老师便教我们制作了两个较为简单的作品,分别是胡萝卜和花瓶。

由于剪纸作品具有对称性,因此只需将纸头对折,剪出一半的图案即可。这看上去简单方便,但是身为亲历者的我却只能说"不是这么一回事"。手法、动作、技巧,这一个个都是我成功路上的绊脚石。除此之外,它还考验了我们是否有足够的细心和耐心,稍稍失手很可能毁掉整件作品。尽管如此,一张张彩纸依旧经由同学们之手变成了精美的剪纸作品。

此次活动不仅带领我们领略了剪纸艺术的独特魅力,还激发了我们的动手能力和创造力。大家凭借自己之手造就了别有意味的作品,进一步理解了传统文化特色。传统文化走进校园,丰富课余生活,又不失情趣,提醒青少年保护和传承中国传统文化的责任与义务,是一场极富教育意义、寓教于乐的活动。

(学生 胥洁)

今天中午,我们班级在两位非遗课程老师的带领下进行了剪纸体验,虽然只有短短一节课的时间,但我也有不少收获。老师先给大家展示了她为兔年而创作的获奖剪纸作品。两只小兔托着一个福字,画面生动有趣,小兔子栩栩如生,作品精细程度极其之高,大家都对老师的手艺赞叹不已。随后两位老师下发了素材,我们自己动手尝试起来。

萝卜和花瓶都寓意着平平安安。正如老师所说,这一张张有造型的纸不仅仅是艺术品,更是蕴含着丰富的文化历史信息,是中华传统文化的传承。中国手艺人们,用一把剪刀,几张彩纸,将对于生活的美好愿望,对于朋友的美好祝福,以及中国传统文化尽融其中。我们也应该尽自己所能,让更多人了解到剪纸之美,了解到中国传统文化之美。

(学生 陈心悦)

(二)"我与劳模有约"——劳模采访活动

【教育活动案例】

我与劳模有约——上海市鲁迅中学劳模进校园活动

依托上海市劳模基地,2022年2月25日,高一年级12位学生代表开展了"我与劳模有约"活动,他们与自己的导师一起采访了全国劳模殷仁峻和叶其董。

殷仁峻——虹口区曲阳路街道"爱心剪"志愿者工作室领衔人,他是虹口区第一位加入中国共产党的外来务工人员,先后荣获"全国劳动模范""全国最美志愿者""上海市优秀党员"等荣誉称号。"殷叔叔,是什么原因让你决定创办'爱心剪'服务的?"面对同学们的提问,殷仁峻为同学们讲述了他的故事。他说:虽忙忙碌碌三十四年,又自发组织大爱无疆团队,无私无偿奉献,但精神愉悦,帮助他人,快乐于己。人心是善,不忘初心。他还说,自己这样做是为了给我们这些后辈做出个好的榜样,传承我国传统文化中的孝道,增强我们的文化自信。

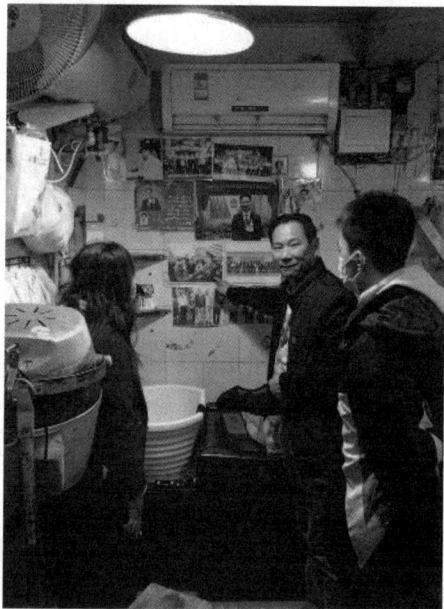

三、跟着导师去研学

跟着导师去研学是一项经典活动。同济大学就在学校不远的四平路上,组织导生到同济大学去考察,是高中学生心向往之的一项活动。

【教育活动案例】

参观同济大学校园

同济大学是一所历史悠久的著名综合型大学,也是收生标准最严格的中国大学之一。它是莘莘学子羡慕的学府,而我们终于有幸来到这个令人神往的地方。

一个周六的早晨,我们在导师李老师的带领下,前往同济大学参观学习。来到同济大学,我们的激动之情溢于言表。我们能有幸来到同济大学校园参观,是因为学校希望能激励我们树立远大理想,也希望我们通过自己的努力将来到同济大学深造。虽是星期六,但是同济大学的校内依然是人流如织,除了有大学生,还有很多像我们这样的高中生来感受同济大学浓厚的学习气氛,感受同济大学"同舟共济,自强不息"的学校精神。

来到同济大学,适逢天空放晴。举目四望,在绿树的掩映下,这座建筑名校的每一处建筑和景观都体现着精心设计和创意。与复旦大学的历史厚重感不同,同济大学更多释放出的是现代化的气息。

漫步同济,不经意间就会被这里的景象感染。传统庄重的图书馆和水晶琉璃的规划院,三好坞湖畔绿荫之下的点点绯红,草坪上三五成群的学生……走在校园,人的心情会从喧嚣回归平静。

作为国家级的百年学府,同济大学的一草一木都深深吸收了历史的精华,形成了自己的韵味:伟伦楼的严谨,图书馆的厚重,都给人留下了深刻的印象。更重要的是它"严谨,求实,团结,创新"的校训,这已经成为同济大学最鲜明的特色。虽然,我们只是匆匆地望了一眼同济大学的影子,没有走进同济大学的教学楼内,但是,清雅的校园环境,足以让人感受到同济大学的严谨和认真。

本次活动成为了我们调适心理状态、改良生活习惯和学习策略的契机。

大学校园文化是物质文化和精神文化的和谐结合。在我的印象中,高校的校园文化,不仅包括校园的楼群建筑、花草树木、园林山石、小桥流水,还包括它的规章制度、校服、员工状态、领导能力,从更深层次上说,还应该包括它的"性格":教育理念、人文精神,等等。在一定的经济条件下,建筑装饰都是可以模仿的,唯有精神内涵的养成并非一日之功。

少年强则国强,教育兴则国兴。

同济大学,一年以后我们将重逢,你一定要等着我们啊!

(学生 汤恩韵)

四、日常特色活动

(一)师生共读书籍、共观电影

假期中,导师和导生在线上共同阅读一部经典著作或一起观看一部经典电影,随后交流各自感悟,开展谈心活动。

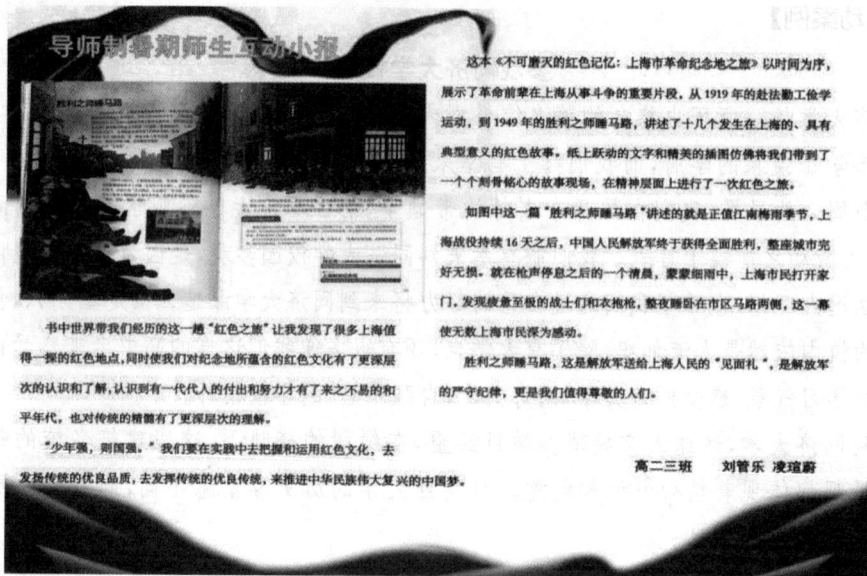

书中世界带我们经历的这一趟"红色之旅"让我发现了很多上海值得一探的红色地点，同时使我们对纪念地所蕴含的红色文化有了更深层次的认识和了解，认识到有一代代人的付出和努力才可来之不易的和平年代，也对传统的精髓有了更深层次的理解。

"少年强，则国强。"我们要在实践中去把握和运用红色文化，去发扬传统的优良品质，去发扬传统的优良传统，来推进中华民族伟大复兴的中国梦。

高二三班　刘管乐　凌瑄蔚

云访红色印迹，赓续红色血脉

——电影《长津湖》观后感

导生：朱津莹

《长津湖》这部影片生动形象地还原了50年代中国志愿军抗美援朝的光辉历史，通过一幕幕震撼人心的场景向当今生活在和平时代的我们展现了战争的残酷，同时也反衬出中国志愿军不畏艰难险阻、以身报国的伟大革命精神，昭示了新时代新青年们应该向先烈们学习，将不怕苦不怕难的精神传承下去。

导生：濮义骏

时间追溯到1950年，抗美援朝战争中，中国人民志愿军赴朝作战，在长津湖极寒严酷的条件下，凭着钢铁的意志和英勇无畏的战斗精神，演绎了一段波澜壮阔的剧情。整部影片气势恢弘，震撼人心。于观影者而言，电影《长津湖》是一次精神的洗礼。在新征程上，我们需要更多类似于《长津湖》这样的电影，来帮助我们牢记历史故事，铭记烈士精神，从而不断坚定理想信念。

导生：王嘉仪

电影《长津湖》真实地向我们描绘了抗美援朝那段激动人心的历史，是一段属于英雄们的赞歌。它记录下当年将生命永远留在那片冰天雪地之中的战士们，让我们深深铭记，如今的国泰民安是无数人用鲜血铸就的。我们不仅要将先人们对和平的珍重刻印在骨血里，更要从自己做起，维护社会乃至世界的和平与繁荣。

导师：陈盛

电影《长津湖》讲述了1950年中国志愿军部队与美军在朝鲜长津湖地区交战，中国人民志愿军第9兵团将美军1个多师分割包围于长津湖地区，歼敌1.3万余人，扭转了战场态势。这次战役收复了三八线以北的东部广大地区，是扭转局势的关键一战，而中国人民志愿军也付出了惨痛的牺牲，在零下三十多摄氏度的极端天气中，很多先烈是以端着枪的姿势被冻僵，体现了志愿军战士服从命令视死如归、冻成冰雕也不退缩的革命精神。

（二）参观节能馆

学习科学，跟上时代发展的步伐，是导师活动的主要内容之一。现代科技以狂飙的速度发展和进步，让学生了解一点科技进步的现状，对于拓展学习、提升智慧、提高能力是大有益处的。

跟着导师参观节能馆

在开学后不久我们便组织了一次有益的导师活动，活动的地点是位于花园路的节能环保馆。

现在人们的生活早已离不开环保这一话题，所以这次的活动对于我们来讲是十分有意义的。它让我们增长了许多以前在课本中无法习得的知识，也让我们知道环保是每个人要从自身出发完成的一项任务。不仅是我们个人，每一个家庭、每一户工厂、每一个城市、每一个国家都应该为自己、为世界的环保做出应有的贡献。

在这次参观后，我发现现在低碳、循环使用、太阳能等无处不在。宾馆的管道将每一个房间、每一处设施连接在了一起：洗手、沐浴过后的水可以用来冲洗马桶，甚至在经过一系列的简单加工后，可以再次使用；工厂利用能源消耗的量各不同，将加工设施按照所需能源的量有序排列；在排放有害气体之前先进行处理，将污染降到最小再进行排放。能源多次重复使用，做到资源合理使用。

不仅如此，环保馆中还有些互动设施，可以以此来了解一些最新的环保动态及环保知识等，例如用一些卡片和投影来讲解不同地区、不同设施、不同地点所需的不同环保方式；利用仿真模型讲解环保车是如何减少排放量的；体验太阳能车，了解太阳能是如何转化、储存及使用的，使用模型了解不同叫节、不同地区的光照效果……寓教于乐，我们也学会了许多，对学校中学得的知识有了更深一步的了解及掌握。

其实在去参观之前我对于这次活动有着诸多不解，并且一度认为这次活动是无所谓有无所谓无的，可是当我们真正参观时我才知道其实自己原来所了解的知识是如此微不足道，只能称为冰山一角。在环保方面我们其实还有许多的不足。我想，趁着这一次的机会我们可以更加深入环保领域，并且收获更多的环保节能方面的知识，这又何尝不是一件有意义的事情呢？

我想，对于参加了这次导师活动的我们来说，这的确是一次有意义的活动。

（学生　孙恬雨）

（三）压岁钱使用方案设计

在导师的指导下，设计一份压岁钱的使用计划，合理规划、合理使用，以此为契机，培养学生文明节俭的习惯。

树立正确的消费观——设计压岁钱使用方案

导师姓名	董倩	学生班级	高二(2)班
学生姓名		肖静妍	

压岁钱使用方案：

一、方案详情

8% 购买教辅、课外书和文具	30% 缴付学费	15% 和家人一起吃顿饭
35% 存银行	5% 捐款	7% 自由分配

二、分配理由

　　新年将至,对于尚未工作的我们来说免不了会收到来自长辈们的红包,累计起来也是一笔不小的数目。作为高中生的我们,已经了解了在生活和学习中到处需要用钱的事实,应该培养主动和长远的分配意识。今年的压岁钱,除了自主消费的部分,和历年一样,我抽出了 35% 存在银行,并拿出 15% 和辛苦了一年的家人们吃了一顿饭。家,这简短的一个字,却成为了多少漂泊之人遥不可及的梦。同时在疫情期间,我看到了太多揪心的新闻,故我选择用 5% 的金额用于爱心捐款,希望这份小小的温暖,能够传递给更多有需要的人。

海报设计：

导师建议：

　　你的压岁钱使用计划考虑全面,比例得当,设计得特别棒! 你能够考虑到拿压岁钱和家人一起吃饭和拿压岁钱去捐款,说明你是内心柔软富有感情的好同学。你能考虑到将 35% 的钱存入银行,说明你有存款理财的意识,能合理使用金钱。老师建议可以适当调高一点自由分配的比例,买一份心仪的礼物犒劳辛苦一年的自己,为新的一年加油打气,加油!

树立正确的消费观——设计压岁钱使用方案

导师姓名	祝芳	学生班级	高二(3)班
学生姓名	徐睿妍		

压岁钱使用方案：

　　中国的传统佳节——春节又到了。这个节日中，我总会荷包丰满。外公外婆、爸爸妈妈、娘娘姨妈、叔叔舅舅们的一个个红包，让我收入颇丰。小时候的我都会把得到的压岁钱如数"上缴"给妈妈，然后让妈妈把我的压岁钱存入银行。但是现在我已经长大了，妈妈也开始让我自己做主压岁钱怎么使用。

　　所以，为了能让压岁钱用得合理而有意义，我特意制订了一个详细明了的"压岁钱使用计划"：

　　一、首先，拿出10%的钱来买学习用品和课外书。

　　作为学生来说，学习用品和书籍的购入必不可少，有了一定的预算后，可以在这方面的花费有个计划，不至于浪费，还能让我养成爱读书的好习惯。

　　二、然后，20%拿来购买给外公外婆、爸爸妈妈的礼物。

　　孝顺和感恩是每位小辈应该尽的义务，所以，我要从压岁钱里拿出一部分来在长辈生日的时候为他们买一些贴心小礼物，并送上深深的祝福。

　　三、最后，剩余的70%存入银行。

　　对于一个像我这样的理财新手来说，把没用到的压岁钱存在银行无疑是个非常合适的选择。存压岁钱，不仅可以获得利息，还能为将来的学习与生活做好准备。

导师建议：这个压岁钱计划合理又有意义。用一部分孝敬外公外婆爸爸妈妈，你是个懂得感恩的孩子，会关心和孝敬长辈和老人，相信他们会感到很欣慰。一部分用于学习和理财，说明你有着良好的习惯，做事有计划，能量入为出，把钱用在该花的地方，而且有正确的理财观念。假如有结余的话，不妨尝试一下在力所能及的范围内帮助别人，如给贫困地区的孩子献一点爱心，帮忙买一些文具或其他生活用品等，在帮助他人的同时自己也收获快乐和成长。

树立正确的消费观——设计压岁钱使用方案

导师姓名	徐小丽	学生班级	高二(4)班
学生姓名	王诗仪		

压岁钱使用方案：

　　1.缴学费，这样就可以为爸爸妈妈减轻负担，更重要的是还可以培养我们自立自强的精神和责任感。（占15%）

　　2.购买学习资料、学习用品及有意义的课外书籍，可以让我开阔眼界，增长知识，爱读书，管理好学习的同时，更可以开发智力，了解更多课堂上没有的知识。（占10%）

　　3.开通一个单独的账户，开通一个我自己的账户，将70%的压岁钱存入银行，让爸爸妈妈掌握密码，自己拿着卡，这可以让我们更好地理财和节省开支。

　　4.拿5%自己保管，买一些小东西，还可以防紧急情况，当作零花钱用，但要详细地记录这些钱的开支情况，妈妈定期检查。

导师建议：

　　王诗仪同学的压岁钱规划既合理又全面，不仅顾及了长辈和自己，还有对现在和未来的考虑，梦想账户的开设也有效地帮助她实现自己的阶段目标。

（四）线上全学段主题活动

1.一起加油——"学一门手艺"

背景:线上学习期间,学生有着更多机会参与到家庭日常生活劳动之中。因此,想借此次"学一门手艺"这项活动,鼓励学生在居家学习的课余时间习得一项劳动技能,感受劳动的魅力。

目的:通过此次活动,希望同学们能感受到劳动的不易,学会尊重、珍惜他人的劳动成果,并通过学习烹饪一道菜品或制作一道点心,体会劳动、美食、营养的多重乐趣,并在劳动中提高生活技能,培养自理能力。

途径:学生在线上学习期间,在家学习一门新的手艺,并与导师一同展示成品。

具体步骤:

①学生制作菜品。菜品内容可包含家常菜、点心、甜品或者小吃等,菜系可丰富多样,形式可根据自己的想法发挥创意。家长可给予学生帮助,与学生共同完成菜品。

②学生邀请导师参加此次活动,导生们一同跟着导师学做一道菜品,并晒出学习后的成品,一同进行展示。

③导生为图片(1~2张)或者视频(画质清晰)写50字左右的简要介绍或此次学习感想,介绍和感想也可以通过视频配音的方式在视频最后呈现。视频可以是制作中的部分步骤,也可以是完整过程。

2.鲁中同心 未来可期

背景:

我校团委学生会发起了此次活动,希望发动全校同学以撰写祝福、制作视频的方式为辛勤付出的导师们送去一些感谢的话语。

目的:希望通过此次视频录制,加强师生之间的交流、理解与关心。

途径:团委学生会发起爱心祝福活动,导师学生联动。

具体步骤:

①团委学生会发起爱心祝福活动,团委学生会干部以年级为单位,为所有辛勤付出的导师录制感谢视频。

②全校同学以班级为单位,每位同学在纸上写下对导师们的感谢,并与之合照,将班级的所有照片收齐后以视频方式导出。

具体内容:

"对导师说的话":每人说3~4句,谈谈这段时间的经历并向导师们送去感谢的话。

全校同学:照片＋音频

"对导师说的话":将感谢的话语转化成文字写在纸上,拍摄自己与文字的合照,以班级为单位,上交一个班所有同学拼起来的照片,或者精选几张,再加上一段配音或背景音乐,制作成视频格式(20s内即可)。图片需清晰直观,需增加音频配音。内容请围绕感谢等主题展开。

第三章

---◆---

课程赋能：聚焦学科育人功能的学业
"三全导师制"案例研究

教师不仅是学生学业知识的传授者，更是学生学业生涯的引领者和陪伴者，本章聚焦"三全导师制"的学科育人功能，关注以班主任为核心的导师团队在学生学业发展过程中起到的重要作用，归纳实践举措，总结经验并进行成效反思。

第一节　聚焦学科育人功能的学业"三全导师制"

张则见

一、研究背景

2019 年，中共中央、国务院《关于深化教育教学改革全面提高义务教育质量的意见》、国务院办公厅《关于新时代推进普通高中育人方式改革的指导意见》《关于深化新时代学校思想政治理论课改革创新的若干意见》、教育部《关于加强和改进新时代基础教育教研工作的意见》等多个文件中，反复强调课程育人、学科育人，学科德育成为落实立德树人根本任务的直接要求。改革育人方式，实现学科育人功能，是全面提高教育质量的内在要求。

"学科育人"是指在显性知识传授的同时，对受教育者在理念确立和价值观等隐性影响方面产生有益而长久的影响，不仅仅在学科本身，在学习方法、学习习惯方面的教育与指导都属于学科育人的范畴。学科育人作为落实立德树人根本任务的重要实现方式，要求教师做到心中有学生，而非简单的知识传授，在学科教学中落实诸如理想信念、审美情趣、科学精神、文化视野等方面的培养。

就学生具体学业发展而言，《上海市普通高中学业水平考试实施办法（试行）》和《上海市普通高中学生综合素质评价实施办法（试行）》的正式公布实施，旨在改革普通高中学业水平考试制度,构建高中学生综合素质评价系统。新高考改革更加注重学生全面而有个性的发展,对学生的核心素养、自主学习、沟通协作等能力都有着较高的要求,直接关系育人质量的提升,为实现国家教育现代化打下坚实基础。虽说新高考政策打破了"唯分数论"的窠臼,但学生的学业压力依旧存在。这些压力来自社会、家庭、自身,不一而足。

从高中生的身心发展水平看,他们正处在自我同一性的形成过程当中,学生正处在独立探索"我是谁"的过程当中,面对学业,他们会因不知其最终目的而感到迷惘,内驱力缺失;也会因为学科难度及自身发展特点而产生挫败感,从而影响学习情绪。

因此,无论是学生的个体身心发展还是新高考改革背景的驱动、育人方式的变革,学生在学业上始终需要一位"亦师亦友"的领路人,在倾听、沟通和指导中对学生进行从身体健康到心理健康的引导,为学生的人生发展奠定基础,落实立德树人根本任务,全面贯彻党的教育方针。

二、本校学科育人发展现状

本校自开展"三全导师制"实践以来,建立了以班主任为核心的学科育人团队,在日常工作中就导生的课堂状态、作业情况互通有无。此外,导师与班主任会通过家访、导师导生谈心等各项活动和契机,建立师生之间的相互信任,以及在此基础上充分平等的互动,引领学生的学习、科研和创新,在学习心态、学习方法等方面给予学生专业的指导和建议,促进学生学科核心素养的提升和全面发展。当学生在学业上遇到困难时,班主任、导师及任课老师将会多方搜集信息,全面评估学生情况,并制定后续跟进方案,有效解决学生问题,帮助学生走出困境。

从学科育人的角度来看,"三全导师制"具有以下优势:

首先,作为任课老师的导师们具有更为专业的视野,相比于班主任"单打独斗"更能在自身的学科上给到学生更加专业的建议,也更容易为学生所接受。

其次,若只是任课老师,也只是看到学生在某一门学科上的表现,容易以偏概全。若成为了该生的导师,则可以通过家访、谈心等方式看到学生学业表现背后与家庭背景、自身经历有关的深层原因。

导师制的实行,使学科育人从课堂延伸到学生日常的生活学习当中,更具针对性和有效性,亦更有深度和全面。

三、举措实践

学业发展对于每位学生来说至关重要。我校实行"三全导师制"以来,导师们认真履行教育职责,为人师表,并锐意探索学科育人新方式。

为具体落实"三全导师制"背景下的学科育人成效,我们鼓励教师在假期撰写静思录,将一年来与学生的交流沟通汇总成一篇篇有感染力的具有借鉴意义的案例,并从中进行分析和反思,确立下一年的沟通重点,助力学生成长,提升自身专业能力。导师们认真思考，形成了不少宝贵的经验性认识，让我们看到了"三全导师制"在学科育人功能上的诸多可能，具体如下：

（一）家校协同，全面分析造成学生在学业上存在困惑的原因

从学科学习角度看，学生遇到的问题背后往往有多方面复杂的原因。导师们通过观察、谈心、家访等方法收集信息，归纳整理，"拨开云雾方见真容"，找到学生在学习上出现困惑的根源。

有的导师会从自身专业的角度出发，如陆思颖老师、吴健老师、谢晓莉老师帮助学生复盘和反思该门学科成绩不理想的原因，并在学习方法上给出相应的指导。有的导师并不仅仅停留在自己所观察到的学生的表现，而是从其他任课老师、班主任等多种渠道了解学生，如赵筱岚老师通过"三摸底"，全面了解到学生苛求完美的性格，以及背后深深的焦虑情绪，而非表面上的积极上进，从而对学生进行情绪上的疏导和开解。苏莉丽老师则在充分倾听学生诉求的基础上与之共情，而非片面武断地以成绩为学生定性。

导师们还会与家长互通有无，每一位孩子的背后都是一个家庭，通过对家庭情况的了解，予以家庭教育指导，家校协同，助力孩子的成长。

（二）运用丰富而专业的方法对症下药

导师们拥有丰富的教育教学经验，在学科育人上能够通过专业性的指导帮助学生进行改变，而不是简单停留在说教层面。

1. 培养兴趣，增强学生内驱力

部分导生在学习过程中往往找不到学习动力，导致学习效率下降，又尚未养成良好的学习习惯，当成绩不理想时便会引发焦虑情绪，恶性循环。徐瑶老师和郭坤老师并未就事论事，对学生表面上的行为偏差进行教育，而是通过培养兴趣，增强动力，激励学生追逐梦想，增强学生内驱力。

2. 针对问题本身提出建设性、可操作的意见

有的导师会直接针对学生在学业上出现的问题，提出建设性、可操作的意见，使得学生有所抓手，获得满满的安全感。如张丽芳老师和导生共同制订手机管理方案，家校协同，共同监督、遵守，收获了一定成效。又如某同学因化学等级考前感到紧张，张旭旻老师则鼓励学生的积极性，请他担任"小老师"，既能缓解导生在疫情期间焦虑不安的情绪，又能巩固知识，一举两得。

3. 利用自身专业，促进学生全面发展

学科育人不仅体现在需要高考的科目，学生的全面发展更是社会及个人所需。导师们利用自身专业优势，促进导生身心发展，帮助导生成长。黄丹宇老师和顾雪梅老师引导学生合理而有规律地进行体育锻炼，有助于学生养成持之以恒的良好习惯，并辐射到所有学生，对学生的成长起到了至关重要的作用。

（三）用心关爱和改变学生

用师爱铸就师德之魂，"三全导师制"的背后支撑着导师们对学生的拳拳之爱，老师们

并不急于在学业上立刻给出建议,而是通过日常的关心建立起与学生之间的信任感,然后进行学科育人。

王霄老师用心观察,从细节方面予以学生无微不至的关爱,从为学生购买保温杯开始,与学生约定养成良好的学习习惯。许晴洁老师则像妈妈一样提醒学生合理安排学习时间,保证睡眠,与学生共同制定高三学习策略,在这关键的一年中为学生保驾护航。丁金花老师和王樱老师给学生充分的空间和自由,严慈相济,仔细观察并及时发现学生的优点并积极鼓励。导师们用爱浇灌花朵,施以养分,润物无声。

三、成效反思

对于学生而言,导师的角色不同于任课老师和班主任,其视野不会仅停留在任教学科本身,他们更像是一位年长的、富有经验的朋友,这位朋友会倾听自己在学习上遇到的困难或是隐忧。不是高高在上的命令,而是无微不至的关怀,背后体现的是导师对于学生个体成长的关注,用师爱浇灌,静待花开,而不是将学生看作提分的工具,分数至上。

经过多年的探索与反思,基于学科育人的"三全导师制"已具有了一定成效。在导师的倾听和指导下,近几年我校学生在春考和高考中取得了不错的成绩,并且考取了理想的院校。除了具体学科上的专业指导,导师还会针对生涯、学涯和学生进行科学合理的规划,无论在选科还是专业选择上都给予了学生具有前瞻性的意见。已经毕业了的学生对于导师也是非常有感情的,毕业后也常常和导师保持联系。

除了学生培养初见成效外,教师需要时刻反思,才会有所成长。导师将自己与学生的成长记录下来,分析问题,梳理过程,总结成效,形成案例,从而积累丰富的经验。这些案例都是我们研究和进一步改善的起点,为"三全导师制"在学科育人上的探索奠定基础。

当然,随着社会环境的变化,学生的个性也愈发凸显。家庭、社交、性格等多重因素构成了与众不同的个体,因此我们一方面相信"他山之石,可以攻玉",另一方面,我们自然不能停留在已有的经验之上墨守成规。我们会继续不忘初心、砥砺前行,建立与学生的信任,因材施教,不负"人生导师"之名。此外,我们也会积极探索导师、班主任、家庭多方合力共育,并开发更多有意义的活动,使导师导生之间的纽带更为紧密。

第二节 "三全导师制"学业育人案例范本

用心浇灌,陪伴成长

徐 瑶

一、案例描述

祝同学作为高一新生暑期军训的临时体育委员,责任意识和集体荣誉感很强,军训期间表现良好,得到老师和同学的一致好评,也荣获了暑期军训积极分子荣誉称号。但好景不长,开学以后,祝同学逐渐松懈下来,整个人呈现出的状态与军训期间完全不一样,经常不交作业,上课睡觉或者是走神,完全不听上课内容,老师屡次催促他也不理,而把老师的话语当作耳旁风。他开学后与军训中表现的反差一度让我很费解,作为他的导师,我屡次与他沟通也不见效,从班主任处了解到,这位"顽固分子"的期中考试成绩也并不理想。于是,在期中考试后我与祝同学的家长面对面进行了一次比较深入的沟通。我了解到该名学生家里还有一个双胞胎哥哥,成绩优异,在区重点高中上学。相反,祝同学从初二开始就结识了很多社会上的朋友,心思完全不在学习上,整个初二、初三几乎不在学习状态,最后靠几个星期的考前突击考上了我们学校。另外,该名学生在家比较叛逆,喜欢打篮球和打游戏,完全不服家长的管教,由于家中父亲比较严厉,所以经常会与父亲发生冲突。除此之外,祝同学平常还喜欢网购鞋服等物件,对于自己喜欢的事情比较有钻劲。

二、案例分析

通过家长对祝同学在家中情况的描述,以及半个学期以来我与该生的接触,首先可以明确的一点是该生这种较为懒散怠惰的学习状态从初中至今已持续了很长一段时间,习惯已经养成,作为导师若想适当引导他改善这种学习状态则需要具备更多的耐心,同时也需要花费更多的时间和精力与他进行沟通。

另外,由于家里还有一个比他优秀的哥哥与他存在比较,且该名学生的心思比较细腻,因此他也更希望得到家长和老师的关注。加上该名学生性格较为叛逆,遇事有自己的想法,为避免与孩子发生正面冲突,平常在学校与他交流沟通的过程中,还是应以鼓励的方式为主。

当然,由于祝同学初中后半阶段几乎没有学习,但他还是考进了我们学校,他也容易进入对高中学习的误区及对自我认知的误区,他认为高中的学习也和初中一样,高三努力一下就能进入理想的大学,自我感觉良好,目前时间尚早,高一混日子,高考时他同样也能考出满意的成绩。因此,在与该生交流沟通的过程中我还是应该掌握好分寸,鼓励为主,但不能一味鼓励,抓住适当的时机还是应该以适当的方式正面指出他的不足,并且逐步引导他认清现状。

三、指导措施

(一)培养学习兴趣

在与家长的沟通交流中,我了解到祝同学对于自己感兴趣的事情比较具有钻劲。例如他喜欢网购,运动会入场式时用到的班服都是他组织班级同学在网上购买,这充分体现出了该名学生具有较强的组织能力,若能结合他的兴趣点进行适当的引导,这名学生身上将发挥出巨大的潜力。那么,如何将他的兴趣点转移到学习上来呢?通过他在暑期军训、运动会及东方绿舟等班级集体活动中的表现,我发现他身上具备较强的竞争意识,若能激发他在学习上的竞争意识,我想这在一定程度上也能提高他对学习的主动性。期中考试后,祝同学班级里建立了许多学习小组,形成了良性的竞争机制,我与班主任商量推荐祝同学为其中某小组的组长,这在一定程度上给予了他一定的压力,也提高了他的责任意识,更是激发了他的竞争意识。每次单元测验的成绩出来时,他都特别关注,而且都会与其他同学进行比较。甚至有一次语文测验考得并不理想时他还主动在 QQ 私信中给我发消息说"没有考好,我很内疚,下次会努力"。由此可见,在这种竞争模式下,该名学生的学习主动性已被逐渐调动起来,正朝着比较好的趋势发展,甚至在 12 月份的主三门测验中,他取得了进高中以来最理想的成绩。

(二)建立信任感

互相信任是师生之间维系良性关系的基石,而信任感的形成应该是建立在师生间充分沟通与交流的基础之上。结合祝同学的家庭情况,以及他在校的表现可以看出祝同学自身就是一个比较想要得到老师和同学关注的学生,因此,在日常的学习生活中我会给予他较多的关注,满足他这一心理,同时尝试任何一种能与他进行沟通交流的方式,并在交流中对他进行适当的肯定与鼓励,以此来建立相互之间的信任感。例如,在东方绿舟国防教育活动期间,他在军训日记中谈到他好像做了很多事情,可是同学们好像并没有感觉到,他感到有些许失落。在看了他的军训日记后,我在一次适当的时机用 QQ 与他进行了交流,对他的付出进行了充分的肯定与鼓励。我当时的话语摘录如下:

> 刚看了你的军训日记,老师有些话想对你说。自从你上次主动发 QQ 消息给我,说意识到自己的不足了,也会加倍努力,老师当时看完以后特别感动,觉得你这个孩子很不错,在慢慢进步了,而且也特别相信你能做好。在这之后,老师也逐渐看到了你的一些变化,比如任课老师找你有什么事情你会马上积极地跑到办公室,作业上遇到问题了也会及时与老师沟通,英语老师那边的背诵也会及时去完成。老师其实时刻都在关注你。对比期中考试前你表现确实有了进步,家长会那天与家长沟通时我也表扬了你。老师之所以一直没跟你说,是希望你能沉住气,不要骄傲。一直以来老师觉得你是很聪明、心思细腻、集体荣誉感很强的学生,但在个人学习习惯上还有待提高,希望你接下来能够继续保持进步的状态,一步步踏踏实实地迎接期末考试,希望期末的时候能听到你的好消息! 加油!

信任感的建立需要一个漫长的过程,我想在一次次的沟通与交流中,我与祝同学之间的信任感也正在逐步建立。

(三)通过体验认清不足

现阶段的学生正值青春期,性格上相对较叛逆,相较于长辈、父母或是老师的说教,同龄人的建议和态度对他们来说或许更容易接受。尤其是像祝同学这样自我感觉较为良好的学生,对于老师直接对他指出的不足与建议,他或许并不能从心底接受。倒不如发动群众的力量,让祝同学亲身体验,真正意识到自身的不足。期中考试后,祝同学的班级进行了班委改选,班委候选人采取自荐与老师推荐的方式产生,虽然祝同学从开学以来在学习上并不能起到身为班委应该起到的榜样带头作用,但我还是向班主任推荐了他成为班委候选人,希望通过这样一次民主选举的亲身体验让他看到同学及老师们对他的评价,意识到自身的不足。意料之中,祝同学落选了。在这之后,祝同学又一次主动在 QQ 私信中向我承认了自身的不足并表明了决心,话语摘录如下:

徐老师,今天班级班委竞选,我落选了,我有一点难过。这也让我意识到当班委的这两个月自己的不足,我会努力的。班主任老师帮我调换了座位,现在我座位旁边都是好同学,希望接下来我能向他们多学习,慢慢改进自己的不足。

祝同学的这一行为可以说是他自身很大的一个进步,通过这样的一次班委选举活动,他已在一定程度上认识到了自身的不足。当然,为了避免打消他对学习及班级事务的积极性,我还是对他进行了鼓励,并在家校沟通中将这一情况反馈给了学生家长,家长听后倍感欣慰,并表示会配合学校工作,在家也对他进行鼓励。总体看来,期中考试以后,不管是任课老师的反馈还是与家长的多次沟通中,祝同学各方面的表现虽然还有提高的空间,但相较于期中考试之前的表现还是取得了一定的进步。

四、案例反思

(一)家校共育是促进学生良好发展的重要手段

家庭教育与学校教育只有统一阵营,沟通有无,才能更利于孩子的全面发展。试想如果没有与祝同学家长进行充分的沟通了解他的情况,学校教育又如何能抓住该名学生的特点进行正面引导? 如果学校没有充分反馈给祝同学家长学生在校的情况,家长在家里又如何配合学校对孩子进行适当的教育? 因此,家校之间充分的沟通与合作是导师在指导学生、促进学生良好发展的重要基石。

(二)善于观察,发现学生的特点,因材施教

对祝同学特点的把握,除了通过与家长沟通他在家里的情况进行了解之外,大部分的了解还是通过导师对他在校的学习情况及参与各项活动等情况进行观察和总结而得到。因此,这就需要导师善于观察学生在校生活中的点滴细节,由此逐步深入地掌握学生的学习特点和性格特点,有针对性地进行教育和引导,最终才能起到事半功倍的效果。

(三)用耐心获取学生的信任,与学生建立平等关系

对于这一点,我认为不管是在学校教育还是家庭教育中都应该做到。对于学校来说,每一位学生都是独一无二的个体,对于家庭来说,每一个孩子也都是独一无二的个体。每一位学生身上都有独特的闪光点,导师不能因为他身上的某一点不足就将它无限放大从而掩盖了他身上的其他优点。用充分的耐心多与导生相处与沟通,客观公平地看待他们身上的优缺点,对于他们做得好的地方应毫不吝啬地给予肯定与鼓励,对于他们做得不够的地方应根据实际情况采用适当的方式方法指出并进行合理的引导,以此拉近与导生间的距离,建立起良性的平等关系。

倾听 陪伴 成长

顾雪梅

德育是教育的灵魂,它的本质是育德,即培养良好的思想道德品质。青少年正处于思想品德逐步形成和发展的关键时期,这一时期的教育对他们的终生来说,有着定向和奠基的意义。作为一名教师,在学校导师制的点滴工作中都应注意强化育德功能,它可以有效提升学生的精神面貌和思想品质,培养学生良好的思想作风和社会公德心,陶冶学生情操。

一、案例描述

第一次和导生见面的时候,我就和她们说,我是一名体育教师,作为你们的导师,在其他学科的学习方面我帮不了你们,但是就科学合理地进行身体锻炼等方面我还是有一定优势的。我一直和她们说健康的身体是生命之本,一个人如果没有一个好的身体,很难扛住高中三年繁重的学业压力,更别提什么好的未来。经过一段时间的接触,我发现小莹同学不太爱运动、性格内向,在课堂上能基本完成我的练习要求,而当我让她们进行自主练习时,小莹同学就在一旁观望,我旁敲侧击地鼓励她参加活动,效果甚微。后来,在一次乒乓球小比赛中,她发挥得很好,获得了本次活动的冠军,我很隆重地在其他同学面前表扬了她,而后又与她私下谈话,原来她小学时学过三年乒乓。"你真棒!""你能教教其他同学吗?"这些鼓励赞许的话语随着她的点滴进步不时出现在我和她的对话中,随着时间的推移,慢慢地她能主动找我交流了,并且课上也会参加其他各项体育活动了。

二、案例分析

发挥"学困生"的优势是一种以增强"学困生"自尊心为出发点的转化策略,美国心理学家贝蒙 20 世纪 70 年代提出改变自我意识的理论,他提倡一种叫作"肯定评价"的方法来改变学生的态度和行为,也就是"闪光点"理论。对于不同的学生及同一学生的不同面,挖掘出学生的可取处,及时给予肯定和恰当的表扬,从而增强信心,给他们以成功的机会,体验成功的乐趣。

三、指导措施

1. 激发兴趣,调动学生积极性

"培养运动兴趣和爱好,形成坚持锻炼的习惯。"这是《体育与健康新课程标准》中所提出的重要目标之一,因为学生只有真正地形成了锻炼习惯,他们才能自觉地坚持锻炼,才能切实地为终身体育奠定基础,从而使体育锻炼成为生活中不可或缺的重要部分。

从事任何活动都需要有兴趣,体育课对大部分学生来说是有兴趣的,但是由于传统体育课的教学内容往往流于形式,内容单调重复,方法简单缺乏新意,学生渐渐对体育课的感受性降低,慢慢失去了兴趣,最后还可能对体育课产生一种厌恶心理。所以教师要打破传统的教学模式,在体育课的教学中改善手段和方法,激发和保持学生的学习兴趣,以提高教学效果。要使学生对体育学习产生浓厚的兴趣,教师就应该不断地给学生新的、有趣的、系统性较强的教学内容,以新颖的教学方法来吸引学生,使学生不断获得新知识,从而提高兴趣。设疑,就是一种很好的方法。它把教学的内容变成问题,使之成为一种诱因,把学生已经形成的学习兴趣由潜伏状态转入活动状态,从而成为推动学生的内部动因,调动学习的积极性来解决当前的任务,同时使已形成的学习兴趣得到巩固和加强。

2.指导学生合理、有规律地进行锻炼

不是任何一种活动都是体育活动,也不是任何一种体育活动都能锻炼身体和增强体质,不懂得用科学的方法锻炼身体,不仅会影响锻炼效果,还有可能损害身体健康。只有懂得和运用锻炼身体的基本原理和科学锻炼的方法,才能达到预期的锻炼效果。在选择锻炼项目时一定要慎重,不要选那些有危险性或者竞技性很强的项目。根据学生身体情况,建议选择那些简单易行便于操作的运动项目,如跳绳、跑步、乒乓球、羽毛球、篮球、健身操等有氧运动项目。我在课堂教学中一直有意识地把科学锻炼身体的基本原理和方法传授给学生。首先,让学生了解人体的结构、各系统器官的功能、身体锻炼的卫生常识、体育动作的规律特点,以及体育锻炼是如何促进人体生理变化的。其次,让学生懂得减轻生理负荷的最佳方案和合理的锻炼程序,以及为什么做与怎样做准备活动等方面的知识。注意运动量和运动负荷的合理性,锻炼不盲目、不冒进、不蛮干,要循序渐进,不断提高;要注意安排好运动和休息的时间,按一定的规律进行锻炼;克服懒惰心理,克服困难,相信坚持一段时间之后就一定会习惯并喜欢上体育锻炼。

3.持之以恒,养成良好的习惯

身体锻炼需要有持之以恒的精神,三天打鱼两天晒网的锻炼是不会有什么效果的。只有坚持经常、有规律的锻炼,健康水平才会得到提高。良好习惯的形成,是意志与毅力的结果,只有经过严格要求,反复训练和努力实践才能形成。前苏联教育家马卡连柯曾说:"必须努力尽可能坚强地形成学生良好的习惯,但为了达到这种目的最重要的还是正当行为的不断练习。"在体育课和专项课上,让学生准确掌握动作要领和练习过程,要由易到难,由单项到系列,由部分到整体,坚持不懈,反复训练。我还经常督促她们,持之以恒,只有这样才能逐渐形成良好的锻炼习惯。

四、案例反思

通过这些措施的实施,我发现她们的情况有了很大的改善。她们开始积极参与体育课程,参与率也逐渐提高。我也感到非常欣慰,因为帮助她们找到了参与体育锻炼的兴趣点,并且让她们在锻炼中获得了愉悦感和成就感。作为导师,要更多地走进导生的生活,关注她们的生活和思想,充分地了解和关心她们,以心换心才会被学生接受,工作才能顺利开展。

教育是世界上最生动、最有创造性的事业。因为我们的教育对象是一群活泼可爱、善良单纯的孩子,是一群富有青春活力、激情四射的孩子,是有丰富的想象力和无穷的创造力的孩子。他们对知识充满着渴望,对未来满怀着憧憬。他们就像春天里苗壮成长的小树苗,在广阔的蓝天下,在温暖的阳光里,努力汲取着大地的营养,努力伸展着自己的枝干,向着美丽的天空,追逐着自己的梦想。我很欣慰自己能够以导师的身份守护在她们的身边,陪伴着她们,鼓励着她们,督促着她们。分享她们的快乐,分担她们的苦恼,在她们需要我的时候,随风潜入夜,润物细无声,悄悄地用最恰当的方式帮助她们,让她们生活得更快乐,学习得更开心,成长得更幸福,在鲁迅高中的三年成为她们美好的记忆。

教书育人,爱字当先

王 佳

一位教育家曾经说过:"爱是教育的前提,没有爱就没有教育。"爱是老师亲近学生、学生尊敬老师的基础。作为教师,只有真心爱学生,让学生真正感受到来自老师的温暖和呵护,教育才具有它真正的价值。

一、案例描述

晓宇,班级进分最低的一名学生。他学习成绩不理想,考试时常不及格,行为习惯也有许多不足,站没站姿,坐没坐相,身体总是呈曲线形。他的组织纪律性欠缺,三天两头就违纪,同学们都不太爱跟他交流。他的家长也对孩子的教育失去了信心。面对这样的孩子,老师们尤其是他的班主任,都努力尝试与其沟通教育,但都收效甚微。作为导师的我希望尽最大努力,让他有所改进。期中考试后,他的成绩依然很不理想,于是我准备就他的成绩入手,设法了解他心里的想法。

二、案例分析

通过各方调查我了解到,他的学习困难并不是因为他不够聪明,而是与家长的粗暴教育有直接关系。在家里,一旦他犯了错或者考试没考好,家长对他非打即骂,长期以来,他得不到来自家庭的温暖,便产生了对抗心理,就干脆破罐子破摔了。

三、指导措施

1. 加强家校联系,说服家长尽责,帮他摆脱心理困境

了解到这些情况后,身为导师的我多次与他的家长沟通,做他们的思想工作,尤其是他的爸爸,通过沟通让家长认识到,孩子长大了,打是不能解决问题的,还有可能会对孩子

的心灵造成无法弥补的伤害。我理解做父母的这种望子成龙的心态，也知道他们很爱晓宇，所以我和家长沟通要想方设法让孩子知道父母的疼爱之心，要让孩子感受到我们对他的爱，理解家人对他的期望，让他重拾学习的信心。他的爸爸接受了我的意见，不再动辄打骂他了。

此后，晓宇十分感激我，与我的关系也亲近起来。我又因势利导，对他采取了特殊措施。根据他家庭条件不好等情况，我生活中给予他极大的帮助，经常买一些学习用具送给他，每天中午休息时给他补习功课，取得一些成绩时及时表扬，并鼓励他积极上进。

同时，课余时间经常和他一起交谈，了解他的内心想法。经过我的不懈努力，他和我的关系变得更加亲密，生活中的各种问题他都愿意告诉我，我也像对待我的亲人一样关心他、鼓励他，晓宇也被我的这种精神所打动，学习上有了积极性，以前从来不做家庭作业的他，变得爱学习了，遇到不会做的题，还经常主动问我。之后的几次考试，他都及格了，而且行为习惯也有了很大的进步，与同学的关系也越来越融洽，我的心里倍感欣慰。

2.运用行为疗法，使他感受到集体的温暖，恢复心理平衡

我了解到这个孩子自觉性很强，也很爱读书。有一天课堂上，我提出一个问题，很多同学不会答，竟意外地发现这孩子眼里露出一点笑意，就抓住这个机会提问他。开始，他涨红了脸，讲得结结巴巴的，我用鼓励的眼神望着他，亲切地对他说："老师相信你一定能行的！"结果他讲得很流利，得到了全体同学的掌声，他的脸上也露出了久违的笑容。

此后，我多次在课堂上为他提供尝试成功的机会，让其体验成功的喜悦和荣誉，增加良性刺激，使他摆脱自闭心理，激发起自信心和上进心。心灵的交往，热情的鼓励，温暖着他那颗冷漠的失望的心，使他重新回到了班集体中。

四、案例反思

教育是心灵的艺术。如果我们承认教育的对象是活生生的人，那么教育的过程便不仅仅是一种技巧的施展，而是充满了人情味的心灵交融。在这个案例中，我认识到晓宇心理不堪重负的原因主要在于家庭，因此，我加强与其家庭联系，让其父母认识到家庭教育的重要性和责任感，以及正确运用教育方式方法的重要性。经过多次推心置腹的交谈，终于使他们接受了我的建议。家庭与学校共同努力，使孩子的心理发生了微妙的变化，不再逃避学习上的责任，也愿意跟同学们交往，脸上露出了点点自信，而对导师我也就更加信任了。

通过这个案例，我也深深地体会到：当导师在教育学生的过程中放下老师的架子，真正送出爱后，不仅会促使学生的行为表现好转，更会让他们的心理也得到自我完善。这也让我更有信心在今后的教学生涯中将爱进行到底！

排忧解压，从容应对重大挑战

——指导导生如何直面高考之我见

许晴洁

一、案例描述

小郑同学是我任教高三的一个班级中最喜欢最欣赏的导生，她活泼热情，性格温和，对待师长礼貌有加，而且是我的课代表，做事积极主动，收交作业干脆利落。更让我开心的是，她会在我进班级上课时，站在讲台前，大声督促大家做好上语文课的一些准备工作。就语文这门学科的学习而言，小郑同学在老师和班上同学之间起到了很好的桥梁作用，当然，她的语文成绩也较为稳定。总之，一切都是我心中优秀学生的样子。

有一次小郑同学来学校晚了，而班级的第一节课正是我的语文课。我见讲台前不见她活泼的身影，再看看她的座位，也空着，感觉有点纳闷，毕竟不是自己做班主任的班级，加之早上管理了自己班级后再赶来这个班级上课，时间较为紧张，也就没有多问班级其他学生。在课讲了一半的时候，小郑同学出现在教室门口，喊了一声"报告"就急匆匆地冲了进来，走到自己的课桌前时，发现桌上摆着前排女生的一本英语书和一个英语练习本，她拿起书和本子就往前面那个女生头上扔去，动作挺大，脸上有一种气呼呼的表情。全班同学都很诧异。正在讲课的我立马停下来走近她，放低声音且不失关切地快速问了句："是不是今早因为身体不舒服了才来晚了？"她点点头，我注意到她的眼睛一下子红红的，赶紧顺势轻轻地拍了拍她的肩膀，观察到她的表情有所和缓，也有点委屈，并用不满的眼神瞟了一眼前排同学，我就又稍稍用力地按了按她，借以传达一份关心和理解。然后马上接着上课，把全班学生的注意力引到了刚才讲的知识点上，课上气氛恢复如旧。

语文课结束后，我并没有立即找小郑同学，否则她会认为老师是由于她课上这样一个不友善的举动要做一番教育，反而会产生反感、抵触的心情，此时应该给她一个缓冲。作为她的导师，需要了解她做出这种举动的原因，并引导她在公共场合下遇到特殊情况该如何处理，这是必须在当天要解决的，毕竟教育讲究的是时效性。于是在这天的某个课间，我找了个合适的机会，把她叫进了办公室，首先又一次关心了她的身体目前感觉如何，郑同学说目前没什么不舒服了，并对我的关心表示感谢。我观察到她的心情不错，于是赶紧不失时机地问她，为何在语文课上做那个令人吃惊的举动，小郑同学说，现在是高三冲刺阶段，她却因身体不舒服晚到了半节课，影响了学习，就很着急很焦虑，但匆匆走进教室时发现某某的书本和本子居然占了她的书桌，让她一下子感到很恼火……听了她的解释后，我明确地表达了对她的理解，表明了在紧张艰苦的高三学习生活中因生病而导致心情不佳的情况属于正常现象，然后就课上她的表现、被扔书的女生、上课的老师，以及听课的其他同学在当时怎样的感受非常全面且具体地谈了谈我的看法，提醒她今后不管遇到怎样的情况都应注意细节、注意场合，做事要得体，等等，最后也对她的焦虑心情如何化解提出了一些建议。小郑同学听了很受启发，自责地说当时只顾自己的情绪，其他方面没想那么多，更没想到会造成这么大的影响……交谈结束时，小郑一再感谢我对她的善意提醒和减压建议，并保证今后做事一定会多方考虑，多加注意。有小郑这样的表态，作为导师的我觉得十分欣慰。

二、案例分析

从这个案例可以看出，小郑同学失当的行为完全是由繁重的学习任务引发的焦虑、烦躁造成的。身处高三的学生，面临越来越近的高考，学习压力很大，那么心理压力自然也很大。特别是一些有着明确奋斗目标的优秀生，对自己的要求很高，所承受的心理压力就更大了。正是因为承受压力过大，在平常学习生活中，部分学生就会出现一些反常的情况，有外显的行为表现的，诸如男生当中开个玩笑可能会干上一架，也有体现在生理方面的，失眠、掉发、肚子疼或肠鸣等，甚而脾气突变的情况也屡见不鲜，原本与同学、与自己的父母关系很融洽的，然在高三压力很难释放之时，往往因一件很小的事情产生了很大的冲突，如向来可爱、温和的小郑同学，在课堂上竟然做出让我和全班同学大吃一惊的行为。这些都是压力积压过久，需要及时释放的信号，这个时候就要引起老师的关注，在密切关注之余，更要高度重视并加以想方设法地出手，做一定的干预介入，进行一些必要的疏导开解，帮助孩子缓解压力。否则心理压力过大，将会对学习乃至身心健康都产生较为严重的可怕的影响。

三、指导措施

鉴于带过多届毕业班，与很多高三学生特别是走得更近的导生进行过不计其数的谈心交流，所以积累了一定的心得体会。总的说来，有以下几点做法对面临高考背负着较重的心理压力的学生是比较有效的：

1.耐心倾听

对于学生的焦虑情绪，我们要鼓励他说出来或者哭出来，在诉说、放声痛哭的过程中得到放松。比如与小郑同班的我的另一个导生小安因二模成绩不理想就哭着冲进我的办公室并大声地说"许老师，快救救我吧，我要活不下去了"，我听到此话，赶紧张开双臂去拥抱她，轻轻地拍打着她的后背，等她哭完后就再宽解她因这次考得不够理想的分数和名次带来的糟糕的心情。通过外部的安抚和全面合理地分析她的学习现状，小安同学终于平复了心情，听从了我的建议，重拾信心，再次投入最后的复习应考工作中去了。又如疫情期间，2022届班级中成绩优秀的小张同学，在4月份她最无助的时候来找我，其实她也只是找一个值得信赖、可以亲近的师长倾诉一下，说出来之后，心里也就痛快了，她说"老师，我知道您也很无奈，但我把全部的事情跟您说了，我心里就舒服多了，老师放心，我会为高考努力的"。

2.合理引导

进入高三后,有些同学面对越来越紧张的学习压力所带来的越来越焦虑的情绪,不知该如何排遣,于是会迁怒于外部环境,有时外部一点小小的因素都可能会引发很大的冲突,特别是在男生当中,一言不合就可能大打出手,这不是单单以这个年龄比较冲动为由可以解释的,其中最主要的原因还是心理压力过大。案例中的小郑同学,虽然是个女生,但是她带有暴力倾向的举动显然也是将自己的焦虑转嫁到其他同学身上去了。这个时候,目睹整个过程的老师就需要及时地与其谈心交流,动之以情,晓之以理,做出合理的引导。

3.科学建议

临近高考的前几天,百分百的学生都是比较紧张焦虑的,有的甚至寝食难安。参加2022年延迟高考的小张同学,她平时的睡眠时间需求较别人长些,然考前的几天,她说无法入眠。作为导师的我,告诉她一些舒缓紧张的物理疗法,如:可以对着镜子大喊大叫,也可以练习腹部深呼吸,还可以静坐冥想的做法,想象或回忆曾经去过的美好地方等借以尽量发泄焦虑不安的情绪。或者运用运动减压法,科学地安排生活,体力劳动与脑力劳动有机结合,还可以是晚饭后散散步、欣赏路边花草借以放空自我等。

四、案例反思

回头再来看这个案例时,作为导师的我,对导生小郑同学的引导教育,觉得还算尽心尽力的,最终的结果也是令自己满意的。但还有很大的遗憾,即使现在写此文时,这份遗憾之情也让我无法释怀,因为眼前又浮现起整个班级同学听到那一声扔书本的响声后而呈现出的十分惊讶的表情。我应该给班级一个交代啊,这样可以帮小郑同学这种反常的行为做一个让大家能够理解接受的解释,同时也借机在班集体这个层面上就如何释放高考压力、调整好心态给全班同学做些指导,但当时认为自己"只是一个任课老师,不必那么操心吧"的心态错失了一次帮助同学们排忧解压的机会。

高考,对学生来说,是重要的人生大考,它不仅仅是检测学生对学科知识的掌握水平,也是对学生心理素质的一次重要考验,所以,作为高三的老师、导师,不仅要做好教学工作,更要当好关于如何建设学生、导生心理健康自信的指导者。

关爱学生　健全身心

黄丹宇

"三全"导师制是我校的一大育人特色。"三全"即全员、全程、全方位。学校每位任课教师不仅是学生的学科教师,又是学生的人生导师。从每月至少一次的谈心活动到学生心理辅导、生涯发展辅导、社会实践辅导,导师秉承着"人人都是德育工作者"的原则,从理想信念到学业生活、从身体健康到心理健康,关注学生全方面终身发展。

一、案例描述

作为一名体育教师,我往往更关注学生上课时的精神状态、运动表现、健康行为、体育品德等方面,并以此为谈心的切入口。我的导生小北,是一名比较注重自己身材、容貌管理,假期会跟着某些运动 APP 平台坚持做运动的女生。但平时在校期间与班里同学交往时总是以自我为中心,讲话做事不考虑场合、不顾及他人感受,因此在班中不是很合群。每月谈心活动时,除了学习上必要的督促,更多的我们会聊聊体育课中的表现,与同学之间的相处情况,某些健身动作、作息娱乐安排、周末补习班,以及家中长辈的期望和未来高三的考学方向。高二有段时间,我发现她上体育课特别没有精神,每次到操场上课都感觉她像刚睡醒的样子,经常慢跑要请假,偶尔还提及胸口难受,黑眼圈也非常严重,整个人懒洋洋,和她平时的表现判若两人。

二、案例分析

经过和小北同学的多次交流,我了解到作为独生子女的她,一直是家里的掌上明珠。从小到大的寒暑假基本都是由老人照顾看管,外公外婆非常宠爱她,样样都以她为中心,小时候的学习计划都是外婆帮她写好订好,但她经常不按计划行事,外婆也拿她没办法。从小成绩比较好,家里人也都顺着她,慢慢养成了她只顾自己感受不考虑他人的习惯。进入高中后,妈妈对她学习要求很高,妈妈希望她考的大学对她来说无法企及。高二即将要进行等级考,因为之前的二模考得不理想,所以她非常担心焦虑。回到家中,妈妈只要一发现她不在学习,就要言语指责,她觉得妈妈不可理喻。所以导致她晚上处于严重失眠状态,睡不着觉。白天上课自然就没精神想睡觉,晚上又睡不着,形成了恶性循环。

三、指导措施

1.关注学生,引导成长

作为她的导师,我平时在上体育课时就特别关注她。看她运动参与是否积极,课堂行为习惯是否良好。团队合作运动时,是否与同学友好交流,是否为小组的最后胜利全力以赴等。课后及时和她交流上课表现,表扬她的闪光点,也适时提点她需要注意和改进的地方。有时在布置场地、分发、收还器材时有意识地安排她协助体育委员共同完成任务,借此培养她的劳动意识和为他人服务的意识。鼓励她积极报名参加学校运动会、体育周等活动,为班级荣誉贡献自己的一份绵薄之力,培养她的社会责任感。不久后,她的身边也有了两三个好友,操场上也总能听到她们的欢声笑语。

2.及时反馈,多方疏导

了解了她之所以请假的情况后,我先安慰了她,表示理解她对等级考的重视及担心,同时也指出学习是讲效率而不是只讲坐在书桌前的时间,妈妈可能比你还焦虑,但你要理解她,她一定是希望女儿比自己更优秀。就像电影《摔跤吧！爸爸》,这部影片里的父亲,他是一个印度国家摔跤冠军,因生计所迫放弃了梦想,但是他克服了种种困难和嘲讽,将两个女儿培养成摔跤手,并最终夺得世界冠军。其间他为了给女儿创造好点的条件碰了无数的钉子,也承受了无数的鄙视和挖苦……爸爸为了女儿默默付出了许多,承受着极大的压力,你的父母也同样为你承受了很多,所以我想你一定能理解并感受到父母对你的爱。当然目前这样的生活状态严重影响你的身体健康也影响你的复习效果。如果晚上总是睡不着,不如白天好好利用体育课做运动,适当的运动能消除你的焦虑情绪,同时帮助你更快入睡。睡前可以喝杯热牛奶,泡泡脚也有助于睡眠。另外梳理一下自己的复习方法,看看哪里需要改进完善。最后我想说只要你尽全力认真复习了,无论结果如何你都能毫不后悔地接受。我抱了抱她并说:"要相信自己！"另一方面我及时和班主任进行了沟通,反馈了孩子在课堂中的身心表现,班主任及时和她母亲取得联系并让家长知道孩子最近在学校的情况,希望家长能及时调整自己的教育方式,近阶段多关心孩子的身心健康,学业上以鼓励为主。

四、案例反思

在导师的及时帮助与介入下,小北同学积极恢复了运动锻炼,和母亲关系缓和,精神压力有所缓解,睡眠也逐渐改善,最终她在等级考中发挥超常,当我询问她分数时,她非常开心地告诉我成绩,但她的两个朋友发挥得不好,所以她嘱咐我不要去问她们的成绩,怕朋友会不开心。这一刻,我觉得孩子是非常善良体贴人的,她关注并照顾到了别人的感受。在高中阶段,青少年自我意识觉醒,心理动荡发展,学业上紧张繁重,加之由于家庭教育的偏差,高考的压力等都给他们带来了生理、心理等各方面的压力与困惑。青少年要成长为健康的"人",一撇就是躯体健康,一捺就是心理健康,它们互相支撑才能形成健全的人格、情感、性格。因此,作为导师要适当掌握相关心理知识,重视对学生心理的辅导,担当起学生的"心理咨询员"角色,给予学生更多的"心灵关怀",这是我们导师的特殊使命。

学霸也有烦恼

赵筱岚

一、案例描述

"小丁啊,她问题可大了！""小丁她昨天作文又没完成！""小丁说她自己很抑郁哎！""怎么可能,她地理考了班级第二名呢！""什么,小丁这次期中考试语数外三门总分年级第一?"

小丁,女,16岁。性格趋于内向,言语不多,处事谨慎,学习刻苦,成绩优良。

二、案例分析

自高一导师制活动开展以来，与小丁沟通交流了几次，虽不多，但感觉小丁是一个不擅言谈，但学习上积极要求上进；不擅时间管理，但积极要求改善自我的女孩子。地理学习基础不好，但成绩在不断进步。在小丁的努力下，期中考试语数外三门主课破天荒地名列年级第一。一切似乎都没啥问题！也许是我的疏忽，也许是我的过分自信，可能只看到了问题的表面。我逐渐发现她虽然听课，但好像有点精神不集中，我提问她，也能回答。接连几天我发现她有点不对劲，精神不济，下课就趴在桌子上睡觉，感觉更加沉默，更加不爱说话，更是没有女孩子闺密们之间的那种亲密感。同时我也不断地听到其他任课老师反映说小丁问题很大，情绪低落，甚至传言说她很抑郁。家长也反映小丁在家里经常会发呆，作业会做到很晚，感觉很不开心。看来作为导师的我对小丁的关心还不够细致。我计划着找她谈谈，于是制订了一套"谈心"计划。

三、指导措施

1."三摸底"，全面性了解

首先对小丁进行了三摸底：一是摸小丁的底，二是摸小丁家庭的底，三是摸小丁学习真实现状的底，"三摸底"为有针对性地谈心、引导奠定了基础。

通过摸底发现：小丁是一个自我要求非常高的女孩，样样力求完美！数学题做不出了，不睡觉也要把它解出来。高一学科特别多，样样要做到最好，显然能力不够，尤其是时间不够用啊！渐渐地，小丁感觉到自己的压力越来越大，离自己大满贯的目标越来越远了。我不行了？时间不够用怎么办？焦虑情绪也慢慢滋生了起来。甚至有时有种自我放弃的想法，但是好强、责任感又让她不能停下脚步。于是她的生活中笑容越来越少，整天看似一副愁眉苦脸的样子，内心非常煎熬。

小丁家是个典型的知识分子家庭。爸爸是高级工程师，妈妈是小学老师，从小对小丁寄予了很大的希望！在爸爸眼里，自己的女儿应该像自己，一定是最棒的。妈妈眼里，女儿一直是乖乖女，从小就很懂事听话，几乎没有做过违背父母意愿的事情！家里一直是唯分数论的。看到现在小丁成绩有起伏，情绪时常低落，有时一人坐着发呆，父母表示非常焦急。

任课老师褒贬不一：有的说小丁真不错，××科目成绩非常好！有的说小丁不行啊，有时作业也完不成！心理老师关照说，大家要关注一下小丁的情绪！

2."不说教"，建设性指导

在做了全面、深入的了解后，我确定了谈话交流方向。交流中小丁坦言目前碰到的最难解决的问题是时间管理。

时间管理等于自我管理，在有限的时间里有效完成规定的事务，养成习惯，让自己更富效能。操作可以包括以下几个步骤：列清单、考虑优先顺序、克服拖延、控制信息接收、利用碎片化时间、遵循帕累托原理。

列清单：列清待办事项、明确截止日期、放在显眼位置。

做完一条勾掉一条、及时更新。

考虑优先顺序：

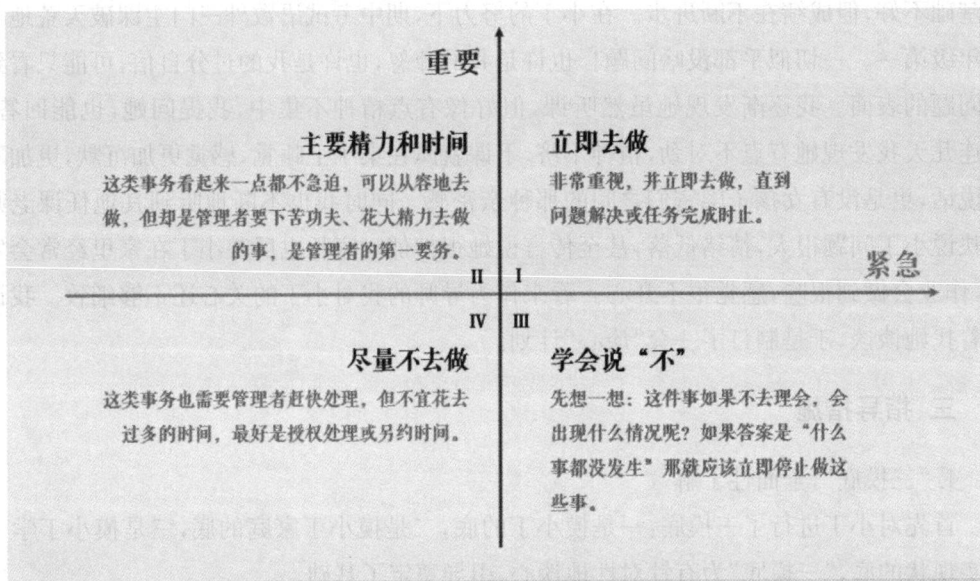

重要

主要精力和时间
这类事务看起来一点都不急迫，可以从容地去做，但却是管理者要下苦功夫、花大精力去做的事，是管理者的第一要务。

立即去做
非常重视，并立即去做，直到问题解决或任务完成时止。

Ⅱ　Ⅰ　**紧急**

Ⅳ　Ⅲ

尽量不去做
这类事务也需要管理者赶快处理，但不宜花去过多的时间，最好是授权处理或另约时间。

学会说"不"
先想一想：这件事如果不去理会，会出现什么情况呢？如果答案是"什么事都没发生"那就应该立即停止做这些事。

克服拖延可以经常问自己三个问题：这件事做完了吗？还有什么事情没做吗？确定都完成了吗？

控制信息接收。

勿扰 / 静音模式

利用碎片化时间：持之以恒。

遵循帕累托原理：几乎任何活动中，其大约80％的成果来自20％的活动，适当劳逸结合。

通过时间管理的交流，让小丁知道自己的学习弊端在哪里，然后给予小丁具体的可操作的建设性指导建议，让小丁可以从这些建议中感受到导师的专业能力，并尝试实践。小丁尝试一段时间后表示蛮管用的,时间管理有了些许的变化,但是压力情绪还是很大。

3."自暴露",家校间联结

小丁的压力情绪看来主要来自自身的高标准,通过前期的"摸底",家庭因素也是不可忽略的。记得一次家长会,与小丁妈妈的交流开场白就是小丁妈妈心急火燎地跟我说:"老师,小丁这次的××科目没考好,我回来就说她了,怎么搞的,赶紧让她找原因。"简单的一句话,家长的情绪和压力已表露无遗。

当发现家长的问题后,教师不能简单地教育家长"你这样做是不对的或不妥的",而是要帮助其找出症结,让家长知道自己教育的弊端在哪里。在教师与家长的沟通中,教师往往处于主导地位,在心理感觉上,家长大都认为教师是高高在上的。如何打破家长的心理压力,让家长说出自己心里的想法? 自我暴露就是一种十分有用的沟通技巧。自我暴露又称自我表露和自我开放,是由心理学家乔拉德提出的。每个人都渴望拥有良好的人际关系,在人际交往中,适度的自我暴露可以促进心与心的交流,增加亲切感。在沟通中我主动"暴露"了我儿子的情绪波动最后导致的严重后果,以及后续自我目标及沟通方式的调整,整个交流过程很顺利,在这次家校沟通后,小丁妈妈主动留下了我的微信,表示以后加强沟通。虽然不可能完全改变家长,但是可以帮助家长从不同的视角思考问题,从而慢慢地反思自己的教育行为。

自我暴露不是暴露个人隐私,而是在必要的情况下,通过坦率地表达个人的感受或展示个人的经验和经历,由此来引导对方打开心扉,建立联结,从而更好地进行深入交谈。

四、案例反思

1.蹲下来,细倾听

"师道尊严",教师被推上那神圣的不可触及的殿台,会使学生产生畏惧感,从而不敢亲近教师,教师无法了解学生真正的想法,无法有效地、成功地引导他们。

导师除了把握导生学习的情况,如何更好地掌握学生的整体情况呢? 事实上,现在的导师有些活动趋于形式化、表面化,这会给工作造成误导或被动。因为我之前的关心不够细致,对小丁的真正烦恼根本无法了解。所谓的引导也就是空中楼阁,隔靴抓痒了。

2.信其师,亲其道

"信其师,亲其道"。在导师制活动中,教师只有得到学生的信任,做学生的朋友、参谋,坦诚以待,才能让学生走近教师,教师也才能更完全真实地把握学生。

有效的教育和引导,是建立在充分尊重、真诚的相互沟通,获得认同和合作的基础上。"明白学生,明白自己。"只有做到这样才能成为学生的知心朋友,学生有心事才能向老师倾吐,老师才能去帮助学生。

反客为主，做自己学习的主人！

张旭旻

一、案例描述

张同学虽活泼聪敏，但在学习上却有些懒惰，缺乏强烈的上进心！总想着依靠自己的小聪明，不求最好，但求过关。疫情期间，她家中烦心事不断，爸爸奶奶都感染新冠，母亲作为医务人员，在为群众做核酸时也感染了新冠。同住的还有外公外婆、年幼的弟弟，限于当时的客观条件，她妈妈是在自家隔离治疗的，这对于在同一屋檐下的张同学的网课学习造成了一定的干扰，她当时的情绪十分低落，学习更是提不起劲头。

二、案例分析

2022届学生挺难的，高一遇到疫情，高三第二学期一开学又遭遇到了比2020年更严峻的疫情，网课直接上到了6月1日，然后返校复学，两周后参加了已经延期一个多月的等级考和高考。长时间的网课学习，大大缩短了师生同处一室、互相督促、互相促进的学习时间，许多同学甚至沉迷网络与游戏，学习成绩一落千丈！有的同学甚至产生一些抑郁情绪和沟通障碍！这其中张同学特别典型：从一个活泼开朗、叽叽喳喳爱讲话的女孩子到仿佛对任何事都提不起兴趣。作为导师的我，看在眼里，急在心头。脑子里整日盘算着如何扭转这种状况，提高张同学面对生活、面对学习的积极性和主动性。我想：学生的学习主动性真的天生就很差吗？老师不做具体的"指挥"，他们就什么也不会做了吗？提高化学学习的兴趣真的只是存在于"老师给的学习建议"里吗？每个老师都知道，只有学生自己积极主动学习才最有效。但问题在于"学生真的可以积极主动地学习吗？""该放手的时候就真的能放手吗？"有一个事实是不可改变的，那就是：学习是学生自己的事，不调动他们的积极性，不让他们自己学，他们是无论如何也学不好的。

那么，我该如何调动张同学的学习主动性呢？

三、指导措施

"教"是前提和手段，"不教"是目的和归宿。所谓"教"，不仅是"授人以鱼"，而且是"授人以渔"，即不仅是传授知识，而且是传授学习方法；所谓"不教"，是在教师"授人以渔"后，学生拥有自主学习的方法和能力，能开展探究实践并解决问题，主动建构知识，让学生做到自悟，即自我理解、自我感悟，从而达到"教"的目的。若学生的主观能动性不断提高，他们将会达到这样一个境界：随时随地发现问题并且调动自己的各种资源和能力来解决问题。正如古人所云："学贵有疑，小疑则小进，大疑则大进。"

由于今年的特殊情况，我开始了大胆的尝试——对于原来化学学习基础较好的张同学,给予空间放手让她自己学！当然,说是放手,其实并非完全放手,而是给予她方法,让她学会用已知的知识去解决未知的问题,并且举一反三,触类旁通。

具体怎么做呢？开展当"小老师"活动！

为了提高她的学习积极性,我跟她事先沟通第二天要上课的内容,分配给她一部分教学内容,让她自行"备课,查资料,然后第二天在课堂上向其他同学讲解自己对这部分内容的理解和题目的变形"。为了自己在全班同学面前"高大而光辉"的形象,张同学积极准备,学习兴趣被调动起来,于是主动地学习探索,学习效果经检验相当不错,进入了良性循环。

俗话说,台上一分钟,台下十年功。要当好"小老师",绝非易事。要想讲得清晰有逻辑,关键在于课前大量的准备工作,这个准备就是查阅资料、与老师事先对有疑问的地方进行沟通探讨。这项活动持续进行了近三个月,每周会进行一次。虽然张同学在语言表达方面还有很多不足,但她勇敢地进行着,进步着！这可比单纯靠老师输入要有效得多！"教",是为了"不教"嘛！

四、案例反思

7月的高考没有辜负勤奋的学子！最后张同学考出了五百多分,进入了理想的高校和专业！

让学生有兴趣地积极主动去学,作为老师,我们要相信学生,相信他们能做,而且能做好。我们老师该放手时要放手。但同时,老师也决不能"置身事外",该定的规矩要定,该引导时还要引导,该出手时就必须出手。从这几个月的经历中,我收获了不少经验,同时也有了一些新的想法。

(一)社会的需求方面

当今是一个知识信息爆炸、社会多变的时代,也是一个学习化的社会。学校教育是有限时空的教育,做人所必需的东西非常之多,教不尽教。而自学能力和好的学习习惯将使学生一辈子受用,必须在学校教育中得到充分培养。我们要尽力创造出适合学生学习的土壤和情境！

(二)教师的教学方面

知识教学的关键在于帮助学生理解,所谓"知其然,更知其所以然"。

但真要在教学中实现学生对知识的理解却并非易事。毕竟,能够称为知识的内容,应该是人类系统经验的精华,是艰苦卓绝的研究成果,不但高深,而且离学生的生活经验无比遥远,大大小小的教学改革,无非都是在探索如何让学生对知识的理解更加快捷、更加深刻的方案。我认为关键在于,"支架"有没有搭建在学生思维的关键节点之上。总有一些内容,是学生怎么努力思考都想不明白的(每个学生情况有所不同,所以我提倡分层教育,但是流动性的分层教育,在没有"歧视"环境下),这是制约学生理解和掌握知识的关键,这样的知识就属于应该教的范围。教师所搭建的"支架",即"应该教"的内容,必须处在学生理解知识的关键节点、重要环节之上,从而能够在学生面临理解障碍的时候起到"搭把手"的作用。支架的设计,需要教师依靠自己的教学经验和对所教学生的了解,分析、判断出学生思维可能面临的难点、障碍,找出学生现阶段无法独立解决的问题,从而将这些问题作为"支架",也就是必须教的部分,如此一来,方能在不影响学生自主思考的前提下,拓展学生"最近发展区"的范围,帮助他们扩大自己认知的领域和空间。总之,知识体系中的重要节点、关键环节,即对学生来说存在困难的内容,就在"教"的范围之内,不但必须教,还得教明白、讲透彻。做到这一点,其他的知识内容才有资格去"不教"。"考点"或许普遍枯燥无聊,"支架"或许也晦涩难懂,教学的意义就在于将这些原本让学生觉得困难的、不易理解的知识变得鲜活有趣、通俗易懂。这才需要我们教师好好打磨自身对知识的教学技巧!知识加工得好,再枯燥的知识也可以变得生动鲜活;包装得妙,再晦涩的知识也可以做到深入浅出。

(三)学生的学习方面

不应脱离"应试"的内容去谈学生核心素养的提升,而是将知识的运用能力建立在"应试"内容的基础之上,让学生以幕僚、谋士的身份,"卷入"题目提供的问题情境当中。

居家学习的"意外"

王 萍

一、案例描述

赵同学是高二即将参加等级考的一位学生,同时也是我的课代表和导生。从高一到高二,两年接触下来,在我眼里,赵同学一直是一个非常自律、有目标、敢行动、不怕吃苦的优等生。她有自己的规划,高一决定参加艺考,但是在文化课上丝毫不懈怠,不仅按照老师要求完成学校作业,而且经常买其他辅导资料课下进行巩固练习,是一个学习态度积极认真,从不让老师家长操心的小姑娘。两年里,每当导师导生谈心的时候,她都会给我分享她的长期目标、短期目标、近期学习规划、学习困惑,以及她的解决措施,我会耐心倾听并给予一定的建议和鼓励。比如,在最近的一次谈心中,她讲到最近她把重心放到生物地理上,希望两门学科能考一个好的等级,并和我分享了她的复习计划,言语中看出她是笃定和有信心的。

2022年3月份,疫情席卷上海,学生被迫居家线上上课,而距离等级考的时间越来越短,学生、家长、老师想必内心都是波澜起伏的,每天都在盼望病例减少,早日复学。疫情当下,在不能返校的这些日子里,学生每天按部就班地线上上课,线上提交作业,渐渐成为习惯,老师也逐渐适应线上教学、居家办公的生活。但是,随着网课时间的不断延长,学生的学习状态发生了变化,出现了一些不似往常的现象,提交作业的人数越来越少,作业质量比线下差很多。但是不难发现,一直以来在学校学习态度较好的同学仍然会按时交作业,且能保证较高的质量。然而课代表赵同学却屡次出现在我的催交作业名单里,这让我一时难以接受。起初,我推测她应该是有特殊情况,也可能是画画占用时间太多了(她线上上课期间也需要完成绘画作业),导致作业不能按时完成。于是,我观察了几天,在班级群里,其他老师的作业催交名单里同样也反复出现了赵同学的名字。我意识到她这种情况不能一直这样拖下去时,立马和她约了时间,进行了长达一个小时的电话沟通。

二、指导措施

接通电话后,赵同学:"王老师,我早就想找您聊一下了,感觉自己在家状态不太好。"我:"嗯,你来说一说吧,哪些方面感觉不太好呢?"赵同学:"一方面是现在疫情,等级考不知道能不能按时考,我学起来没有太大动力;另一方面画画课马上也要考试了,而且是一次非常关键的考试,我在画画上花费的时间很多,导致很多学校作业不能按时完成。"我:"画画作业一周会占用多长时间呢?"赵同学:"周末会上课,老师会布置作业,周中还好,以学校上课作业为主,其实,说实话,也不能把原因都归结于画画上,更大的问题是自己在家里非常不自律,也看不到其他同学是怎么学习的,我在写作业的时候经常玩手机、看动漫,花费了很长时间,导致作业拖到很晚,最后不能按时提交。"说实话,赵同学说这些话的时候,我进行了一番心理斗争,惰性人皆有之,何况是未成年的孩子,再听话懂事的孩子也有松懈、怠慢的时候。于是,我慢慢开导她:"居家学习出现管不住自己的情况是很正常的,老师居家办公也有忍不住刷剧的时候,但是我们现在面临着即将等级考的学业压力,放纵自己,让自己一直处于松懈的状态肯定是不可行的,我们应该发现问题后,及时地找到解决问题的方法。"这时,赵同学说:"是的,老师,我知道这样不好,但是我在家里没有同伴的比较,不清楚其他同学的状态,很难较好地控制自己,缺乏督促和同伴压力。"我想了一下,说道:"你觉得这样可以吗?你每天早上把当天的学习计划列个清单发给我,晚上再把已完成情况告知老师,我来进行线上督促。"她听后,非常开心,说道:"真的吗?老师,我很愿意,这样我更有学习动力了,而不至于每天荒废时间。"看到小姑娘愿意这样做,说明她内心有迫切想改变的想法,我依然很欣慰,她其实还是一个有上进心、不甘落后的小姑娘。此外,我也给了她一些其他的建议,比如可以和好朋友互相激励,商讨学习计划,居家期间有任何问题多与父母沟通等。从那以后,赵同学坚持每天发学习计划给我,我会对她的表现进行鼓励和表扬,她的各科作业提交情况、作业质量也有了很大的进步。最终在6月初的地生等级考中取得了优异的成绩。

三、案例分析

经过与赵同学的沟通,我内心有几点感触。首先,老师要给学生改错的机会,要有心理预期,好学生也不一定各个方面都好,他们也要一直坚持,他们同样是未成年的孩子,他们会阶段性丢失信心,出现懈怠、懒散的情绪,但是他们比其他孩子表现更好的是,他们发现自身的问题所在,并不会停滞于此或一蹶不振,而是想办法通过自身努力或寻求他人帮助重新回到赛道。其次,导师制是我校的一大特色,我认为是值得推崇的,高中生学习压力大,情绪问题较多,他们往往不知道找谁倾诉,如何调节。而班主任要照顾 30 多个孩子,时间精力有限,往往不能满足学生随时随地的诉说请求。这时,导师的作用显得尤为重要,导师可以做孩子成长路上的陪伴者、倾听者、引路人。

四、案例反思

作为一名导师,我仍有很多地方需要改进,比如应该多找学生谈心,和学生保持联系,了解学生的近期日常及心理变化,尤其在居家上课期间,不要等到学生出现问题后再去了解情况。作为导师,我应该和班主任、家长保持沟通,多方面了解学生,从而更有效地对学生的学习生活进行指导和帮助。在做一名好导师的路上,我还有很长的路要走。比如学习一些策略方法,读一些教育学、心理学专业书籍,在学生出现问题向导师寻求帮助的时候,我能够给予更全面更专业的指导。针对不同问题的学生,我应该灵活多变,一人一策,更有针对性地给予学生建议。

让学生学会学习

张丽芳

一、案例描述

小海同学由初中升入高中,中考成绩在同学之中排名还算不错,数学更是优秀,班级第一名。班主任在征询同学意见,问哪位同学愿意担任数学课代表时,小海同学的热情很高,举手表明了态度。作为小海同学的导师,我一看数学成绩优秀的小海同学对担任数学课代表如此积极,很是欣慰,于是小海同学就这样担起了数学课代表的重任。

经过两周的学习,各科老师反映小海同学上课积极,回答问题准确率高,是一个爱思考的学生,但是做作业的质量有待提高,作业当中的一些具体要求,小海总是不能及时完成。了解情况之后,我觉得需要找小海同学单独聊聊了。于是,我把小海同学单独叫出来,询问他关于高中学习的适应情况和作业完成情况,小海同学表示自己觉得没什么大问题。我委婉地提醒他上课一定要认真听各科老师的要求,高质量地完成作业,学习效率才会提高。小海同学态度非常好,当即表示以后一定认真听讲,严格按照老师的要求完成作业。我一看小海同学的态度如此之好,感叹孺子可教也。经过这次谈话,我相信小海同学一定会有所提高,不断进步。

然而,入学第三周之后,数学进行了周测验,让我没有想到的是小海同学在班级平均分 74 分的情况下,只考了 61 分。作为数学课代表,而且是入学数学成绩第一名的同学,为何数学测试会出现如此大的反差? 我找到小海同学,问他情况,他表示有两道 15 分的大题,他没有思路,不知道该如何做。还有两道填空题,他由于粗心做错了。紧接着,语文、英语、物理、化学等其他科目也进行了阶段测验,小海同学的成绩都不理想,这时候小海同学认识到问题的严重性了,自己的学习明显在同学之中处于落后的。

二、案例分析

1. 上课注意力不集中

小海同学在学习中一个很大的问题就是没有集中注意力认真听老师讲的内容。这点可以从他作业的完成度上反映出来。比如,他的语文古文默写作业,老师要求在默写本的最左侧画一条线,保证作业书写的整齐度,他上课时完全没听到,交上来的作业不合格。类似的情况在其他科目的作业中也出现过。

2. 自制力不够

小海同学在回家做作业的过程中,是全程自己管理手机。因此,对于手机的管理缺乏强大的意志力,做作业途中总是忍不住找同学聊聊天,查一些不会的问题,等等。做作业的效率很低,而且作业完成的质量不高。刚进入高中生活,一切都比较陌生,喜欢找初中的同学分享高中生活的点点滴滴。一聊天,就容易忘记时间,导致睡觉很晚,没办法保证充足的睡眠,第二天的学习状态也大打折扣。

3. 学习的积极度有待提高

小海同学在学习的过程中,有碰到一些学习上的问题,但是他选择了逃避。没有主动找老师或是同学请教,任由这些问题不断积累。只有当老师主动找到他时,他才愿意把不会的错题都一一纠正过来,但是对于自己的错题也没有进行系统的反思与总结。

4. 学习习惯有待提高

对于在上课过程中记笔记、画重点、作业规范、错题纠正等方面,小海同学做得都比较随意,没有一定的计划和要求。因此,在高中学习科目比较多的情况下,学习就容易出乱,不系统。因为前期的整理工作不到位,也会导致后续的复习工作比较吃力。

三、指导措施

1. 合理把握手机使用时间

经过跟小海家长的进一步沟通,发现小海同学在作业过程中,经常使用手机。家长询问,小海同学就说在查资料,家长也没有好的方法。了解到具体情况之后,我通过与小海家长进行沟通,觉得有必要对小海同学的手机进行干预管理了。而且,经过了解,各科目的学习当中,没有必须通过手机查询才能做作业的。于是,我跟家长沟通,协商解决方法。当天上午找到小海同学,跟他说明手机使用时间调整的必要性,请他好好思考,想一个好的解决方法,下午放学跟我沟通。于是,放学之后,小海同学来找我,跟老师说明,他使用手机的目的:一是帮助同学解答问题,二是在网上查询学习资料。我趁机跟他说明,第一,帮助同学是好事情,但前提是自己先把学习的事情完成,在学有余力的情况下,再去帮助其他同学。而且,同学之间问,也不一定非要网上问,在学校也有充足的时间可以问问题。

第二,经过老师了解,各科的作业没有必须依靠网上查资料才能完成的。在完成作业的过程中,可以看教材,实在有问题的可以标注出来。在解答了他的疑惑之后,我跟小海共同约定:从今以后,回家吃晚饭以后,七点开始做作业,做作业过程中,不使用手机,做完作业,允许看十分钟手机。

2.关注细节,养成良好的学习习惯

小海同学之所以在各科学习上都出现一定的问题,主要是之前的学习习惯不好,导致学习效率不高。所以,需要从学习的点点滴滴中注重细节,逐步提高。首先,是上课方面,课上紧跟老师的步伐,认真倾听老师的各项要求,有疑问及时记录,并及时找老师或同学解决。其次,针对各科老师提出的作业要求,认真记录,保证完成。最后,对于作业的订正,一定要规范。同时建立各个科目的错题本,方便及时查看并复习。

四、案例反思

经过谈话和具体措施约定调整,第二天,小海妈妈告诉我,他第一天的表现很好,主动交出手机,按时完成作业。但是,经过一段时间的观察,小海虽然在做作业等方面有所提升,但学习的效果不是很明显,自信心也受到了打击,甚至开始怀疑自己的能力。我也意识到,虽然小海的问题有很多,但要求他一下子全部改正也是不现实的,并且由于老师和家长对他抱有很大的期望,但是他发现并没有那么快得到很大提升,导致他开始有点不自信。

于是,我继续调整策略,在严格要求他的同时,也关注他的需求和学习状态,并且及时做出有效调整,对于小海的进步及时鼓励,期待小海同学有更耀眼的表现。

成为学生的心理按摩师

李向阳

一、案例描述

近期班主任向我反映导生小琳同学的学习状态有些异样:对于课堂上学习应付了事;精神面貌堪忧,上课经常趴在桌上,懒洋洋的,走起路来身子歪歪扭扭,像跳舞。班主任找他初步了解近况,询问是否遇到什么困难,他却嘿嘿地说没事,挺好。小琳同学往常作为文艺积极分子,与同学关系融洽、积极向上,因此如此反常的举动让我意识到该学生一定遇到了一些自身无法解决的问题。

二、案例分析

小琳同学课堂上长期低效率,且浑浑噩噩地度日,如果不有效干预只会愈演愈烈,对于学生本人的生活百害而无一利,因此与小琳同学的交流沟通迫在眉睫。于是我寻得机会与他进行了深度沟通。他也明白我作为导师的诚心,虽然有着学生对于老师常见的羞涩,但也还是选择了坦诚相待:自己的学习基础并不好,因此在课堂上会感到吃力,上课时无法立即消化老师所教授的内容,课后仅仅凭借自己的能力也无法完全理解知识点。在已知文化课无法与其他大部分学生一较高下的情况下,他为了自己未来的前途和发展,选择了学习艺术专业,以发挥自己的优势。然而,尽管相比其他学生,自己有独特的可发展领域,但这并不代表文化课的缺陷可以被完全掩盖。随着学业水平考试的临近,压力越来越大,加上以往在文化课上一次一次地受挫,小琳同学对自己究竟是否能拿到高中毕业证,以作为艺术专业的敲门砖,毫无信心。虽然没有信心,也要继续学,但又不能完全学会,从而更加没有信心。在如此的恶性循环下,小琳同学心情越发烦躁。

针对小琳同学学习基础薄弱的情况,授课老师并非全然不知。在班主任与其已经制订过学习计划的情况下,学业水平上并没有显著的改善,因此可以了解目前最重要的问题在于平稳心态。在这个案例中,无法改变的因素是:基础薄弱,以及逐渐逼近的学业等级考试期限。在有限的时间内,想要取得一定的改变,从而提高学生学习效率,需要其在短期内找到属于自己的学习节奏,进而稳步扎实基础,从而在文化课得到水平的提升。而想要在时间紧迫的情况下寻找有效的学习节奏,最需要的是平稳的心态:在试错的过程中做到不急躁,方能有所成效。

除此之外,情绪的不稳定所影响到的远不止低下的学习效率。短期的情绪波动会造成生活、学习节奏的紊乱;而长期的情绪焦躁足以引发心理疾病。一旦到达心理疾病的阶段,会将当前在短期内可以解决的问题,升级至需要长期介入的疾病。这种情况是作为学生、家长及老师都不愿意看到的情况。由于该年龄段的青少年在生理层面更容易产生激素分泌的波动,从而妨碍日常的思维模式,因此作为导师所能进行的心理干预需要谨慎。

三、指导措施

在与小琳同学的交流过程中,我选择通过讲故事的方法,用轻松的方式减轻他的心理压力,使其放下心理戒备。

"农夫在地里种下了两粒种子,很快它们变成了两棵同样大小的树苗。"

"第一棵树开始就决心长成一棵参天大树,所以它拼命地从地下吸收养料,储备起来,用以滋润每一个细胞,盘算着怎样向上生长,完善自身。由于这个原因,在最初的几年,它并没有结出果实,这让农夫很恼火。而另一棵树同样也拼命地从地下汲取养料,打算早点开花结果,它做到了这一点。这使农夫很欣赏它,并经常浇灌它。"

"时光飞转,那棵久不开花的大树由于身强体壮,养分充足,终于结出了又大又甜的果实。而那棵过早开花的树,却由于还未成熟,便承担起了开花结果的任务,所以结出的果实苦涩难吃,并不讨人喜欢,而且自己也因此而累弯了腰。农夫忍无可忍,终于用斧头将它砍倒,当柴烧了。"

故事本身只不过是一种传递信息的介质,而小琳同学成功收到了我所想传达的信息:

"所以一时的失利并不能代表什么。质变的前提是量变。如果能够不急躁地打好基础,一定会在未来的某一天开花结果。"我赞赏地点了点头:"没错。学习也是一样的道理。想进步,有上进心是好事,值得表扬。但要有计划,要下苦功夫才会有结果,光着急是于事无补的。你这一着急,反而干扰了正常的学习生活。现在你要做的,就是静下心来慢慢学,在学习现有知识的基础上,抓住疑难问题、环节,进行知识补救。退一万步讲,其实学业水平考试考查的是基础知识,不会考非常习钻的难题。所以现在要做的就是巩固基础知识,如概念、公式、定理等,在此基础上,再适当地做一些课后练习,只要这些工作做好了,应付学业水平考试问题不大。目前文化、专业两头抓对你来说压力过大,等学业水平考试过去了,我们再根据你艺术专业的情况制订具体的计划冲刺高考。你看怎么样?"

小琳同学长舒一口气,主动表态:我明白了。仅仅是心里着急并没有用,现在要做的是扎扎实实根据已制订的计划学习,争取先过学业水平考试这一关。

四、案例反思

本次与小琳同学的沟通中,反映出了部分学习成绩不理想的学生的通病:急于求成。通过故事的方式,小琳同学成功领会了其中的含义,并付诸行动:平稳心态执行学习计划。根据其在后期的学习情况及班主任的回馈,了解到沟通后两周内,小琳的精神面貌有所改善:恢复了一贯的积极态度,并在课后时间付出额外的努力完成补充习题,从而使得对于基础知识的掌握更加牢固。

然而,本次案例的成功并不能作为通用的指导措施。对于小琳同学的成功疏导基于其本身对于故事的领悟,以及其心中对于学业的上进心,缺乏这两项中任何一项都会导致此类方法的失败。因此对于学生个人的了解决定了指导措施的选择。

对于青春期的孩子,在处理他们的学业问题时,需要谨慎地兼顾他们的情绪问题,稳定学生的情绪一定是重中之重。

作为导师,我相信每位学生的心中都有被认可的渴望,而激发他们的上进心,找回自信心最为重要。一旦选择了正确的方式,成功地激发学生的潜力,每一位学生都能在学业中稳步前行,在自己的领域里熠熠生辉。

拨开云雾见明月　用爱润物细无声

郭　坤

一、案例描述

周五上午,作为导师的我像往常一样在办公室批改作业。"老师,我嗓子不舒服,想请假回家。"小欣同学一脸疲惫走进办公室说道。出于担心孩子的健康情况,我陪同小欣去校医务室进行了检查。检查后发现小欣的嗓子只是有些红,可能是上火引起的,并无大碍。鉴于小欣之前出现几次周五因病不来学校，直接请假在家休息的情况，这次我并未立刻批准他的假，而是给他泡了些去火茶，让他再坚持一节课看看。上课期间发现他几次都昏昏欲睡。最终我还是联系了家长，让其带着孩子去医院仔细检查一下，然后回家好好休息。

当晚，我再次拨通家长的电话关心孩子的身体情况。在与家长的沟通中了解到，这次小欣是打游戏至深夜，想请假回家睡觉，而前几次也是因熬夜打游戏难以起床而谎称生病请假在家睡觉。

二、案例分析

小欣是我的一个导生，他聪明灵活，理解能力较强，但是对自己的学习却没有什么要求，也没有合理的时间规划和安排，近期沉迷网络游戏。由于是家里的独生子，小欣的父母从小就比较宠爱他，觉得孩子健康快乐成长就好，对孩子的学习没有太多要求。小欣的父母平时工作比较忙，对小欣的关注十分有限。他们表示孩子回家后话越来越少，通常是关起房门独自待在自己房间，也不怎么愿意分享自己的学校生活和学习，他们也不能很好地与孩子沟通和交流，不能全面地了解孩子的情况，因此对孩子缺乏有效的沟通和指导。

三、指导措施

1. 说服教育，效果甚微

在课间，我将小欣叫到了办公室，苦口婆心地给他讲了很多道理，分析了沉迷游戏的各种利弊。虽然当时他表示会改掉沉迷游戏的坏习惯，但是从他后来的表现来看，他听进去的内容不多，教育效果甚微。当时的我十分不理解他的行为。

2. 走近学生，探究原因

后来看到于漪老师在《知心才能真正教心》一文中写道：要提高教书育人的实效性，走进学生的世界至关重要。我不禁思考我是否真正了解小欣。于是我尝试更多地去关注和了解他。经过一段时间的观察我发现，虽然课间有时能看到他与同学聊天，但是他经常独来独往，与他人没有过多的交流。

怎样才能进一步走近他，了解他内心的想法呢？带着疑问，我翻阅了师生沟通相关的书籍，一句话无疑点醒了我——导师需要有一颗爱心，将自己融入学生当中，关爱学生，理解学生，和学生之间进行情感交流，以情感投入缩短师生之间的心理距离。学生即将到东方绿舟参加为期一周的国防教育，这是他们第一次离开家长一起过集体生活，正好可以借此机会增加师生之间的情感交流。

出发当天早上，同学们都带着行李准时到达集合地点。小欣也和其他同学一样把行李箱放好，看到有的同学拿东西比较吃力，于是小欣主动帮助同学放行李箱。当同学向小欣道谢后，我看到小欣的嘴角微微上扬，看来他还是很热心也很想和同学相处的。在前往东方绿舟的途中，我提议同学们一起讨论，给自己的宿舍起名字。路上同学们激烈地讨论着,小欣也由开始的默不作声到后来的参与讨论。在讨论过程中,他聪明灵活,有自己的想法,也会听取同学的意见,然后进行整合,非常有"小领导"的天赋。最终同学们一起讨论出了独一无二的宿舍名。当天军训结束后,我询问了几位同学是否适应新环境,其中就包括小欣。"还可以。"小欣漫不经心地说道。接着我又追问了餐食、洗漱等,小欣突然想起他忘记带洗头膏。于是我将自己的借给他,并叮嘱他我还带了创可贴、暖宝宝等,如果有需要都可以来找我。"好的,谢谢老师。"小欣看着我认真地说道。从他的眼神中我感受到他渴望关爱,于是我将白天观察到他的一些优秀表现进行表扬,并鼓励他积极参与后续的团体活动。

在后续几天的军训中,无论是团队协作搭建帐篷还是小组寻找无线密码等活动,小欣都比较积极地参与,时常还能提出一些很好的想法,渐渐地他与同学们的交流变多了。每天军训结束后,我都会组织学生分享当天的收获或感想。"军训好辛苦,但我发现自己能够坚持。""军训后我经常感觉好饿,饭菜吃起来也更香了。""每天训练完我挨着床边就能睡着。"同学们兴致勃勃地分享着。"和大家一起军训我很开心"……小欣也参与到分享中。分享结束后,我和小欣聊了聊他最近的变化,例如他积极参与各项活动、集体荣誉感很强等,同时也将师生对他的赞赏转述给他。交谈过程中小欣虽没有特别明显地表露出自己的情感,但他微微上扬的嘴角表明这些话他听进去了。

后续有一个军训项目是"拿破仑帽子",学生需要穿过空中类似于帽子一样的麻绳索道。当时我也很感兴趣,于是主动加入。"老师,我来给你保驾护航。"刚玩过一轮的小欣同学跑过来说道。"老师,我也来帮你。"另一个同学也激动地跑过来。于是在同学们的前后保护下,我也顺利通过了高空中的索道。这个过程中我感受到了小欣和同学们的关爱,也意识到这一刻我终于走近小欣了。当天我找小欣表示了感谢,也趁势和他沟通了沉迷游戏的原因。原来是小欣进入高中后没有什么朋友,他感觉自己很孤独,而父母加班到很晚才回家,基本上没有什么人可以沟通,于是他就在游戏中寻找存在感。"这周的军训没有手机也没有电脑,你感觉到快乐吗?"我追问道。"和同学们一起军训,一起参与活动挺快乐的,我也有朋友了。"小欣开心地说道。

这样日复一日的沟通中我们成了朋友,师生的距离拉近了。在不断鼓励下,他也渐渐学会关心和帮助同学。在军训的小队长选举中,他以高票顺利当选。后续的军训中他的确不负众望,乐于助人,也收获了同学们的认可和关爱。

3. 家庭指导,给予关爱

在学校小欣得到了他最需要的关爱,家庭中该怎么帮助他呢? 于是我到小欣家进行了家访。当我将小欣在军训中的优秀表现及变化告诉家长后,他们感到很欣慰也很意外,意外的是小欣从来没有给他们讲过。在与小欣家长沟通后,他们意识到孩子的健康成长离不开父母的陪伴,因为对孩子来说,这是他最需要的关爱和支持。在家访中我建议家长平时多抽出时间陪伴孩子,如通过参与学校活动或家庭其他活动增进亲子关系,在晚上或周末多和孩子谈心,及时了解孩子的所思所想,让孩子感受到父母的关爱等。一段时间后,小欣的家长反馈家人之间的关系更亲近了,小欣也愿意与家长分享自己的事情及想法。

4. 激发动力,追逐梦想

感受到老师、同学、家长关爱的小欣改变了很多,阳光开朗了很多,团结友爱同学,积极参与班级活动,非常有集体荣誉感。虽然已是高中生,但是包括小欣在内的部分同学关于未来没有想法,也没有学习上进的动力,如何激发他们的潜在动力呢? 鉴于当时的学情,我开展了"怀抱爱国热情,尽显青年担当"的系列主题班会,旨在提高学生的爱国主义精神,激励他们胸怀理想,脚踏实地,做个有责任感的人,用自己的切实行动回馈国家,回馈社会。在"谈一谈自己的理想"环节,同学们热情高涨、激烈讨论,许多同学都进行了分享,小欣也激动地说出了他的理想。班会后趁热打铁,我和小欣又进行了交流,通过摆事实、讲道理的方式,让他明白自己有很大的潜力,要相信自己。之后和他一起量身定制学习目标,及时调整学习方法,合理规划和安排学习时间,合理掌控网络游戏时间。后续我也尝试多次利用课间主动和他谈心,对于他的一些优秀表现表示认可并及时表扬,让他体会到老师是真心想要帮助他进步。渐渐地,原来听课犯困的他变得认真、专心,课间也会主动找老师讨论问题,每天的作业也能够按时保质地完成,玩游戏的时间也能合理控制,再也没有出现无故请假的事情。小欣的变化让老师和家长都感到十分欣慰。

四、案例反思

1. 拨开云雾见明月

虽然我们平时的教育教学工作比较繁忙,但是处理学生问题时,只看到学生的表面行为就想通过一次聊天或者空讲道理等来解决问题,这是非常不现实的,只有找到根本原因做到"对症下药",才可能真正解决学生的问题。例如,小欣的请假只是表面行为,直接原因是沉迷游戏,而根本原因是缺少关爱,只有真心关爱他,以爱育人,才能用爱引领他的成长。

2. 用爱润物细无声

大多数情况下我们采用的是"说服教育",单方面由教师苦口婆心地讲一堆大道理,以为学生会有所触动,进而痛改前非,实则事与愿违。每个学生都是一个独立的个体,他们有自己的个性和想法。想要提高沟通的有效性,建立平等关系至关重要,教师要放下自己的架子,把自己放到学生中去,以一个朋友的身份去交流,倾听他们的想法和心声,消除与学生的距离感,成为学生信任的一员。得到学生的信任,个性化指导就发生了。

鲁迅说"教育植根于爱",只有教师想学生之所想,做学生的贴心人,才能搭建师生之间感情的桥梁。从小欣的故事中不难发现,没有水磨的功夫,没有爱心,就不可能拨动学生的心弦,奏出动听的乐曲。雅斯贝尔斯曾说过:"教育的本质是一棵树摇动另一棵树,一朵云推动另一朵云,一个灵魂唤醒另一个灵魂。"学生世界丰富多彩,每个人都是独一无二的,教师要练就敏锐的目光,善于发现学生身上的长处与潜力,长善救失,把爱传递到每个学生心里去,师生倾心相交,就能做到一把钥匙打开一把锁。

学生将人生中至关重要的三年交到我们手中,更多的是对我们的信任,每次注视着一双双渴望知识的眼睛,我感到教育之路任重而道远。教育学生的工作比起单纯的传授知识要复杂困难很多,既无现成的教材,也无固有的模式,而且周期长、见效慢,但只要老师真心为了学生好,用爱心呵护学生成长,就能为社会培养合格人才。

感知彼此的线上交流

黄小媚

一、案例描述

突如其来的新冠肺炎疫情阻碍了人们的正常生活,而学生作为一个特殊群体,其身心容易受到侵扰和影响,尤其正值青春年少活泼好动的年纪,静默家中,每天真实面对的是仅有的几个亲人,能活动的范围是相对闭锁的室内,在这样的环境下还要完成学业,对于高中生来说是一项不小的考验。面对超长的线上学习期,以及在新冠肺炎各种信息的轰炸下,从学生的课堂参与度及作业的完成度,我们发现学生们出现不同程度的负面情绪,因此为同学们开展线上心理辅导刻不容缓。在这个我们难以左右的特殊时期,做好孩子的心理防护,就是给孩子一份特别的爱。我们的学生导师交流活动也呈现不同的方式,作为信息技术教师,我尝试先设计交流方案,更多地使用线上的交流工具,让师生、生生交流更精准顺畅。

二、案例分析

线上居家学习状态与在校学习相比,会发生很大的变化,我观察发现学生学习时间、学习难度、学习自觉性和学习效果四方面都发生了明显变化,对学生进一步观察,近半数以上的同学相较在校学习的自觉性有所降低,学习时间也有所减少,学习自觉性变差,基于以上学习时间与自觉性问题自然产生了学习难度的变化,有至少半数的同学认为学习难度变大,因而造成半数同学的学习效果变差。

分析原因,线上学习涉及学生、教师、在线教学平台、在线教育资源和在线学习环境等五个部分,其中,学生是中心,学生的在线学习状态是影响在线学习效果的决定性因素。学生每天的在线学习时长为6小时左右,学习期间与老师、同学的交流互动方式主要为微信、QQ和留言,也有在线教学中的视频开放,但基于教学任务的完成需求,大多同学都是在单向接受,难有真正的一对一语言互动交流,更别提活动。长时间的缺乏交流让同学难以在没有外人监控情况下自主集中注意力,从而难以深入学习,继而学习效率下降。

因而,导师导生以开放方式在线交流成了特殊时期学生纾解内心需求的必要途径。

三、指导措施

虽然各大平台都推出了相关的心理疏导微课，但是对于学生来说，老师接地气的聊天是分量最重的良药。因此导师导生的心理线上辅导主要通过微信群的文本聊天和腾讯会议的语音聊天进行，在微信中导生常常会互相提醒，在腾讯会议中师生可以直面互动，让学生了解与接受自己的心理变化，从导师和同学的聊天中学会一些心理自助的方式。通过"线前线上"两环节联合，让师生沟通有效，让导生烦躁的心理得以纾解。实施指导过程如下：

1. 准备

(1) 微信群预告聊天

(2) 设计问卷

(3) 腾讯会议设计投票

2. 实施

(1) 入会前先问卷 (见附录 1)

(2) 数据分析明状况 (见附录 2)

(3) 线上交流知彼此

通过数据分析我们明确大家的问题，线上的交流有的放矢，例如，我们会聊如何提高数学学习效率，同学们都能各抒己见，有说线上笔记可以截屏，有说频繁提问可以提高课堂注意力，有说平台可以交流完整笔记，有同学甚至录屏翻看视频回顾整理笔记的，还有同学提到智学网平台的频繁点名也让他被动地积极参与到课堂中来。

我们的聊天活动并不是窥探同学的隐私，问卷引出的话题也尽量正面引导同学愿意分享的内容，在这里同学们可以说自己感兴趣而又有示范性的做法，让交流成为大家正向抒发自己情感与不同想法的通道。同样我们的交流也会涉及在线下的放松方式，因为疫情我们看不见彼此，但是我们依然能通过这样的聊天感知彼此。

四、案例反思

通过提前问卷，明确问题，让学生有意识地去重新认知自己的当前状态，有意识地听听其他同学如何安排自己的线上生活，达到生生、师生相互促进的交流效果，有效地化解学生的不良情绪，让学生在居家学习生活中能保持积极向上的心态。

精于事前，感知于心，动之以情，晓之以理。通过多次的有效交流，同学们对自己居家生活学习期间出现的焦虑恐慌等情绪有了正确的认识，也学会了缓解自己压力的方法。通过对导生们的心理建设，让健康心理之花茁壮成长，即使在线上我们依然能感知彼此！

【附录一】线上学习自我评价问卷

目的:自我分析线上学习,发现问题,寻找改进方法

问题1:与线下学习相比,线上学习我的学习效率(   )

A. 更高	B. 一样	C. 更差

问题2:线上学习,课堂主动回答问题(   )

A. 是的	B. 被点名再回答	C. 没麦,逃避回答

问题3:线上学习,每次作业我能(   )

A. 保质保量完成	B. 偶有催交,但会全部补齐	C. 不理会催交,大部分不做

问题4:线上学习,课后(   )

A. 会整理笔记,并问老师问题	B. 完成书面作业,不用提交的不完成	C. 休息为主

问题5:我觉得大部分学科的在线考试(   )

A. 题量和难度恰当,能检验我的学习效果	B. 过于简单,浪费时间	C. 太难了,需要老师每题都讲解

问题6:线上学习,我主要的上课场所(   )

A. 有独立书桌的客厅、餐厅	B. 有独立书桌的书房、卧室	C. 厕所、床上

问题7:我觉得老师要求上课期间开启视频(   )

A. 对我有监督作用,很好	B. 不太愿意开,因为我想偶尔离开课堂	C. 不想开,不想被监视

问题8:从应考角度,线上学习我收获最大的学科(   )(限选三门)(问卷选项放不下了,该题目为应考角度)

A. 语文	B. 数学	C. 英语	D. 物理
E. 化学	F. 政治	G. 历史	H. 地理
I. 生物	J. 信息	K. 体育	L. 心理

【附录二】问卷结果

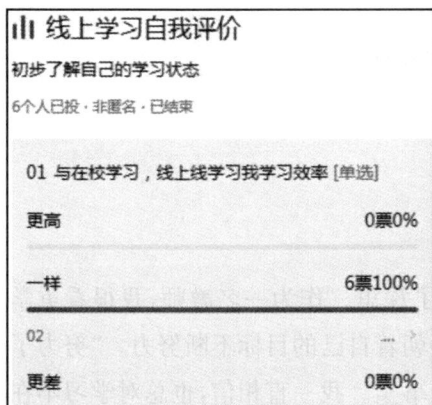

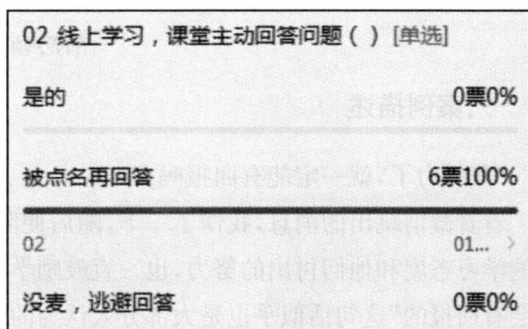

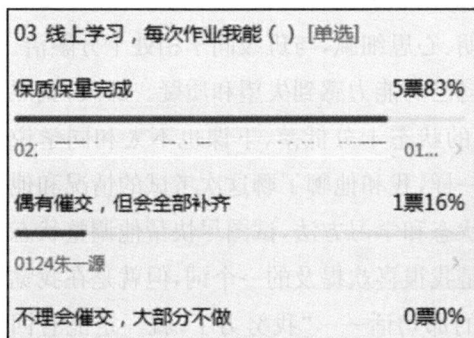

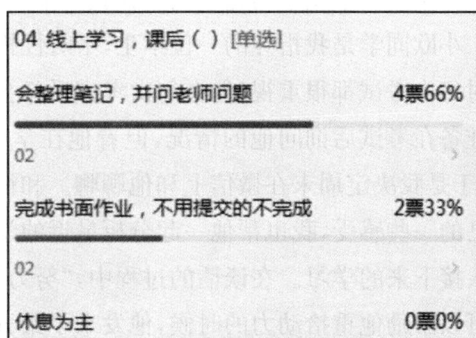

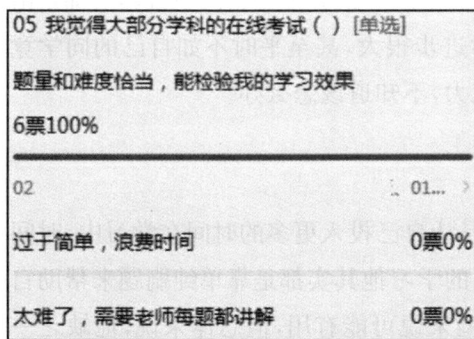

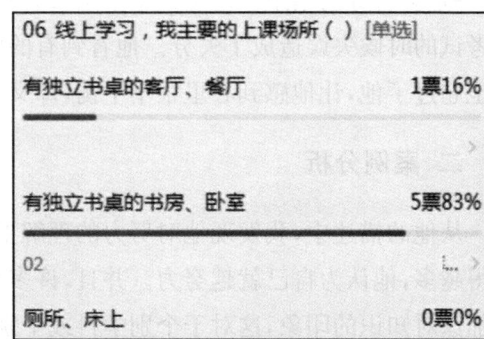

线上学习自我评价

初步了解自己的学习状态

6个人已投 · 非匿名 · 已结束

01 与在校学习，线上线学习我学习效率 [单选]

更高　　　　　　　　　　　　　　0票0%

一样　　　　　　　　　　　　　6票100%

02　　　　　　　　　　　　　　　...

更差　　　　　　　　　　　　　　0票0%

---

02 线上学习，课堂主动回答问题（　）[单选]

是的　　　　　　　　　　　　　　0票0%

被点名再回答　　　　　　　　　6票100%

02　　　　　　　　　　　　　　01... >

没麦，逃避回答　　　　　　　　　0票0%

---

03 线上学习，每次作业我能（　）[单选]

保质保量完成　　　　　　　　　5票83%

02.　　　　　　　　　　　　　01... >

偶有催交，但会全部补齐　　　　1票16%

0124朱一源

不理会催交，大部分不做　　　　0票0%

---

04 线上学习，课后（　）[单选]

会整理笔记，并问老师问题　　　4票66%

02　　　　　　　　　　　　　　　>

完成书面作业，不用提交的不完成　2票33%

02

休息为主　　　　　　　　　　　　0票0%

---

05 我觉得大部分学科的在线考试（　）[单选]

题量和难度恰当，能检验我的学习效果

6票100%

02　　　　　　　　　　　　01... >

过于简单，浪费时间　　　　　　　0票0%

太难了，需要老师每题都讲解　　　0票0%

---

06 线上学习，我主要的上课场所（　）[单选]

有独立书桌的客厅、餐厅　　　　1票16%

　　　　　　　　　　　　　　　　>

有独立书桌的书房、卧室　　　　5票83%

02　　　　　　　　　　　　　L... >

厕所、床上　　　　　　　　　　　0票0%

努力了，就一定有回报吗

陆思颖

一、案例描述

"我努力了，就一定能有回报吗？"

看着微信跳出的消息，我愣了一下，随后便陷入了深思。作为一名教师，我很看重学生的学习态度和他们付出的努力，也一直鼓励学生要朝着自己的目标不断努力。"努力了总会有回报的"这句话似乎也是大部分人认为的既定事实。我一直相信，也总对学习不在状态的学生说"看似平凡的日复一日，总会在突然某一天，让你看到努力坚持的意义"。但是那天小欧同学发来的这句问号让我一下子不知道该怎么回答了。

小欧同学是我指导的一位学生，平时性格开朗、心思细腻，与班级同学相处十分融洽。他对每次考试都很重视，但在每次考试后又会对自己的能力感到失望和质疑。那天，我照例准备在考试后询问他的情况，但看他在学校里的状态十分低落，下课也不太和同学说话，于是我决定周末在微信上和他聊聊。和往常一样，我和他聊了聊这次考试的情况和他自己的一些感受，我也帮他一起分析最近的学习状态和学习方法，试图尽快帮他调整状态进入接下来的学习。在谈话的过程中，"努力"还是我很喜欢提及的一个词，但就是在我觉得可以激励他重拾动力的时候，他发来了最开头的那句话——"我努力了，就一定能有回报吗？"他很看重这次考试，也激励着自己在考试前多努力一点，让自己相信只要坚持努力，一定会有好的结果。但考试结果出来后却事与愿违，他认为他做错的地方其实都是由于考试的时候失误造成了失分。他看到有的同学进步很大，甚至平时不如自己的同学竟然也超过了他，让他感到心里很不平衡，却又很无力，不知道该怎么办。

二、案例分析

从他的描述中，我发现他对努力的理解主要是让自己投入更多的时间在学习中，时间花得越多，他认为自己就越努力。并且，许多科目的学习他其实都是靠单纯刷题来帮助自己加深对知识的印象，这对于个别学科或个别题型来说可能有用，但总体来说，他缺乏一个系统的、有针对性的学习及复习方法。对学习规律的不合理认知会引发学生对自我的不合理要求，当他们的期待无法实现的时候，就会转变成对自我的否定，这样的循环之下，学习的动力也会逐渐减弱。

其次，他对回报的认知仅限于短期回报，以及显现在成绩上的回报。他还没能意识到正确的学习心态与学习方法所沉淀、积累下来的回报可能会对他思考问题的方式、解决问题的方法、学习的策略等隐形因素产生长期的正向的作用。因此，我们应该帮助他们客观地理解自己的学习困境，这样会有助于他们更合理地去调整对学习的期待，更有针对性地去改变学习行为。同时,只有真正聚焦学生问题的深层核心才能帮助他们有效努力,千篇一律的加油鼓劲、笼统的方式方法有时可能会在学生希望寻求帮助时让他们的内心更加迷茫。

三、指导措施

1.把握问题根源

我首先肯定了他刻苦学习的态度和能够坚持的品质,随后,我请他静下心来思考了这么几个问题:(1)投入的时间越多,学习效果就一定会更好吗?(2)那些看起来不太费力就能进步很快的同学,他们平时课堂中及课后的学习状态和学习习惯是什么样的?小欧同学便告诉我,他们听课状态很好,能够一直跟着老师的节奏来学习,下课也总会及时问老师问题,解决课堂上的疑问,而自己好像更重视课下自己埋头在学习上努力了多少,很多课堂中的疑问也不会及时去解决,等到课下做题又遇到时就会花费很多时间。说到这里,他似乎有点明白了,所谓的努力学习不是在比谁学的时间长,而是谁学得更有效率。在认识到自己的问题之后,他也很快告诉我自己从现在开始会更注重及时解决知识点上的问题,而不是一味地自己一个人埋头在题海当中。

2.学会正确归因

当我请小欧同学分析考试失分原因的时候,他是这么回答的:"这些题目凭我的实力放在平时应该都是会做的,平时做练习也不会感到焦虑,但考试时却容易情绪不好,粗心大意,如果状态好一点,应该就能多拿好几分,考出理想成绩了。"由此可以看出,小欧同学将考试问题归因为粗心大意、心态不良等外在原因,而不是解题策略、答题技巧、做题习惯等原因。这容易导致考试后错误归因,未能及时发现知识上的漏洞或学习方法的错误等,很可能会导致在下次考试中错误重现。

于是,我请小欧同学在每次练习或者考试之后分析每道题的错误原因,以及每次做题的顺序和习惯。经过几次复盘、整理后,他发现自己确实在立体几何这一块掌握得不是很好,每次考试遇到这类题目,他都下意识地感觉自己解不出答案,影响答题思路。此外,他和我说,经过几次的分析和总结,他认为考试时"情绪"不好是因为他做题速度慢,为了防止自己在规定时间内完成不了整张试卷的题目,他都是先做大题、难题,再完成前面的小题。但是大题的难度经常让他的情绪在考试一开始就受干扰,以至于之后再回过头来做简单的题也容易出现不应该出现的错误。因此,他开始对自己掌握不好的知识点进行专项练习,同时也开始调整考试策略,做题遵循试题安排顺序,按照"先易后难"的顺序进行答题,这样就可以保持相对轻松的心情,更好地发挥自己的实力。

3.纠正认知偏差

小欧同学十分看重每一次的成绩,但我也在谈心中一步步引导他,学习习惯和学习策略的调整不是一个即时、快速能看到效果的过程,更多的是在潜移默化中影响你的思维方式、扩大你的知识储备。就拿英语学科为例,英语单词就好比你的武器装备,你只有背得足够多,基础打得足够扎实,才能在之后的理解和应用过程中不断披荆斩棘,冲锋上阵,拿下一场场完美的战役。你如果只坚持一两天,只多背两三个就妄想自己能够在英语水平和做题速度上有质的飞跃,那是不现实的。

四、案例反思

进入高三后,学生的学业任务越来越繁重,升学压力越来越大。通过课堂观察及课后的沟通,我能明显察觉到他们的心理状态会有比较大的起伏,尤其是每次考前及考后,都会有学生有较强的焦虑情绪,十分影响课堂效率以及整体的学习效果。这样的情绪如果不及时引导、排解,很可能会形成负面情绪,造成更严重的后果。因此作为导师,自开学以来,我一直通过线上或线下的沟通,努力帮助我的导生调整心态,尽快适应高三的学习节奏。

经过几次谈心后,小欧同学努力一步步调整自己的学习方法和学习心态,也会在每次重要考试后和我一起复盘有进步的地方以及仍然不足的方面。在学会正确归因后,他能正视自己的不足,制订有针对性的复习计划,他的学习成绩也逐渐稳定下来,面对考试,也不再感到十分焦虑了。

很多学生不擅长与老师交流,尤其是处于压力时期的高中生,学习任务重,如果没有老师引导排解,很容易形成负面情绪。因此,作为导师,我们要学会观察学生的情绪变化或者异常表现,及时询问原因。同时,我们也要学会聆听,仔细听听学生遇到了什么困惑和问题,而不是以想当然的话术对学生进行说教。

作为青年教师,我们与学生的成长环境和学习环境比较类似,也还记得自己在丰富多彩的学生时代中曾经遇到过的迷茫、挫折、诱惑,以及所面临的有关学习、生活、人际关系等方面的各种困惑,我会继续抓住这个优势,在日常沟通交流中拉近与学生之间的距离,帮助他们排忧解难、指明方向。

让爱润物细无声

陈　盛

一、案例描述

小峰是我的导生,他是班级里的纪律委员兼英语课代表,也是同学们的开心果,他幽默风趣且富有正义感。因此,无论是老师还是同学都对他赞赏有加。但是每次考试之后,我发现他总是心情变得很糟糕,一个人默默地待在班级的角落,戴起卫衣的帽子,趴在桌上不愿说话。针对他的情况,我与他的班主任进行多次交流。据班主任反映,小峰同学不仅在我任教的学科上会产生这样的情绪变化,在其他学科的学习上也总是存在自卑的情绪,因为他在学习上"眼高手低",目标很高远,但是却缺乏动力,自己想要努力但又怕吃苦、难坚持，所以每次考试后总是会表现出这样的行为。班主任在每次考试后与他交流情况，他都表示接下来会好好努力，可是没过几天他的这种动力就消失殆尽了。

作为小峰的导师，我很想帮助小峰找到学习的动力和方法，让他尽可能地提高对自己的自信心。在导师导生谈心的活动中，我与小峰同学进行了沟通，他表示对自己的未来很迷茫，想要考取一个公办本科，但是又不知自己未来想要学习什么专业、从事何种工作，况且成绩每次不理想，自己的努力也好像看不到结果。小峰同学出生在一个高知家庭，父母都是知名医院的医生，对他的要求又颇高，总说他比较"懒"，而每次成绩出来后家里总是弥漫着冷战的氛围，缺乏亲子间的沟通和交流，他觉得自己的父母不能理解他，对他的期望总是太高。

二、案例分析

根据以往对导生的指导经历，我发现小峰同学这种情况也并非个例，这其实是处于青春期的孩子往往都会具有的特质，对自己有较高的期许但又缺乏行动能力。青春期又被称为心理上的断乳期，是青少年成长为成年人时生理和心理的过渡阶段，也是他们身心发展的重要时期。处于青春期的青少年的心理往往会随着生理的发展而变化，变得比较富有个性，他们的独立意识增强、自我意识也会增强，渴望社会交往，但因为内心的发展还不够成熟也会导致情绪容易波动、复杂且敏感。不同孩子的自我认同感也存在很大的差异，一些孩子可能比较自负，而另一些孩子可能会过于自卑，小峰则属于后者，因为学习成绩、家庭关系而过于自卑、敏感。

家庭教育在青春期教育中起着至关重要的作用，根据小峰同学的具体情况，我认为家校应该形成合力，共同助力孩子的青春期教育。特别是家长在家庭教育时应以积极向上的正面教育为主，给孩子多一些肯定和赞赏，让他们能够在成长过程中树立起正确的价值观，从而形成健全的人格。作为家长也要有一双善于发现的眼睛，任何一个孩子都有值得肯定的闪光点，而不应该只是用学习成绩去片面地评价孩子，让家庭环境处于一种紧张的氛围。

因此，我决定与班主任共同进行一次家访，了解小峰同学父母的家庭教育方式，指导他们掌握正确的家庭教育策略和方法，帮助孩子处理和安排好自己的学习与生活。

三、指导措施

针对以上的分析，我与小峰同学的班主任在暑假一起进行了一次家访，在家访的过程中我并没有从学习的角度开始话题，而是先与班主任一起从小峰同学在班级同学和老师眼中的表现开始说起。小峰的班主任表示他作为班级重要的一员，热心班集体事务，对班级里的大小事十分上心，能主动在各类活动中承担重要的工作；他也有集体荣誉感，愿意帮助老师、团结同学；他还热心公益，积极参与各类志愿者活动……从种种表现来看，小峰同学并不像他本人和妈妈所说的那么"懒"，而是一个有责任、有担当的好学生。我又在学习上对小峰同学存在的一些问题进行了补充,作为长期与他相处的导师,我发现小峰同学对于自己热爱的事情一定不会懒惰,我相信在学习上一旦有了明确的目标,他也能克服自己的薄弱点,取得自己理想的成绩。接下来,我让小峰自己谈一谈他在学习上存在的问题,帮助他制定短期、中期、长期的目标,以及接下来每一天的学习计划。我鼓励小峰同学如果短期内没有看到明显的进步也不要气馁,只有积跬步才能至千里,要对自己有足够的信心。

最后我也嘱托他的妈妈平时要善于发现他的闪光点,以积极向上的正面教育为主,帮助他树立信心、扬长避短。处于青春期的孩子有一定的独立意识,在家庭管理上也需要张弛有度,尽可能地尝试以平等的方式和孩子进行沟通与交流,给予孩子一定的独立空间。一起形成家校合力,才能更好地共同助力小峰的成长成才。

四、案例反思

提到青春期,很多家长都会认为青春期意味着孩子已经长大成人,拥有自己的思想,也渴望独立了。这对孩子和家长来说都是一件好事,因为孩子总是要脱离幼稚转向成熟的。但是青春期孩子也有其特点,他们的独立意识和自我意识明显增强,虽然拥有丰富的情感,但是却有复杂多变的情绪。正因如此,我认为作为一名导师,应该与班主任共同做好学生的德育工作,包括对其家长在家庭教育上的指导,家长既要尊重孩子,保护孩子的独立性;也要多和孩子交流沟通,关注他们的情绪变化;还要发现他们身上的闪光点,给予积极向上的正面教育。青春期不意味着对孩子撒手不管,而是要趁着青春期做好家庭教育,帮助孩子在这一重要的过渡期形成正确的价值观,在交流和沟通中培养他们健全的人格。

著名教育家陶行知曾说:"没有爱就没有教育。"作为导师的我通过这一次对学生的指导,深深懂得师爱是一种责任,是一种修养,更是一门艺术。作为老师不仅是学生学习的领路人,也是照亮他们人生道路的指明灯。

从需求入手走进导生的心里

丁金花

一、案例描述

小元是我班一位比较以自我为中心的女学生,早上迟到,提出各种理由拒绝在校用午餐,在班级中起到不良的影响。作为导师,我也及时地与之沟通,希望她能够多考虑班级的荣誉,但发现她就像一块冰块,每次谈话时不会正眼瞧你一下,老师讲的她根本没有听进去,还总能找出各种理由来反驳我,虽然被我压下去了,但是从她的眼神中我还是感受到,她根本不信任我,没有把我的教育听进去。我强迫自己不能生气,希望她对我的教育心服口服，而不是敷衍我。

　　一次上课的时候，我布置数学作业，我说"这张试卷除 15 题外都做"，其他同学都听进去了，只有她自言自语地说"什么只做 15 题，这么少"。我知道她是故意的，其他同学都以为老师要发怒了，班级气氛一下凝固了，但我没有生气，机会来了，我笑着说："是呀！小元同学表面上好像不用功，其实学习上还是很有目标的，老师相信就算只布置了 15 题，她也会去完成其他题目的。"小元很不好意思地笑了，其他同学也笑了。

　　同时在与班主任的沟通中也了解到，由于她的基础比较弱，成绩不够理想，但又不甘于报考三月自主招生的专科学校，还想要参加秋考去冲一冲。最终我把指导小元的工作切入口放在了帮助她提高数学成绩，让她体会到老师对她的好，真正走进她的心里。

　　在之后的数学教学工作中，我努力挖掘她的长处，找机会在数学课堂上表扬她。我发现小元虽然数学成绩不是很理想，但是每次作业碰到填空题、选择题都能贴纸写过程，虽然正确率不高，但是过程写得很认真，我会在全班面前表扬，表扬她"认真踏实，不抄答案，全部是自己做的，学习数学的态度认真，数学成绩肯定会有很大的提高"。在批改她的作业时，只要有一点做得好的，就要写上一些肯定的语句，如"能够这样思考真的很不错""都算到这一步了继续你能解出来，思路对了""相信自己，只要做作业时认真、独立思考，你的数学成绩会提高的"。我也经常利用课余时间主动帮她讲解作业中的问题。在几次测验中，她的数学成绩及格了，这对她有很大的鼓舞作用。在后面的学习中，她一看到我进教室，她就会主动问我一些订正或是作业中的问题，学习数学的热情高涨，数学成绩也有了更大进步。这个过程中，拉近了我和小元的距离。我和她之间的谈心，也变得更加自然和谐，对于我提出的她存在的一些问题，她也能正确对待。一个学期下来，小元的数学成绩有了很大的进步，而同时她也不再迟到。

二、案例分析

　　案例中的小元是一个很有个性但又以自我为中心的孩子，她会认为对自己没有好处的要求就不用去遵守，对老师缺乏一种信任感，所以一味地沟通谈心，并不能真正地走进她的心里。在想了很多办法后，我觉得做好导师工作的关键是要让她看到我对她的教育和关心是发自内心的，是真诚的，是为了她好。作为导师要做到了解自己的导生最需要什么，从细微处入手，真心帮助导生，让她感受到老师对她的重视，这样后续的工作会更有效些。所以我把小元的导师导生工作放到了提高她的数学成绩上，在这个过程中，孩子感受到了导师对自己的关心，也能敞开心扉与导师真心地沟通，就能合力解决一些存在的问题。

三、指导措施

在指导小元的过程中，采用的措施是帮助其提高数学成绩：
①及时发现她在数学学习中做得比较好的地方，在班级里表扬，这样做的目的是：增

强她学好数学的信心,同时经过在班上的表扬后,今后做作业她会更加认真,也不会弄虚作假了。

②课余时间教师主动找她,答疑作业存在的问题,及时把错误搞清楚。

③课堂里给予她发挥的空间,及时引导。在数学学习成绩略有提高的情况下,再予以肯定,等到孩子主动找老师答疑时,和其进行沟通谈心,导师的话就能进入到导生的心里。

四、案例反思

在我的导师工作中这样的例子还有很多,但我始终相信老师一定要清楚地了解自己的学生,了解每一位学生最需要什么,把每一位学生的需求作为指导切入口,关于这一个切入口我有这样的理解:

(1)高中生的自尊心特别强,这也是他们自我意识中最敏感、最不容冒犯的部分,他们最怕别人看不起自己,他们最需要同伴的尊重和重视,因此作为导师要关注自己的学生,发现他们身上的优点,在平时学习中表现出来的认真,哪怕只有一点点,抓住一切机会在班级里进行表扬,帮助他们在班集体中赢得适当的地位,得到好评和重视。

(2)高中生强烈地关注自己的个性成长,但是如果处理不好,就会出现对自己过分关注、脱离集体、自我孤立的危险。导师在教育中经常运用幽默的语言对学生进行教育,收到了较好的效果。

(3)高中生需要老师的关注,特别是学习上的帮助,而作业批注是老师与自己的学生间一个非常好的沟通交流的方法。在老师批改完学生的作业后,针对学生近期的思想问题,可用简短的、有针对性的、动情的、亲切的语言与学生交换思想,效果是特别好的。或者一句批语,如:我为你的进步感到十分高兴,衷心祝你成功,等等。

(4)导师在对学生进行学习上辅导的时候,要营造宽松的氛围,当学生处在轻松愉快的状态时,记忆力会大大增强,联想也会更加丰富。在这样的状态下,学习效率会大大提高,学习潜力可以得到更大发挥。

在辅导自己的学生时,虽然也有许多遗憾与工作的不足,但我还是有很多感触,最重要的一点是,从学生的需求入手走进学生的心里。

每个孩子都是一个世界

张晓帆

前苏联著名的教育实践家和教育理论家苏霍姆林斯基曾经说过:"每个孩子都是一个世界——完全特殊的、独一无二的世界。"作为一名导师,能够帮助学生在全面健康的状态下快乐地成长,使得他们更好地提高能力水平,是我们最大的心愿。

一、案例描述

我有一名导生叫小山,他上课无精打采,总爱睡觉,提不起一点学习的兴趣;下课追逐打闹,作业完成情况不甚理想,经常不做作业,即使做了,也做不完整,书写相当潦草。他的数学成绩尤为薄弱,通常 100 分满分的试卷,他只能拿 40~50 分。

二、案例分析

于是我找小山同学谈话,希望他能遵守学校的各项规章制度,以学习为重,按时完成作业,知错就改,争取进步。他开始总是一副爱理不理的样子,后来口头上答应了,可却一如既往地毫无长进。此时的我心灰意冷,对他的表现感到很失望。但又觉得身为小山同学的导师,不能遇到一点困难就退缩,必须坦然地面对现实! 我再次思考:小山同学几乎没有进步,可能是因为他并没有真正地认识到自己的错误。

三、指导措施

为了提高他的学习成绩,除了在思想上教育他、感化他,我同班主任沟通后,特意安排了一名责任心强、学习成绩好、乐于助人、耐心细致的同学小北坐在他的附近,目的是发挥同桌的力量。

事前,我请班主任先对小北同学进行了一番谈话:为了班集体,不要歧视他,要尽你自己最大的努力,耐心地帮助他,使其进步。小北同学满口答应,并充分利用课余时间帮助他,教育他。有时,小北同学也会产生一些厌烦情绪,说小山同学不接受自己的建议,也不喜欢学习。我鼓励小北同学更耐心地帮助他,给他信心。

后来,小山同学取得进步时,除了表扬他本人,我还鼓励他说,你的进步也离不开同学们的帮助,尤其是小北同学给予你的帮助。后来,班主任反馈说:在小北等同学的关心和小山自身的努力下,他各方面都取得了不小的进步。他在学习上更努力了,也更加遵守校纪校规,在劳动方面更积极了,成绩方面也有了很大的进步。

我由衷地为小山的表现感到高兴。再后来,在一次导师导生活动中,小山对我说:"老师,您和小北同学这样关心我、爱护我、帮助我,如果我再不努力,真觉得对不住您和同学们。"我笑着说:"你长大了、懂事了、进步了。我真替你高兴!"在第一学期的期末考试中,他的数学学科取得了 70 分的成绩,小山同学的进步显而易见。我为了鼓励他,奖励了他一套学具。奖品虽小,但却能表达老师的一点心意。第二学期,小山学习更加努力了,在期中测试中,他取得了 85 分的好成绩。

四、案例反思

1. 以人为本,付出师爱

作为一名导师,应"以人为本",尊重每一名学生。教育是心灵的艺术。我们教育学生,首先要与学生之间建立一座心灵相通的爱心桥梁。由于我们教育的对象是学生,那么教育的过程便不仅仅是一种技巧的施展,而是充满人情味的心灵交融。陶行知先生曾经说过:"爱是教育好学生的前提。"对于小山同学这样特殊的后进生,我们更应该亲近他,敞开心扉,以关爱之心来触动他的心弦。动之以情,晓之以理:用师爱去温暖他,用师生情去感化他,用理去说服他,从而促使他主动地认识并改正自己的错误,踏入正轨。

2. 以生之助,友情感化

同班同学的帮助对一名后进生来说,同样是不可或缺的,同学的力量有时胜过教师的力量。

同学之间一旦建立起友谊的桥梁,他们之间就会无话不说。在学生群体中,绝大部分学生不喜欢教师过于直率,尤其是教师批评他们的时候太过严厉往往会使得学生接受不了。因此,我让小山同学与其他同学交朋友,和好学生做同桌,让小山同学感受其他同学对他的信任,感受到同学也是自己的益友。

小山同学感受到了同学们给自己带来的快乐,他在快乐中学习、生活,在学习、生活中感受到无穷的快乐!通过同学的教育、感染,促进了同学之间的情感交流,在转化学习能力较弱的学生的工作中就能达到事半功倍的效果。

3. 因材施教,循循善诱

"一把钥匙开一把锁",每一名学生的实际情况是不同的,不仅是班主任,作为导师也应该深入了解学生的行为、习惯、爱好及其问题背后的原因,从而确定行之有效的对策,因材施教,正确引导。

小山同学的情况特殊,主要问题体现在自制力薄弱,对自身的错误和缺点认识不足,对老师的批评教育不以为然。因此,我就以爱心为媒介,搭建师生心灵相通的桥梁。与小山谈心,和他交朋友,使其认识错误,树立起做一名好学生的信心;充分发挥同伴的力量,安排一位责任心强、学习成绩好、乐于助人的学生跟他坐,给予他学习和思想上的帮助;同时,我面批他的作业,让他感到老师对他的关心和重视,用关爱唤起他的自信心和进取心,使之认识错误并改正不足,然后引导、激励他努力学习,从而成为一名品学兼优的好学生。通过一年的潜心努力,精心转化,终于取得了可喜的成果:小山同学摇身一变,由"捣蛋鬼"转变为纪律委员,最终转变为质优生!

在更新教育观念的今天,作为一名热爱学生的导师、教师,有责任让学生树立信心进而达到育人的目的。愿我们携起手来乘赏识之风,捧起关爱之情,燃起信心之火,播下希望之种,让每一位学生都能沐浴在教师的关爱之中,共同把学生培养成为国家的栋梁之才!

同时,作为一名导师,在今后的工作中,要进一步结合所指导的学生的新情况、新问题,结合青少年的年龄特点,加强教育理论的学习,使工作更具针对性和实效性。

以诚心教，立美育德

谢晓莉

随着教育改革进程渐趋深入，现在的"教育"比过去的"教育"更多了几分内涵，最让人耳目一新的，莫过于当下正如火如荼地开展的"全员导师制"。"全员导师制"是让学生从高一入校之初，就根据自己的意愿选择导师，而导师则需要从学习、生活、心理健康等各个角度给予学生关照，陪伴他们高中三年的成长。对初出茅庐的年轻老师来说，"全员导师制"无疑对我的教育方式方法提出了更高的要求，尽管导师不是班主任，但一位优秀的导师所要兼顾到的工作，以及对学生起到的引导作用并不亚于一位班主任，因此"全员导师制"也对非班主任的任课老师提出了更高的要求和更严峻的挑战。

一、案例描述

在担任导师的最初一段时间，我和我的导生仅在学校固定的导师导生交流时间展开沟通，而我却发现这项工作看似简单，实际开展时却并不顺利。在和导生谈话时，却发现：当离开"学习""成绩"等话题，竟然不知道说什么为好，彼此之间尴尬以对。

我有好几位导生，大部分都是女孩子，其中两位女生的中考语文分数很高，作为语文老师的我，自然也对她们多一分关注。其中一位女生（以下称小仪）对文学类文本尤其感兴趣，平时的写作也偏于优美华丽，每当班级有诗歌创作、朗诵等活动时，她总是踊跃参加。在一次班级诗歌朗诵比赛中，小仪为班级写了一首以"青春"为主题的诗歌，受到了老师同学们的一致好评。

一次，校刊需要征集学生的作品，我第一时间就想到了小仪：对此类活动如此积极的她一定会主动来找我。果不其然，她找到了我，问我是否可以投递稿件，我当然一口答应。没过几天，小仪将她的稿件发给了我，因为我是语文老师，便很自然地打开她的稿件，想帮她做一些润色。但是当我阅读那篇文章时，出于我对她的写作风格的了解，当即脑海中就浮现出一行字：这不像是她写的。

为了印证我的想法，我打算通过网络进行查重。打开搜索引擎的时候，我想了很多，为怀疑她感到愧疚，又认为不得不这么做，若是等刊登了才被人发现，这件事的影响就不再局限于我这里了。我还是选择做这件事，结果如我猜想的一般，小仪的文章与网上的内容有大段的重合。无论是作为语文老师，还是作为她的导师，这个问题我都无法做到视而不见。但是如何与她沟通，却是个不小的难题。

二、案例分析

那段时间，我一直在思考要如何处理这件事。首先，考虑到小仪的性格问题，她为人要强、直率，她能积极投稿，说明了她对文学创作的热情，如果我直接批评她，不仅会打击她的热情,并且以她的脾气,甚至可能会适得其反。当然,这篇稿件一定是不能使用了,因此如何跟她说明这个情况,令她认同这个处理方式,并安抚她的情绪,是首要之务。其次,结合小仪的实际情况对事件成因进行分析:她的语文基础很不错,通过她平时的语文学科表现来看,她很喜欢文学性较强的文本,我由此推测,她在平时的阅读经历中,会主动做一些好词好句的摘抄,因此这次事件,她可能并非故意为之,对"保护知识产权"的意识也不太强。甚至在初中的语文学习中,许多老师会鼓励孩子积累好词好句,并在写作中合理使用,或许这就养成了孩子写作时大量堆砌来自他人作品的好词好句的习惯。同时,为了孩子未来的发展,为了她能对语文学科保持热情,我也需要采取鼓励为主、引导为辅的方式,希望她能更合理地积累运用知识,才能在学科上不断进步。

三、指导措施

经过反复思考,我找了个机会,把小仪单独叫出来,告诉她我发现的事实,但是也抢在她开口之前告诉她,我以前也有收集好词好句并且在考试时直接使用的情况,甚至好多老师都鼓励学生这么做,因为考场作文只要分数,批卷老师也没有时间和精力去一个个查证。但是为了她以后的学习生涯着想,我还是要求她保持自己的原创精神,并举了翟某某不知知网、论文抄袭的例子。当我说到翟某某的案例时,她笑了,我想她也对此感同身受,如果她自己的作品被别人挪作他用,我想她自己也不会高兴的。想到当初报名时她兴奋的脸庞,我不禁软下语气,告诉她:"你自己写的作品不一定比那些好词好句差,老师相信你一定能创造出属于自己的优秀作品,校刊的投稿渠道一直开放着,只要你愿意写,老师也很愿意再次给你展现自己的舞台。"

四、案例反思

现在的我,已经不再害怕每月一次的导师导生谈心活动了。以往的每一次谈心,我都要冥思苦想:"今天应该和学生聊些什么?"经过几次谈心活动后才知道,重要的不是话题,如果能细心发现学生身上存在的问题、情绪上的波动或生活上的烦扰,那话题也就自然来了。每一个学生都需要来自师长的呵护,心理学家威廉•詹姆斯曾经说过:"人性最深刻的原则就是希望别人对自己加以赏识。"我想将这句话改动一下,也许人性深处最渴望的,还是别人对自己的理解,其实"赏识"也是一种变相的、更高层次的"理解"。他们都站在人生道路的分岔口上,有时难免会出现一些问题,需要作为"过来人"的我们从旁引导,帮助他们走出困境。不是指责、亦非怨怪,而是站在他们的角度,抱着一颗"理解的心"体会他们的想法、情绪,这样才能使导师工作顺利推进下去。

频繁请假背后

沈心如

在本学期初,初为人师的我第一次在高中阶段接触到了班级导师制。虽然研究生的时候也有导师,但两者相较而言,既相似又不同,相似的是两者皆以育人为根本,秉持育德为己任,不同则是因为研究生已为成年人,具有较为成熟的价值观和世界观,具备一定的独立解决问题能力,导师在指导过程会更侧重于学业方面的指导,相较而言,除了学业上的辅导之外,对于高中生而言,更多的是对其在思想上的引导、心理上的疏导和生活上的指导。

我成为了班里赵同学的导师。与她在学习和生活中的点点滴滴,让我感觉原来当一名导师是那么快乐,而且也重新认识和理解了教学相长的真正意义!

一、案例描述

学生基本情况分析:

赵同学聪明、好学,有较完善的学习方法,是名很有潜力的学生。为人热情,有集体责任感,性格非常直爽,有问题就会直接表达,但有时候不太注意场合。她体质偏弱,从班主任老师处得到的初步信息是,在上个学期她有将近一半的时间都是处于请假状态,这难免分散了她在学习上的精力,也造成其与同学之间的不熟悉。

有一天赵同学在大课间心情低落地找到我,并坐到我旁边一言不发。我不由得有些慌了神,连忙询问她发生了什么事,刚开始她不愿意开口,但在我的耐心询问下,她选择了相信,并告诉了我事件的经过。原来,他们昨天的期中考试成绩出来了,而赵同学因为缺课过多的原因,导致成绩并不理想,没有达到她心目中的预期。班主任老师还找到她,与她分析了一下这个成绩,并鼓励她再接再厉。但赵同学认为自己是身体原因导致的缺课,班主任老师对她的鼓励有点像责怪她不坚持来学校,让她既懊恼又生气。这个时候,班级里的同学还在彼此分享自己的成绩,让本就与同学陌生的她更显形单。

二、案例分析

为更好地解决该问题,我先对案例进行初步分析。本案例的时间位于期中考试之后,该时间导师与导生之间的交流就更倾向于对于成绩的分析、心情的疏导。但对于赵同学而言,她并不希望将交谈重心放置于成绩之上,这并不意味着她对于成绩不重视,相反她是对于成绩过于重视才会想对不好的结果避而不谈,这也导致了为什么班主任老师叮嘱她好好学习的时候,她会误解,因为在她的观点之中,她很重视学习,并且是希望在学习之上得到良好的结果的,只不过是因为身体的原因。

这也是赵同学的问题所在,她会给自己所不满意的结果找一些其他理由,就比如身体不好。虽然这确实是影响到她的学习了,但是如果她自身有强烈的自驱力,想必影响也不会那么大。而且,通过平日里无论是与班主任老师的交流,还是与赵同学的交流,都可以感受到,身体不舒服想要回家已经成为她逃避一些事情的主要方式。

最后,是人际关系之上的焦虑。同学们之间相互交流,让她感觉到形单影只,一方面受限于她不常来学校的影响,另一方面也表达了她想要与同学交往的渴望,但不得其法。

三、指导措施

针对上述分析,我选择带赵同学到操场上一边散步一边交流,我希望能以散步这样悠闲的环境,让我们之间的距离更近。在具体实施过程中,有以下策略:

思想上的引导:根本目的是教育学生遵纪守法,培养学生良好的品德,形成正确的世界观和价值观。当然这个目的过于庞大,需要长期不断地坚持,所以在此大目标下设置一学期能完成的小目标。比如说,针对赵同学,就希望她不要逃避问题,直面问题,然后解决问题才是最好的方式。所以在本次交流之中,我运用启发、暗示和创设情境等多种方式,进一步了解她的个性特征、行为习惯、道德品质,同时希望帮助她正确认识自我。利用交流时间跟她一起分析近日的情况,针对问题展开讨论,发表自己的看法,然后提出具体的整改措施。很好的是,我选择了操场这样的环境,相较于办公室而言,让赵同学处于一个更轻松的环境,得以完全敞开心扉。渐渐地她真挚了起来,师生双方相处起来也更为自然。

心理上的疏导:有针对性地对赵同学进行心理疏导,缓解她的心理压力,消除学生的心理障碍,引导其身心健康、和谐发展。在步入高中以来,学习节奏比起初中快了很多,而赵同学由于身体原因,课程方面会欠缺不少,难免内心有所焦虑,而节奏快、知识点稍显零散的数学更是成为了她的心头大患。我根据她实际情况,制订课后辅导的方案,抓紧时间建构知识脉络,帮助其梳理。同时在平时教学过程中,对其多加表扬和鼓励,缓解学业带来的压力。

生活上的指导:指导赵同学从一点一滴的小事做起,帮助学生建立有利于身心健康、学习进步的生活习惯,教育其自理、自立、自强,指导她科学安排日常生活,合理消费,培养学生基本的自我管理能力。有时一个小小的动作她都会感动。而这份感动也让我们的心更近了些。

四、案例反思

对于本次案例,最大的特点就是它的突发性,这是一件完全出乎我意料的事件,带有一些紧迫性,需要在短时间内加以处理。同时,这也是一件很复杂的事情,涉及学生与老师之间的矛盾、学生与学生之间的矛盾,这就意味着这件事情它需要现在就处理,但很明显仅凭我的力量当下是无法解决的,它需要时间,需要一个过程。那么针对当下,关键就在于缓和学生的情绪,这一点我完成得还是相当到位的,与学生一起处于更为宽广的场合之中，让她更有利于缓和情绪。而在后续的工作中，更应该以让她正视自己为主要工作目标，不要逃避事情，直面问题并解决问题。

基于此，制定日后的工作目标如下：

一是让每个学生正视自己的学习成绩，消除心中的顾虑，培养自信心，力争学习进步。

二是鼓励学生积极参加学校组织的各项活动，以锻炼自己的能力。

三是培养学生良好的学习习惯和行为习惯。

四是教会学生怎样学习、怎样做人。

第三节　"三全导师制"学业育人师生互动

学业发展在学生心目中至关重要，导师们时刻关注学生在学业上的状态与表现，给出了一条条翔实而又温暖的鼓励，也提出了非常中肯的建议。同时，学生能够感受到导师们的关怀，将这份温暖保存在心中，带着导师们的祝福与卓有成效的帮助奋勇拼搏，实现理想。

一、导师寄语

"行为形成习惯，习惯形成性格，性格决定命运。"不要小看每一个小小的行为，它往往就已经决定了你一生的命运，你是一个聪明的孩子，应该考虑过自己的将来，未来是成功还是失败，都取决于你现在的习惯，要努力让自己一点一滴的好的行为变成好的习惯，相信你一定会在高中取得更大的进步。

——蔡宁老师

你是一个非常积极乐观的男生，课堂上你积极与老师互动，对于知识保持着敬畏和渴求，这样的态度值得表扬。遇到不会的问题会及时提出与同学和老师交流，尽管当下会不理解，课后仍会坚持思考，直到问题解决。希望你能一直保持着积极求学的态度，继续努力提升自己。

——周洁老师

数学成绩名列前茅的你，一直是同学们的榜样。你能认真对待每一次的作业，步骤清晰，书写详细规范；你能认真思考并动手解决遇到的每一个问题，面对困难，你总是敢于挑战且乐于接受挑战；面对偶尔的失常发挥，你也总能从失败中总结教训，不在同一个地方跌倒。

新的学期，希望你能够继续保持认真的学习态度，在平时做到能够及时复习，温故知新，相信优秀的你将会取得更加优异的成绩！

——王乐老师

在篮球场上，你是一只雏鹰，自由翱翔，尽情绽放光芒。在学工课余时间的表演活动中，你向我们展示了歌技，受到一致好评。在人际交往上，你尊敬师长，团结同学，在班级中有着好人缘。在学习上,你态度端正、认真,一步一个脚印。"不积跬步,无以至千里;不积小流,无以成江海。"无论做什么事,只要坚持下去,一定能见到彩虹的,加油!

——王情老师

虽然你不善言辞,但是老师知道你是一个内心柔软的孩子,你的心里有光,有爱,有自己的坚持,有对生活的展望。在学习上,你一直很努力,但有时也希望你能多听听任课老师对你的学习建议。苦熬不如苦干,蛮干不如巧干。奋斗必须讲究方式方法,尊重事物发展的特点和规律。方法得当事半功倍,方法不当事倍功半。希望你能更进步!

——王霄老师

高三第一学期你给老师的印象是文静又坚定。每次进教室老师都能看到你在埋头做题目,思考刚才课堂上的问题,你有很明确的学习目标。学习成绩稳定。希望你在高三第二学期保持良好的心态,确定符合自身的高考目标,在薄弱的科目上寻找突破口。相信你会在高考中取得更加出色的成绩。

——丁金花老师

在老师心目中,你是一位特别真诚的男生。年轻的时候,总是可能思考太多,会有一些烦恼,这也很正常。谁的青春不迷茫呢,是不是?

新的一年又来了,我们都长大了一岁,也许烦恼不一定会消失,但是开心快乐也是一种选择,希望2023年你会有更多开心。

在学业上,也希望你能够多一点上心,毕竟现在努力一点,以后可能的选择就会更多一点嘛,是不是?有些解决不掉的烦恼,时间也会慢慢告诉你。所以,加油呀,少年,努力往前奔跑。

——应晓默老师

很喜欢看你阳光般灿烂的笑容,你有优秀的领悟力和理解力,思维灵活,竞争日益激烈的当今世界需要我们严肃对待每一堂课、每一次作业、每一场考试。在过去的一学期中,你有成功,也有失败。但不管怎样,坚强的你总是昂头面对。真心希望在未来的每一天你都能通过自己的努力,创造不一样的生活,加油!

——禹晓丽老师

小葛同学,你好!各种机缘巧合,高一走向高二时,我们相逢相识,结下了非同一般的师生情(课代表+导生)。老师挺喜欢你的书写,有笔锋,亦有女生的清秀,更欣赏你的文章,有较强的语言表现力和一定深度的思考力。下学期加三学科全面启动,人生最值得挑战也最充实的日子正在向你走来,希望你勇攀高峰,特别要攻占数学和英语两大堡垒,享受那无限风光在险峰、克服巨大困难的乐趣!

——许晴洁老师

2022年不容易,高三学子很辛苦,石董同学更是艺术、文化双重学习,付出更多。2023新春快乐!下学期你回归文化学习,面临的压力不小,但青春万岁,艺术追求的美好,会给你力量、灵感和坚韧,保持你的好心态,保持你对学习的投入,青春的小舟,会载着希望的风帆，驶向一座高等学府，在那里，你会拥有更多的美好。

——甘蓓蕾老师

虽然平时你不声不响，但我能感受到你的善良、开朗。你关心集体、关爱同学。高三的学习是艰辛的，唯有能坚持到底的人方能收获最后的成功，然而"坚韧不拔"首先来自对目标的明确，今时今日，你的目标明确了吗？还是希望你能主动地来找我聊天，谈心声、谈理想。新的一年，希望你能更勤奋一点，尤其是数学要好好花工夫，要思考，要举一反三，力争"更上一层楼"！

——吴为老师

二、夸夸我的导师

我的导师是政治祝芳老师，她的课堂内容也是格外生动有趣，在很多人眼里，或许政治是个复杂枯燥、令人头疼的学科。但祝老师总会运用许多紧跟潮流的例子来为我们讲通知识点，例如她用"乌鸦坐飞机"的例子来为我们讲述"联系"的知识，颇有点"网络用语进生活"的感觉。班上总充满着鲜活的空气，让同学们在欢声笑语中学会政治，学好政治。

——学生 李佳

我的导师是英语丁老师。她和蔼可亲，课上与同学们积极互动，并及时鼓励同学们，提高大家学习的积极性、自信心，能够细心发现点点滴滴中同学们的优点与进步，课下关心同学的日常。丁老师的教育方法让我印象深刻，例如在提问英语单词 responsible 时，会在请一位同学回答"负责的"之后，先表扬其回答准确，再鼓励其也是一个负责任的孩子，不仅在学习上鼓励，同时还在品格上鼓励。

——学生 黄思轶

我的导师是数学计老师。计老师是一位热爱数学、热爱研究的老师，每当有同学主动询问他有关学习的问题，他总是带着笑容面对学生，务求把学生的问题实际解决。计老师是一位严谨、认真的老师，他对数学的认真令人惊叹，往往我只有一些细节上的小问题，老师都为我一一指出改正，笔记上所有漏写也都会提醒我去添加。

——学生 周泽华

我的导师是地理唐老师。地理课的课堂永远是充满欢声笑语的，每位同学都热爱地理课的快乐氛围。伴随着等级考的逼近，我们都全身心地投入学习，唐老师也同样和我们一起努力，以最快的效率批完了一次次考卷。为了赶上第二天的讲课，做了 40 多页的热点 PPT；为了不让我们丢失那宝贵的几分，不停地寻找我们上课做题时出现的问题并提出意见。

——学生 徐心瑶

我的导师是高二年级组长蒋宁燕老师。她一直用正能量感染学生、鼓励学生，每一位同学都深有体会。就以我为例，我常常在上台发言前紧张，蒋老师从开会前就给我打气，会后还会来告诉我我的表现中可圈可点的部分。刚过去的等级考,蒋老师也来送考了,看到她的笑容,听到她的加油,似乎能点燃我的自信。十分感激蒋老师在学习、生活上对我的帮助与关爱。

——学生　杨佳仪

我的导师是生物柯老师,是柯老师让我喜欢上了生物,喜欢上可以流畅回答问题的感觉,喜欢上被表扬的感觉。这些喜欢都成为了奋斗的目标,都一直指引着我在失败中前进。我喜欢达成目标的感觉,当然我也很感谢柯老师真的减少了我很多压力,每一个夸奖都可以让我很开心。

——学生　项艳宸

我的导师一直是心理应晓默老师。我并不擅长组织语言,更不擅长与人交流,那些深埋在内心的话语,几乎从未见过天日,无论是快乐的,还是黑暗的,都藏于我的内心深处好多年。是应老师给了我机会让"他们"有别处可去,给了我机会离开那暗无天日的"地方",也给了我继续生活的契机和理由。感谢应老师用她天生温柔的声调开解我,用她的专业知识给予我最合适的调节解压途径。

——学生　朱昕雯

我的导师是语文俞老师。从小到大,对语文有一种执着,对语文老师也有一种独特的偏爱。因为我觉得文字是有温度的,它的温度因时间而异,也因人而异。俞老师在高一开学之初,就曾说过"很喜欢我的文章"。其实,作为现阶段的我们,是极渴望得到他人的肯定的。当我用心写作的文章得到了您的肯定时,这无疑是给予我了一种温暖,一种能读懂、能感知到文字背后内涵的温暖。

——学生　蔡珺妍

第四章

❖❖❖

潜"心"育人:激励个体心灵成长的心理 "三全导师制"案例研究

"三全导师制"的实施,让全员导师可以通过学业辅导、心理辅导和生涯规划等方面来辅导学生的成长。而心理育人则强调培养学生的心理素质和能力,使其具备自我管理、情感调节、沟通协调等方面的能力。可以说,"三全导师制"和心理育人有着密切的关系。

心理育人的理念与"三全导师制"育人理念不谋而合,都致力于培养学生成为具备全面素质和健康心态的人才。心理育人可以为"三全导师制"提供更丰富的内涵和拓展空间,打造更完善的教育体系。因此,"三全导师制"和心理育人之间互相支持、互相补充,共同构建起一个全方位的教育体系,为学生提供更好的成长环境和发展平台。

第一节 激励个体心灵成长的心理"三全导师制"

应晓默

一、学生个体心理发展概述

心理发展是指个体从出生、成熟、衰老直至死亡的整个生命进程中所发生的一系列心理变化。在人的一生中,个体心理的发展既是一个连续的过程,也可以分为不同的阶段。个体发展到一定的年龄阶段,应该表现出与个体年龄相符合的行为特征,这种社会期待性的行为标准,称为发展任务。心理学家将个体的心理发展划分为八个阶段:乳儿期(0岁~1岁)、婴儿期(1岁~3岁)、幼儿期(3岁~6、7岁)、童年期(6、7岁~11、12岁)、少年期(11、12岁~14、15岁)、青年期(14、15岁~25岁)、成年期(25岁~65岁)、老年期(65岁以后)。

高中生正处于青年初期(14、15岁至17、18岁),这是个体在生理、心理和社会性上向成人接近的时期。高中生的心理发展特点为:智力水平接近成熟,抽象逻辑思维已经从

"经验性"向"理论型"转化,开始出现辩证思维;占主导地位的情感是与人生观相联系的情感,道德感、理智感、美感都有了深刻的发展;形成了理智的自我意识,但理想自我和现实自我仍面临分裂的危机,自我肯定和自我否定常发生冲突;意志水平上也会出现和生活脱节的幻想。

正因为这些特点,高中生在成人成才过程中,面临着诸多挑战。一方面,高中生心理发育尚未成熟,人格特质正在逐步形成,尚缺乏稳定性;情绪状态呈现波动性大和冲动性强的特点,遇到挫折和打击时,心理弹性不强,是心理健康问题的易感人群。另一方面,高中生面对越来越剧烈的竞争和挑战,承受着学业、人际关系互动、亲子矛盾等多重压力,存在迷茫、焦虑、抑郁等消极情绪,心理健康问题日益突显,心理危机事件层出不穷,这严重影响了高中生的心理健康发展。长时间的线上学习,导致很多高中生面临对未来的不确定性增加,出现了较多一般乃至严重心理问题和危机事件,更是对高中生的身心健康管理造成挑战。

二、本校学生心理发展现状

我校的心理教育理念是:秉持"首在立人"办学理念,厉行校训"抱诚守真",坚持将"爱、诚、进、韧"立人核心标准贯穿于学校心理健康教育中,结合学校立人教育要求和学生成长内在需求,依托"三全导师制",设计、组织一系列内容丰富、形式多样、参与性强、针对性强的活动,在宣传普及心理健康知识的同时为学生搭建起锻炼心理品质、提高心理素质的平台,促进学生核心素养提升和全面发展,最终成为有思想、会做事、身心健康的文化人。2022年度,随着新中考改革的实施,我校迎来首度扩招,从12个班级新增到13个班级,学生人数从300多人增加到450人,未来还会有继续新增学生的可能性,因此在心理教育上任务更显得突出。对新入学的学生,我校会购买第三方测评软件服务,初步排查学生心理问题。但这显然是不够的,我校在每个月的年级例会上,心理教育团队(心理老师、学生处主任和分管心理副校长)深入每个年级组,和班主任、年级组长一个个排摸需要心灵关爱的特殊学生,现场制订、完善关爱计划,确保我们掌握到每一位学生的心理状况,以及建立相对应的心理档案。总体而言,我校全体学生的心理发展趋于稳定。

但就个别心理问题而言,主要表现在:1.严重心理问题确诊人数增加。以前比较突出的心理问题是抑郁症和双向情感障碍,但是2022学年新入学的学生中,除了抑郁症,还增加了精神分裂、自闭症等严重心理问题,对我校的心理健康教育带来了极大的挑战。2.一般心理问题日渐突出。由于中考教材改革,2022学年是中考扩招的一年,我校招生人数相比往年增加1个班级,学生人数增加80余人,高中学业比起初中难度加大,学科知识增加,学习方法也发生转变,较多学生难以适应,出现一部分学生学业困难,厌学、畏难甚至想要休学等情况,给班主任和任课老师的管理带来了极大挑战。除此之外,还有比较突出的人际冲突、师生关系等带来的情绪问题。

由于本校只有一位心理专职教师,因此全员导师制的实施对心理健康教育起到了重大作用。举例说,某学生因为学业、家庭等原因被精卫中心确诊为抑郁症,在班主任和心理老师都知情的情况下,班主任会及时知会导师,以便在日后的沟通中能更好关心该生的心理状况,避免可能诱发该生更大心理压力的学业话题。

三、"三全导师制"心理育人实践举措

为更好促进学生学业发展和心灵个性成长,我校早在十多年前就提出了"三全导师制",把"三全育人"融入鲁迅中学的学科教学和德育活动中,全员参与、全程和全方位关注学生的个性发展。我校曾在 2013 年出版《"三全导师制"的构建与实践研究》一书,该书以实证研究和实践经验总结的形式,全面介绍了上海虹口区重点中学鲁迅中学传承鲁迅"首在立人"的精神,改革传统的班主任制,开展有本校"三全"(全员、全覆盖、全方位)特色的"导师制"的设想、方案、过程和经验。

1. 全员导师皆为心理育人工作者

我校心理健康教育的总体目标是构建"五位一体"的心理健康教育工作体系,即建设全方位工作网络、立体化课程资源与活动平台、规范化咨询干预机制、专业化师资队伍、家庭、学校、社会协同育人共同体,形成高质量的学校心理健康教育工作体系,培养学生珍视生命的意识,以及调控情绪、应对挫折、适应环境的能力,培育积极心理品质,健全人格,为学生健康成长和幸福生活奠基。

通过本校心理课程、心灵社、心理活动月、心理测评、导生导师谈心等多途径多方式,及时发现和缓解学生发展性心理问题,培养学生积极健康的心理素质;对于存在心理障碍的学生,需要早预防、早发现,及时实施筛查和转诊,开展针对心理危机状态学生的初步干预工作。

我们建立了危机干预三级网络。一级预防与处理:全体学生的心理健康促进。班主任联合所有导师、家长、学生中的心理辅导员等关注学生的日常心理波动情况,提供适时的疏导,预防心理问题的产生。二级预防与处理:班主任将高危学生转介到学校心理室(或进一步转介到区心理中心),经过专业的心理评估后,进行个别或团体的辅导,预防心理危机的产生。三级预防与处理:将学校心理老师或区心理中心评估出有医教协同干预需求的学生,转介到专业医疗机构。在其就医及康复期间,学校提供支持随访服务,预防伤害性事件的发生。

由此看来,我校全体导师都是心理工作者,及时关注学生心理状态,联合心理老师、学校德育团队成功化解多次心理危机。

2. 增强导师对心理问题的识别能力

为了有效提高所有导师的心理专业知识,更好地了解青少年心理特性,我校制订了全校系列培训计划,分别邀请相关的心理专家给全校导师普及如何做好心理教育工作。比如我校曾邀请静安区心理教研员杨红梅老师给大家做《和青春期少年互动的知与行》讲座,杨老师从最基本的高中生身心特点出发,向大家讲述新时代的高中生有哪些心理变

化,有哪些亚文化影响到他们的心理发展。"工欲善其事,必先利其器",只有先掌握了高中生心理特性,才能更好地开展沟通。我们邀请了宝山区教研员王震老师给全员导师做了《全员导师背景下,我们如何成为学生的良师益友》讲座,王老师向大家分享了全员导师制的背景,以及宝山区的一些经验做法,为导师工作提供了重要思路。此外,我们依托区、市级培训平台,加强和加大全体导师的心理健康教育培训投入度,提高全体导师的心理健康教育意识,增强他们对心理问题的识别能力,初步成效较好。导师们不仅聚焦学业问题,更关注导生的身心健康,运用学到的"倾听、共情、反馈"等一系列心理助人技术来倾听了解学生的心声。一旦发现学生心理问题,导师会加强和班主任、心理老师的沟通,以进一步预防心理问题带来的危害。

3. 明确导师任务,增强导师交流内驱力

很多导师对于自己的工作职责存在困惑,不知道如何与学生进行有效沟通交流。由此,我校制定了《导师记录手册》,包含一系列内容,如我的指导计划、学生初印象、导生谈话记录、家校沟通记录、导师寄语、特色活动记录等。内容的丰富多样性进一步明确了导师的工作职责,让导师做到心中有数、指导有术。

具体内容开展上,我校每月规定导师导生之间至少一次谈心活动,及时了解学生的身心情况。同时,分年级开展主题特色活动:高一年级开展"真情传递"和"一次难忘的活动";高二年级开展"师生同乐"主题活动和"夸夸我的导师"征文活动;高三年级开展"毕业了,我想对你说"特色活动。

寒暑假期间每个导师撰写导生辅导案例,记录辅导成效的同时也反思了进步的空间。案例涵盖学业、心理、家庭教育、生涯辅导等多方面,也为我校的"三全导师制"实践工作累积了较多工作案例和工作经验。

4. 加强导师的考核工作

每学期结束我们会评选优秀导师,开展优秀导师交流。唯有明确导师目标、职责,才能更好地指导导师的工作方向和实践行动。

四、"三全导师制"心理育人成效和反思

经过这十多年的摸索和实践,我校"三全导师制"工作取得较大成绩,获得区、市上级部门认可,多次向区、市乃至全国教育论坛分享我校"三全导师制"的经验和实践举措。"三全导师制"视野下的学生个体心理成长也得到了一定发展。本着人人都是心理工作者的原则,所有导师和学校心理德育团队密切关注学生心理发展,成功化解一起又一起危机事件。除了关注严重心理问题的学生,我校也注重所有学生的个性化成长。我校学生积极参与各项活动,在学业比赛和兴趣活动中都取得较好成绩,不仅培养了积极乐观、健康向上的心理品质,更是提高了心理自助能力,促进他们身心和谐发展。

尽管我们取得了不少成绩,但依旧有很大的进步空间。在未来,我们依旧需要继续加大培训力度,让全员导师继续学习和熟悉掌握助人技术,把"三全导师制"的心理育人功能

发挥到极致。此外，我们仍然需要摸索多种途径，把"三全导师制"融入家庭教育指导中，家庭对学生身心的发展有着更重要的作用，唯有家庭和学校合力协作，才能帮助学生更好地发展。

第二节 "三全导师制"心理育人案例范本

从"心"教育

霍文琴

一、案例描述

小敏，男，高二学生，性格孤僻、内向，而且还表现得十分自卑。他从不主动与周围的同学交流，他觉得班上的同学都瞧不起他这个从农村来城市求学的同学，也怕同学笑话他有一双年纪足以做他们爷爷奶奶的父母，遇到不会做的题目也不敢去问，因为怕老师嘲笑他。但同时，他也渴望融入班集体，也想用好的成绩来证明自己。他在学习上下了功夫，成绩却始终没有进步，这无疑使得他更为自卑。他说话声音小小的，连走路的姿势也表现得十分拘泥。

我在与班主任的沟通中还了解到：小敏上初中时，有一次下大雨，母亲去学校接他，周围的同学都以为那是他奶奶，在他说明那不是他的奶奶而是他的母亲后，周围同学的一句"不会吧？你妈妈都那么大年纪啦？都可以做我奶奶了！"使他产生了强烈的羞辱感。从那以后，他就刻意拉大了与其他同学之间交往的距离，他不时地怀疑周围的同学在嘲笑他、议论他，感到自卑，他恨自己，也恨他的父母，但他又无法改变这种现状，心中十分苦恼，甚至还产生过绝望自杀的念头。

二、案例描述

从小敏的个案中可以发现，小敏本身存在着以下几个方面的问题：

1. 个性缺陷

性格是一个人稳定的态度体系和习惯了的行为方式，是个性结构的重要组成部分。良好的性格可以改变和弥补气质的某些消极因素，对人生具有积极意义。同时良好的性格是身心健康的基本保证。相反，不良的性格不仅严重影响人际关系、人的成长与进步，而且对个体的身心健康十分有害，容易导致心理疾病。

小敏的个性有着很大的缺陷。如过分内向、孤僻的个性，自我封闭和抑郁的心态，自卑，这些对人际关系都存在着消极作用：首先他的性格缺陷严重妨碍了他与别人的交往，使他既不会也不愿主动与同学接触，导致同学之间缺乏相应的了解和理解的机会，造成感情冷漠，关系不融洽。其次，他这一系列不良的个性特征很容易给别的同学以不良的评价,使人产生不愉快的感受,影响别人对他的接纳、交往。

2. 能力缺陷

人际交往能力欠缺也是影响人际关系的原因之一。小敏平时既不爱说话,又很少主动与人接触,经常独来独往,尽管他也有和同学交往、改善关系的愿望,但却不知如何去做,因此产生了很强的自卑感和恐惧心理,但做起来又可能弄巧成拙,产生误解,索性放弃,放任自流,这就更失去了人际交往的锻炼机会。

3. 过高的自我期望价值

学生的任何一种活动与他们的学业成绩密不可分,人际交往也不例外。小敏在学习上的确是花了工夫,按他的话说是:"父母无法给我的,我可以通过自己的努力去得到。"于是,他努力学习,想用成绩来证明自己存在的价值,可他却没有意识到对自己的期望价值过高,超出了他能力可及的范围,怎么努力也无法达到他所预期的状态,导致他怨天尤人,更加自卑。

三、指导措施

1. 理性认知疗法

首先,针对小敏的不良认知模式运用理性认知疗法,和他一起认真地探讨人际关系的意义,从健康的群体意识的理论问题到如何正确认识和对待同学之间的关系问题,在理论和实践的基础上,进行具体的、有针对性的、入情入理的分析,明确指出他在这方面的不当之处,使其逐步认识到并尽快地改变过去那种非理性的认知结构和思维模式,纠正不合理的信条,代之以科学的理性信念,从而达到改善认知,理顺情绪,消除观念上的障碍,树立良好的群体意识之目的。

2. 行为疗法

针对小敏在人际交往方面的自卑感和能力缺陷,运用行为疗法,加强实际训练。人的交往能力完全可以通过有意识的培养训练得到提高,关键是要克服自卑,建立信心,多动脑,多实践,不断总结,培养其主动交往能力。根据小敏的个案情况,我为他定制了以下"作业":

(1)细心观察身边同学的言行举止,并与自己的言行举止进行比较,合理改善自己的言行;

(2)尽可能多地与性格开朗、热情活泼的同学交往,并尝试深入交一个朋友;

(3)有意识地参加一些集体活动。

3. 人际沟通技巧的掌握

教导小敏人际沟通的技巧与方法,如善解人意、体贴关心、乐于助人、克制忍让、顾全大局,礼貌待人,以及学会运用恰当的语言赞扬别人和开展积极的批评与自我批评等,鼓励他从大处着眼,从小事做起,认真实践,持之以恒。

4. 自信辅导

美国作家爱默生说:"自信是成功的第一秘诀。"可以说,拥有自信就等于拥有无限机会。

四、案例反思

经过为期三个月的咨询辅导后,小敏的状况有了明显的好转,他已经可以很自然地跟同学进行交流了,在学习上遇到不会的题目也能主动去向老师请教,与家人的关系也得到了改善。令他最为高兴的是,成绩也有了明显的进步。他终于变得开朗、活泼起来。

人际交往关系问题是学生心理咨询最常见的问题,它在学生的正常学习和生活中影响很大,不但妨碍他们的健康成长和顺利成才,也是造成留级、休学及退学的主要原因。中学生接触最多的是学校、家庭与同学,以下就个人、学校、家庭三方面来讨论一下,面对这一问题,我们应该怎样做:

首先,人与人的交往,是思想、能力与知识及心理的整体作用,哪一方面的欠缺都会影响人际关系的质量。有的同学在人际交往中存在社交恐惧、自卑、冷漠、封闭、猜疑、自傲、嫉妒等不良心理,都不易建立良好的人际关系。加强自我训练,提高自身的心理素质,以积极的态度进行交往。只是这些还不够,我们还必须具备各种良好的交往品质,如真诚、信任、克制、自信、热情,等等。

其次,作为教师,应担负起引导学生有效交往的责任。教师要注意引导学生不断调整自己的认知结构,对人际交往形成一种积极的正确的认识,而不要把人与人之间的关系视为尔虞我诈。同时还要教给学生一些必要技巧,如冷处理法、暗示法、礼让法、转移注意法、承担责任法、肯定法等来化解矛盾。另外,还可以通过讲座、心理咨询等方式给学生一定的指导,普及一些处理人际交往中矛盾的方法。通过每一次矛盾的解决,促使交往双方达到心理相容。

面对繁重的学业负担,严峻的高考挑战,以及社会快速发展造成的日益加大的竞争压力,高中生的心理健康问题越来越突出。学校必须重视高中生的心理健康状况,加强对他们的心理健康教育,而在学科教学中渗透心理健康教育是面向全体学生进行心理健康教育的最直接的途径,更是在当今新课程新课标下的学科素养的渗透。

从自卑到自信,一个男生的蜕变

王　霄

一、案例描述

在我指导的学生中有这样一个孩子,他叫小杰,高高瘦瘦,戴着一副眼镜,上课时听课非常认真,总是积极地举手回答问题,课间安静地坐在教室里学习,对需要帮助的同学总是会主动帮忙,充满着满满的正能量。可以说,他在一群"活蹦乱跳"的男孩子里属于一股清流。但就是这样一个孩子,其实曾是被家长多次"投诉"的"不肖子"。

还清楚地记得家访时,他的母亲与我寒暄了几句之后就开始数落她儿子的种种不是,比如英语很差,不爱学习,动作很慢,有严重的拖延症……随后当着孩子的面说起了作为父母为了让孩子获得更好的教育付出了多少努力,之后对孩子说:"你一定要好好学习,珍惜这个来之不易的机会!"小杰认真地点点头,随后不安地低着头,仿佛自己犯了巨大的错误。我见此状,微笑地问小杰:"我想更多地了解了解你,刚才都是你妈妈在说,那你给我介绍介绍自己吧,比如你认为自己的优缺点是什么,有什么困惑,对高中生活有什么期待,都可以和我说一说。"他缓缓地抬头,思索了片刻,声音非常小地说:"我的优点是比较安静,缺点是我没有什么朋友,目前没有什么困惑,就是希望自己能在高中把英语提高一些吧!"他的回答很简短。他给我的第一个印象就是安静,有礼貌,但不够自信。

在母亲口中有种种缺点的男孩,我却在他初中的成长手册中看到了一句这样的评语:"谢谢你初中四年为班级关灯,不管是体育课,还是放学,虽然这并不是你的职责,但你做得很棒!"这句评语激起了我的好奇心:这个内向男孩的内心世界可能与我们想象中的完全不同。正值班级组建临时班委,或许他可以做个人选。

"小杰,你来办公室一下。"

课间,他跟在我的身后默默走进办公室,眼中充满了疑惑,脸有点微红,看得出他有点紧张。

"小杰,你坐,我想和你聊一聊。"我拉开旁边的椅子,示意他坐下。

"好,谢谢老师。"他回答的声音很小,如果不是他嘴唇在颤动,很难听出来他在说话。

"小杰,我听说你初中一直为班级关灯对吗?"我微笑地问他。

"是的,老师。"他回答。

"那你在初中是你们班的班干部喽?"我继续问。

"不是。"他小声地回答。

"那你能给我讲讲为什么能坚持为班级关灯吗?"

"我就是觉得,如果教室没有人,不关灯会很费电,而且还会扣班级的分数。"他小声地回答。

我听到他的回答后暗自高兴,心想:虽然小杰不爱说话,但并不是家长口中那么一无是处,我看到了他心中的光。于是我和他说:"你能坚持为班级服务,看得出你是一个心有集体并且肯担当的人,虽然为班级关灯这件事情不大,但是能坚持4年却很了不起,我为你的坚持点赞! 目前班级需要组建临时班委,所以我想邀请你来担任班级临时的劳动委员,你愿意吗?"我对他充满了期待。

小杰思考了两秒钟,之后默默地点点头,轻声地说了一句:"好。"

在临时班委的工作中,他非常认真负责,安排值日的同学,提醒同学离校时关门关窗,在大扫除时更是不怕苦不怕累,可以说他的表现受到了老师和同学的一致肯定。但是令人意想不到的是，他在班委正式竞选时却并没有上台，而是默默地坐在位置上为其他同学鼓掌。这是为什么呢？竞选结束后，我把他叫进办公室，微笑地问他为什么没有站在台上参加竞选，他笑着对我说："老师，我妈说我现在要好好学习，所以我没有站上去竞选。""那你想做班干部吗？"我问。"我觉得我做得挺好的，自己的能力也提升了，也会有更多的机会和同学交流了。"他回答说。"这么说，你还是愿意做班干部的喽？只是害怕耽误学习是吗？"我问。"其实也没有耽误学习，我觉得我在做班委时很开心，但是我妈说我不行，所以我没有勇气站在讲台上竞选。"他默默地低下头回答说，眼中有些泛光。听到他的回答，我感到很惋惜，本是应该发光发亮的孩子却被自己的家长"否定"，我想我要为这个孩子做点什么。"我认为你是一个很有责任心的好孩子，而且前一段你做劳动委员做得非常好，我会根据同学们的投票结果和老师们的提名调整班委名单。"他听后，开心地对我说了一句"谢谢老师"。

二、案例分析

我校在推行导师制过程中一直强调导师要从学生学习、心理、生活各个方面对学生进行全方面指导。而小杰选择了我做他的导师，导师和班主任的双重身份，让我与他有了更多的交流。在与他交流中，我渐渐发现了他不够自信的问题所在。首先，二胎家庭孩子间的比较让他丧失了自我，小杰有个姐姐，在父母眼中姐姐极其优秀，考上了著名的民族大学，父母以此为荣。而小杰经常被家长与姐姐进行比较，如果考试没考好，家长会和他说："你姐像你这么大的时候，从来没有让父母操过心，每次都是第一名，况且那时候的学习条件根本没有现在这么好！"因此，在比较中他看到的大多数是自己的缺点，找不到属于自己的优势。第二，严管让他逐渐产生逆反心理。小杰的妈妈全职在家，时间相对充裕，专门管理孩子的日常起居，对孩子的生活时间有严格的要求。由于担心小杰会手机成瘾，所以从来不让孩子用手机，也尽量减少让孩子出去和同学进行玩耍的时间。母亲的管理虽然出于好意，但是对孩子来说有些过于严苛，导致他很少有社交活动，没有关系很好的朋友，因此在他的成长过程中少了一些同伴陪伴的快乐。

三、指导措施

逆反心理、拖延症是小杰家长和我吐槽的主要问题，但是我认为这些问题的根源在于小杰生活在否定当中，他需要被肯定，建立自信，激发对生活和学习的热情。基于此，我主要从三个方面进行尝试，希望能让小杰有所改变。

（一）家庭，是建立自信的开始

家庭教育、家庭氛围、家人的语言都会对孩子产生重大的影响。因此我根据学生的成长经历和家庭情况与家长进行多次沟通，希望能够与家长形成合力，不断建立孩子自信心。

1.鼓励,不是简单的"加油"二字

高一上期中考试之后,小杰的各科成绩出炉,除了英语只有二三十外,其他均良好。孩子看到成绩虽说喜忧参半,但更多的是对英语成绩的焦虑,与此同时,他的母亲也非常焦急,并再次给我打电话诉苦说小杰在学习上如何不听家长的劝导。面对家长的焦虑,首先我安抚了母亲的情绪,其次告诉家长此时的孩子更需要鼓励,但鼓励绝对不是简单的"加油"二字。而是应该帮助孩子分析问题所在,例如成绩不佳的原因是单词量不够还是语法不够扎实? 接下来有怎样的计划,例如每天背多少单词,学几个语法? 一定要把学习任务量化,并给小杰积极的心理暗示,告诉他在学习的过程中遇见挫折是非常正常的,但是需要持之以恒,水滴石穿,只要孩子不放弃,坚持每天学习,保持量的积累,就会有质的飞跃。

在期末考试时,小杰的英语成绩较期中考试有所提升,虽然幅度很小,但是家长却对他进行了肯定,并鼓励说:"这是你努力所取得的结果,坚持下去,不动摇。"他将家长对他的肯定写在了周记本里,他说听到家长和老师的肯定时,他的学习动力更足了。

2.减少"比较",多些"肯定"

家长时常将自己的孩子与其他孩子进行比较,例如:××家的孩子考了第几名,取得了什么奖项;××可以做好,为什么你做不好? 你看看××家的孩子……对孩子来说,与"别人家的孩子"进行比较,并不能激起其斗志,反而适得其反,让孩子沉浸在自卑与愤怒中。而小杰妈妈也存在很多家长的攀比心理,如经常把他与优秀的姐姐进行比较,这也是导致小杰不够自信的原因之一。针对此,我经常将小杰在学校里优秀的表现反馈给他的母亲,这些反馈让小杰的母亲对自己的孩子多了赞美,同时我也告诉小杰妈妈,每个孩子的发展情况是有所差异的,减少比较,多些肯定,只要孩子的方向正确,就给他一些时间让他慢慢追赶,切不可揠苗助长,打击积极性。

(二)成长,与伙伴同行

为了增加学生之间相互沟通交流,我在班级的管理上增加了组长负责制:即学习、劳动、活动等都以小组为单位,在小组长的协调下完成。这一举措有利于学生进行沟通、交流,培养了同学之间的感情,也培养了他们合作的能力。小杰在成长的过程中,朋友很少,但是进入高中后,由于他乐于助人,为人憨厚,再加上班级很多常规活动都以小组为单位,所以他和身边的小伙伴渐渐熟了起来。课间,他经常和同小组的几个同学一起讨论物理题和数学题,有时还会给同学讲历史故事,他还从家里下载了《国家宝藏》等公益节目趁中午休息时放给大家观看。渐渐地,放学时他不再是一个人,而是几个关系好的同学结伴而行。因为有了同伴的陪伴,他脸上的笑容逐渐多了起来,也更加开朗了,更加有了青春的活力,他的妈妈就此还特地发来短信说觉得自己的孩子越来越阳光、越来越有朝气了。

(三)优点,就要亮出来

在学生的教育中,我一直坚持一个理念:即学生的成长不应该只有智力的成长,而应该包括了品德、劳动、体育等各方面的成长。在和小杰的接触中,我看到了他待人真诚、吃苦耐劳、乐于助人、有担当的优良品质。有一次，他放学回家晚了两个小时，于是他的妈妈打电话向我抱怨说小杰在放学路上居然为了帮助一个拾荒的老奶奶把三轮车推回家浪费了两个小时的学习时间，更严重的是没有提前打电话告知家长。虽然小杰晚回家没有给妈妈打电话这一做法有些不妥，但是他对弱者能给予帮助必须受到表扬。因此我推荐他为"德尚人物"，并在全校讲了他帮助老奶奶推车的故事，他的故事获得了老师和同学的一致称赞，而收获表扬和肯定的小杰，更加自信、阳光，并且答应以后如果晚回家，一定会告知家长不让家长担心。在此之后，他更加热爱公益活动，更加乐于助人，在学校生活中，他总是默默地为他人服务，默默地为班级做贡献。

四、案例反思

小杰从一个内向、不自信的男生变成了一个自信、阳光的人男孩，我认为主要原因有如下三个方面：

（一）长善救失，是不过时的教育理念

作为教育者，要善于发现学生的长处，放大优点，弥补缺点，通过鼓励不断正面引导学生向正确的方向发展。在家庭教育中，由于小杰在英语的学习上比较薄弱，所以经常被家长认为学习不好、懒、拖拉，但是事实上，他只不过是在英语上比较薄弱，并不代表他不爱学习，不能因此称他为"懒惰"。根据多元智能理论，每个学生擅长的领域有所不同，不能因为孩子的"一部分"薄弱，就否定他的全部，而应该看到他的闪光点，在发扬长处的情况下，给予信心，补齐短板。

（二）减少唠叨，我们都应学点沟通的艺术

正在不断成长的青少年，他们追求独立的人格和地位的平等，所以在与他们进行沟通时采用平等、民主的方式会更有效果。如出现问题，家长可以多问："你觉得为什么会有这样的结果？""接下来你有什么打算？"在提意见时，把"你应该……"变为"如果我是你，我可能会……你觉得怎么样？"当孩子被平等地看待，当他感受到被尊重时，逆反心理会大大减少，也会慢慢学会理性客观地看待一些事物，并不断提高自主判断的能力。

所以在引导孩子的过程中，不妨把"说教"变成"谈心"，换一种沟通方式，也许会更有效。

（三）体验成长，适度放手也是爱

有不少家长在孩子的成长中总想包办一切，然而过多的干涉只会让孩子感觉到压抑。孩子每个成长阶段都会有每个阶段的特点，但不论是哪个阶段，孩子都需要去体验生活，感受生活，通过劳动、交友、学习、活动等各个方面体验成长的苦与乐。因此在孩子的成长过程中，家长应该给予更多的支持而不是约束，所以家长在对青春期孩子进行教育时，应该从宏观把握，指明方向和底线，给予孩子更多的自由，让他们在体验中不断锻炼自我。

做自己的"小太阳"

吴　为

法国著名思想家蒙田说过："教育孩子是人类最重要而又最困难的学问。"爱是前提，爱是必要的。不过，只爱不够。高尔基说过："单单爱孩子，这是母鸡也会做的事情，可是善于教养他们，却是一桩伟大的公共事业。"教育还要"懂"，"懂"其"症"，善教育。教育的最终目的不是传播已有的东西，而是把人的创造力量诱导出来，将生命感、价值感唤醒。这就要求教师关心、体贴、理解学生，把学生当作知心朋友，与其产生共鸣，使其接受教育，在提倡素质教育、培养学生创新精神与实践能力的今天，情感教育是非常重要的，教学过程是教师的教与学生的学对立统一的过程。在这一过程，只有教师与学生配合默契，教师正确指导，学生正确运用，才可以达到"师生和谐，教学相长"的目的。

一、案例描述

一个爱的微笑，一句爱的话语，都可能激起学生潜在的能量，有可能改变孩子的一生。×同学原是我校的在籍生，可是在他的一再坚持下，家长为他办理了借读手续。因为他曾经和我们一起参加过军训，我对他的个性有所了解。他是比较自负又极其敏感的孩子。对于父母的苦心，我无力阻止他借读的选择，可是心中却有着一丝担忧。他能适应借读的生活吗？他能和他的新同学友好相处吗？我的担心，在不久之后变成了事实。在他借读的市重点学校中，他和老师、同学的关系都没有处理好。后来他甚至发展到偷窃同学的手机被查获。学校不再接受他的借读，他不得不回到鲁迅中学。

二、案例分析

再次出现在我面前的×同学，眼神中有着惊慌，面庞带着他的年纪不该有的憔悴。他告诉我，自从那件事发生后，他已经一个多月失眠，也无法集中思想在学业上。面对变得如此脆弱的他，我知道此时再去指责他，告诉他什么是对什么是错，无异于是在他极大的精神负担上再加一块石头，有可能会让他再也无法面对他的将来。所以我决定不以一个指责者，或指导者的身份出现在他面前。而是让他先平静下来，告诉他即使全世界都不接受他，但是五班是他可以停靠的港湾。要坚强，自信起来，做自己的"小太阳"！

三、指导措施

1.全面分析对各类消极情感进行积极解释

通过对×同学个人成长经历分析，让他全面客观地了解自己的认知冲突，认识与自我、他人、群体的关系，觉察出与之相对应的消极情感，并引导其将消极情感进行积极解释："这个世界上没有人是完美的，即使是太阳到了晚上也需要关门独处，天空总有阴暗的时刻。"

2.多多鼓励,以积极方式取代消极的行为应对模式

本阶段不刻意纠正他的不当行为,而是引导其注重改变习惯的情绪行为应对方式,并以积极方式取代。例如,引导他在感到紧张、焦虑、烦躁时可进行放松练习,先平复情绪再做出行动;并建议在生活实践中学会运用一些符合自己兴趣的积极的调节方式。例如:他提到自己擅长写作,喜欢和妈妈交流倾诉等;另外,通过引导他进行自我价值分析,学会不断强化对自我的正向暗示,全方位认识自己、接纳自己、认可自己。

3.语言表达,提升人际及亲子沟通能力

本阶段通过引导×同学对导致人际及亲子冲突的行为进行讨论,引导他设想消极应对方式可能会导致的后果,为出现的问题探讨共同的解决办法。其次,回忆导致人际冲突和亲子冲突的具体情境片段,列出"我当时的实际反应"和"我的可选反应"分别有哪些。最后,协助其进行分析和归纳,了解引起冲突的语言和有效沟通的语言分别具有什么样的特点,引导其在人际沟通和亲子沟通中尝试运用有效的沟通语言去应对。

4.审视和利用积极的社会支持力量和资源

本阶段着重引导×同学重新审视自己的社会支持力量,要学会在学习生活中充分运用这些积极的社会支持力量去帮助自己。接下来的几周中,我时时关注他的情绪变化。同学们的宽容与友善,让他渐渐平静了下来。他不再拒绝来校,拒绝听课。我觉得是时机和他沟通了,我们一起散步,一起谈心。我告诉他,在人的一生中,会有很多挫折,面对挫折时每个人都要勇敢。同时,每个人也都要为自己的行为负责。老师知道,他是个有追求、有梦想的孩子,可是世上的任何事业,都没有一条现成的路可走。看着他渐渐明亮起来的眼神,我知道,他会走出阴影,走向新的生活。在学期结束的时候,他选择了出国留学,并顺利去了美国。相信他会走出自己的路。我为他祝福。现在,他也已经学成归国,并有了自己的事业。

四、案例反思

对学生要给予爱心、诚心和耐心。爱是启迪智慧的源泉。教师应把爱融入学生的心灵,持之以恒地感化学生,让爱心、诚心和耐心成为滋润后进生心田的甘露,从而使他们感到老师是朋友,且对学习产生兴趣。

诚然,作为教师,需要丰富的经验、熟练的技巧、一流的基本功,但有时更重要的是用"心"育人。我们耐心地陪伴学生度过每一天紧张而充实的生活,和学生共同成长,力争实现和学生零距离,做他们心灵上的朋友,与他们共同分担失败的苦涩和共享成功的喜悦。人非草木,孰能无情,我们相信只要尽心尽责地面对每一位学生,没有解决不了的难题,没有不能感动的学生。

"让每个孩子都能成为有用之才"是党的十八大对青少年提出的殷切期望和深情关怀。"少年胜,则中国胜;少年强,则中国强。"强、胜,不仅仅指的是身体素质,更多是心理

和思维上的强大。强健的体魄、美好的心灵,孩子们的健康成长,需要家长、学校及全社会的共同努力,而积极心理治疗可以作为一种有效且可行的方法。积极心理治疗以积极心理学为理论基础,主张在心理治疗过程中关注人自身的积极品质和自愈能力。基于积极心理治疗理论下的学校心理辅导工作,认为来访者自己具有自愈和发展的潜能,在辅导中着重帮助来访者体验积极情绪、塑造积极人格品质,体现出更为积极的人性观。

"电脑小能手"的蜕变之路

林芷立

一、案例描述

我的导生小西同学是一个外表瘦弱的男生。他平日为人和善,和同学关系良好,对老师谦逊有礼,还擅长视频制作,在我眼里是个妥妥的"好孩子"。但由于他学习缺乏目标,成绩不理想,有些科目甚至排在年级倒数的名次,是几门考试科目老师心中的"老大难"。

二、案例分析

(一)优点分析

1.礼貌懂事

从初次和小西同学接触起,我就对他印象深刻,因为无论是在面对面的交谈中还是在社交软件的沟通中,他都常常将礼貌用语挂在嘴边,这是他区别于同龄人的一点,他也因此显得格外礼貌懂事。

2.认真负责

对待我交给他的视频剪辑和制作的工作,小西同学总是尽心尽责地完成,力求做到最好。而我也对他的作品很是满意,不光是因为他对视频编辑软件的熟练运用,还因为他有着不错的审美能力,制作的学校活动宣传视频十分美观。而且他十分谦虚,并不因为自己的这项技能而沾沾自喜。

3.家庭支持

在和班主任的交流中我了解到,小西同学的家人十分支持他在学校的工作。他刚开始制作视频的时候,因为电脑比较老旧,花了很多时间,导致制作到深夜,后来他的妈妈为他换了新电脑,大大提升了工作效率。

(二)不足分析

小西同学的主要问题来自学习,成绩不佳令他十分烦恼。

1.重视不够,逐渐掉队

由于高中的知识和初中相比,难度更上一层,而他在高一入学的时候并没有意识到这一点,没有从心底里重视学习中的预习、复习等环节,等到他发现渐渐跟不上课堂中老师的节奏时为时已晚。

2. 自信受挫,恶性循环

在几次课堂小测中,他的成绩都不够理想,这让他很受打击,自信受挫。他想要追赶同学的进度,却发现越来越听不懂课堂上的知识,而且常常在旧知识还没有消化吸收的时候,又开始了新知识的学习,导致他在课堂中常处于云里雾里的状态,愈发缺乏信心。

3. 缺乏目标,力不从心

随着落下的课程越来越多,即便是对自己的学习状况不满意,他也不知道从何下手去改进。由于常常为了完成作业而忙到深夜甚至凌晨,他白天在校的精神状态也总是不佳,课上老犯困。他的政治老师在得知我是他的导师之后,特意让我多督促他,提醒他在课堂上不要睡觉。

根据以上分析,结合心理学激励理论,我计划采用如下策略对他进行引导:

首先,肯定他的优点,一是肯定他在视频制作方面的天赋和能力,二是在他学习有任何微小的进步时及时给予积极正向的反馈。

其次,增加谈心频次,用恰当的方式对他进行提醒,帮助他及时找到自己的问题,并和他一起商讨改进策略。

三、指导措施

人本主义心理学家马斯洛将人的需要分为五个层次:生理需要、安全需要、社交需要、尊重需要和自我实现需要。采取有效的激励措施能够一定程度上满足学生自我实现的需要。高中阶段的学生自尊心较强,在激励时可采取正、负激励相结合的方法,以正激励为主,负激励为辅,在及时指出其不足的同时保护其自信心。

1. 长久鼓励

小西同学刚一进校,就作为"电脑小能手"为学校活动制作、剪辑视频。从那时起,我和他的交流就比较多,从学校工作上的到电脑技术上的。从他的谈吐中,我能感受到他是个品行端正的好孩子,但是谈话间时不时流露出一些害羞,比如眼眉低垂、目光稍有躲闪等,显得不够自信。于是,对于他完成的作品,我都不吝溢美之词,希望可以给他一些鼓励。后来,他来征询我可不可以做他的导师,我欣然同意。

在谈话中,我了解到他打算在高中毕业之后出国留学。针对他的计划,高一上学期,借着团委学生会换届改选的契机,我鼓励他报名参选,以此丰富自己的经历,为申请留学做准备。他不负众望成为了团委学生会中的一名团学骨干。此后,在工作中,我也常常鼓励他。在长久的鼓励中,我有两点发现:一是在进一步的了解之后,我发现对他的初印象有些偏差,他并不是个不自信的孩子,只是有些慢热,且不爱张扬;二是"趁热打铁"的鼓励能够激发他的进取精神,工作越发出色。

2. 适时点醒

高二上学期,因为成绩原因,他提出不再参加新一届团委学生会的竞选,我感受到了他的沮丧,于是向班主任和任课老师了解他的学习情况,得知了他存在课堂注意力不集中、课上打瞌睡的现象。

在和他的谈心中,我请他自己分析成绩长期没有进步的原因。他总结道,因为前期落下太多,现在想赶上有些来不及了。我肯定了他的反思,但我认为除了这个原因之外,还因为他缺乏紧迫感,总觉得来日方长,习惯了在逃避中拖延。为了维护他的自尊心,我没有直接点破,而是告诉了他改变的方向,指出了充分利用课堂学习时间、提升课堂学习效率的重要性。

在导师寄语中,我这么写道:"亲爱的小西,两年的接触让我看到了你的不同面,你还是那个谦和善良、通情达理、颇具才华的孩子,从你身上,我也学到了很多。希望你在即将到来的暑假静心思考,找准自身定位,发挥特长和优势,让高中三年成为人生中的精彩一笔。愿勇敢和自信永远伴随着你,加油!"

3. 充分信任

高二暑假,我和班主任一起对他进行了线上家访,和他妈妈一起总结分析了他目前学习上的主要问题在于缺乏学习目标和紧迫感,他认可了这一点。谈到下一步的行动时,他表示,假期两周的补课对他帮助很大,他的状态正慢慢步入正轨,做题从开始的无从下手到现在时不时能受到老师的表扬。

在我看来,这是一个非常好的开端,是一个质的转变。但他妈妈也提出了担忧,怕他只是三分钟热度,不能长久坚持。我对他说,暑假的课程是一个自己和自己比较的过程,我们追求的是纵向的进步,可以尝试每天进步一点点,只要今天多解决一个昨天解决不了的问题,就是值得肯定的。

这次家访中,我看到他的学习状态和之前相比有着明显的进步,有一定的内驱力,有适当的目标,也有了切实的行动,相信他在高三一定可以迎头赶上!

四、案例反思

1. 全面看待学生

每个学生都有自己的闪光点和不足之处,只有全面地看待他们,不以偏概全,才能够对他们进行正确评价,从而进行合理指导。在和小西同学的沟通交流中,我首先发现了他身上谦逊有礼的优良品质,随后逐渐看到了他学习中存在的问题。这帮助我采用恰当的方式和他谈心,不至一味夸赞,更不至全盘否定。

2. 平等对待学生

在面对学生的缺点时,首先要牢记的,就是将学生和自己放在同一高度,平等地对待他们。试想,成年人也常有惰性,何况是高中生。只有先树立平等的观念,才能让学生感受到尊重,才愿意以心换心,以平等的姿态帮助学生找到问题所在,才更有助于学生改正缺点,成为更好的自己。

3.静心期待学生

任何人的成长都不是一蹴而就的,在对学生进行指导的过程中,则更需要静下心来,给予他们陪伴。道路可能是曲折的,但前途终将是光明的,用心聆听学生努力的脚步声,耐心期待学生的进步和蜕变,是一名教育工作者最长情的告白。

走进心灵,塑造学生健康心理

黄菁华

学生是具有超越性的受教育者,在师生互动的具体教育场景中,学生常常会在实际上变为"非受教育者",并有可能在实际上充当"教育者",师生之间由静态的"师教生学"关系转变为动态的"共生互学"关系。

教师如果能在学生心头点燃一盏信念之灯,或许可以让他们茫然漂荡在大海的心找到导航灯,或许这样的信念之灯能照亮他们的一生。教学和教育的全面技巧和艺术就在于发挥每一个学生的潜能,使他们享受到成功的乐趣。

一、案例描述

小悦是我指导的一名女生,她平时不声不响,和同学交流少,成绩中等,在班级里总是把自己的存在感降到最低,其实作为老师,这样的学生一般不会引起我的注意。家长会时,在小悦母亲和我的交流中,我察觉了一些问题。我了解到小悦父母离异,她随着到上海闯荡的母亲来到上海,本身性格内向,母亲由于工作的压力老是愁眉苦脸,又常常在她面前讲述自己的不幸,且表现出对小悦学习成绩的巨大担心。母亲给小悦的巨大压力,和她到上海不久还不能融入环境的陌生感,使这个女孩情感更加脆弱,心理压力更大,觉得自己在同学面前抬不起头来,不敢与同学交流,采取有意回避的态度,压抑自己。

二、案例分析

家庭和环境的突然变化,使小悦失去原有的心理平衡,变得更加焦虑不安,感到孤立无助,继而逃避,这是一种高度焦虑症状的消极自卑心境。我认识到这时候如果老师不闻不问,或批评责骂她,不仅不会消除这种不健康的心理,反而会增强这种心理。长此下去,其认识就越片面,心理的闭锁就越强,最终将导致对任何人都以冷漠的眼光看待。

三、指导措施

第一,加强与家庭联系,说服家长尽责,帮她摆脱心理困境。

我认识到她心理不堪重负的原因主要在于家庭。因此,我加强与其母亲联系,让其母亲认识到家庭教育的重要性和责任感,使这个不完整的家庭也承担起教育孩子的重任。

我多次和她母亲联系,做好她母亲的思想工作,希望她承认现实,面对现实,树立起生活的信心,尽量不要在女儿面前哭诉,因为这样于事无补,反而会增加女儿的心理负担,影响她的健康成长。通过鼓励多给女儿信心,她刚来上海不到一年能够顺利地考进高中就说明她是个学习能力不错的小孩,不要在她面前说她脑子笨,转不过弯来,这样反复会造成很不好的心理暗示。由于家庭与学校共同努力,使孩子的心理发生了微妙的变化,不再逃避,也愿意跟同学交往,脸上露出了点点自信,对我也更加信任了。

第二,运用行为疗法,使她恢复自信。

我认识到小悦自觉性很强,也很爱读书。有一天课堂上,我提出一个问题,很多同学不会答,我竟意外地发现这孩子眼里露出一点笑意,便抓住这个机会提问她。开始,她涨红了脸,讲得结结巴巴的,我用鼓励的眼神望着她,亲切地对她说:"说得非常好,继续!"结果她讲得很流利,得到了全体同学的掌声,她的脸上也露出了久违的笑容。志愿者服务中,她主动报名参加了鲁迅纪念馆讲解员的考试,并且顺利地在众多报名的同学中脱颖而出,她表现优秀,获得了鲁迅纪念馆的好评和称赞。此后,我还多次鼓励她担任年级团支部书记和政治课代表。她在工作中逐渐成熟,敢于表达自己,工作也是十分认真负责,和同学老师之间的交往也慢慢地多了起来。她多次体验成功的喜悦和荣誉,使她摆脱了自闭心理,激发起了自信心和上进心。

第三,激发她对生活的热爱,提高心理承受能力。

某次考试成绩不理想,我观察到小悦闷闷不乐,下课时坐在教室里也不和其他同学交流。课后,我找到小悦,告诉她一次考试的失误不能说明你的失败,如果自此垂头丧气大可不必。自信是每个人必不可少的。诸葛亮说过:"恢弘志士之气,不宜妄自菲薄。"这并不是说要过分自大,而是在遇到低谷的时候能够自我鼓励,积极向上。少年逐梦,过程必然漫长,随之而来的定是一个又一个坎坷,此时过多的负能量只会更快将人的身躯压垮。失败并不可怕,可怕的是没有接受失败的信心;跌倒了并不可怕,可怕的是没有爬起来的勇气;距离并不可怕,可怕的是心越走越远,没有向前追求的心态。保持自信,笑对挫折,才能够有继续追梦的动力。这次交流之后,小悦在学习上更加努力,平时课间经常看到她和其他同学交流学习情况,分享生活中的趣闻。

我渐渐发现她变得开朗起来,看到我也会微笑着主动跟我打招呼,与同学们的相处也很融洽。高三毕业时,她特地来学校看望老师谈到自己三年来的变化,她特别感谢我给她的鼓励和帮助,虽然自我感觉考得不是很理想,但她很快调整了心态,给自己制订了满满的暑假计划,打工、学车、旅游……看到她渐渐开朗,对自己充满自信,看到她遇到问题的处事态度,我感到女孩仿佛获得了新生。

四、案例反思

每个人都有要求进步的愿望,每个人也都有丰富的潜能。在我们还没有着手开发利用之前,它们只是沉睡在心底的矿源。美国成功学奠基人奥里森·马登在他的《思考与成功》一书中说过这样的话："你的体内有着伟大的力量，如果你能发现和利用这些力量，你就会明白，你所有的梦想和憧憬都会变成现实。"然而，在生活中我们每个人并没有意识到自身所存在的伟大力量，尤其是中学生，他们既不能准确地了解世界，更不能准确地认识自己，生活中的风雨随时都会刮灭浇熄信念的火苗，这时他们更需要别人去"点燃"。

生存与发展是当今世界性的教育主题，而生存和发展有赖于优良的素质。没有健康的心理，很难提高学生的综合素质。因此，开展心理健康教育是实施素质教育的一个必不可少的环节。加强对青少年心理健康教育，也是走出传统德育困境的需要。要提高德育的实效性，必须注入心理健康教育的新鲜内容。

我们在教育教学中要努力发现学生身上的优点和长处，这样有利于学生建立自信，运用优势克服自己身上的不足。心理学研究成果表明，教师对学生的期望很大程度上能促进学生自己提高。良好师生关系的核心是教师对学生发自心底的爱，教师要以热烈的爱关心学生的生活和学习，尤其是当他的家庭存在缺陷而导致学习困难时，教师应该对他们加以"爱"的呵护，弥补他们心灵上的创伤。结合家庭教育，改进家长认识，共同帮助学生面对问题。

教育是世界上最生动、最有创造性的事业。因为我们的教育对象是一群活泼可爱、善良单纯的孩子，是一群富有青春活力、激情四射的孩子，是有丰富的想象力和无穷创造力的孩子。他们对知识充满着渴望，对未来满怀着憧憬。他们就像春天里苗壮成长的小树苗，在广阔的蓝天下，在温暖的阳光里，努力汲取着大地的营养，努力伸展着自己的枝干，向着美丽的天空，追逐着自己的梦想。我很欣慰自己能够以导师的身份陪伴他们，鼓励他们、督促他们，分享他们的快乐，分担他们的苦恼，在他们需要我的时候，随风潜入夜，润物细无声，悄悄地用最恰当的方式帮助他们，让他们生活更快乐，学习得更开心，成长得更幸福。

教师的自我价值何以实现？我想不应当只要求学生"尊师"，教师其实也应"尊生"。教师与学生共生共存共命运。

润物细无声

陈　华

一、案例描述

小陆是2班的一名男生。他很聪明。平时上课反应快，思维灵敏，是个很不错的学生，但他的学习习惯很不好。课堂上时不时趴在课桌上，听课效率不高，作业书写潦草，学习态度敷衍了事。作为他的导师，在暗自观察一段时间后，我开始着手帮助他。

有一次在课上做练习时他从书包里拿出一根棒棒糖塞进嘴巴。我走到他跟前说，上课不要吃零食，要集中精力学习。我很清楚地记得他当时很不耐烦地看了我一眼，带着一种不屑的口吻,扔下句"我没吃",就把头扭到一边去了。我没想到他会是这种反应。我说,那么请你把嘴巴张开来吧,老师相信自己不会看错。他的反应很出乎我的意料。他稳稳当当地坐在椅子上,歪着头拿出餐巾纸把糖吐出来,"那你没收吧,我不要了"。

冷冷的话语,不屑的语气,桀骜不驯的眼神,让我再次无语。这时,其他同学听到了我们的对话,眼睛齐刷刷地看着我们。

二、案例分析

小陆冷冷的话语、不屑的语气、桀骜不驯的眼神,让我马上意识到这是一个逆反心理非常强的学生。心理学认为:逆反心理是人对某类事物产生了厌恶、反感的情绪,做出与该事物发展背道而驰的行动的一种心理状态。学生的逆反心理是一种消极的抵抗心理,这种心理一旦产生,就会形成一种固定的思维模式,对教师及家长的教育乃至所有的言行都持否定的态度,使教育达不到预期的效果,久而久之还可能导致矛盾激化。这种学生潜意识里非常渴望老师的关注,需要老师更加用心地去帮助他,关心他。所以,我想没有必要顾及教师的面子,和他正面冲突。我不能生气,也不能恼火,更不能以更严厉的语言训斥,应及时采取措施予以疏导。

于是我转过身,对同学说:"老师也喜欢吃糖。因为每个人都有紧张的时刻,甜食能够使人放松,产生一定的愉悦感。但是老师不能在走进教室时一边吃糖一边上课……"没等我说完,其余同学开起玩笑:"老师,我们不介意的……""但是,不同的场合对人的行为举止有不同的要求,可以说有制约作用。而且,老师认为这样的行为也是对大家不尊重,是过于随意的表现。"

我用余光看了一下小陆,他似乎感受到我的目光,低下头,躲闪了。

三、指导措施

1. 包容学生

一位哲人说过一番耐人寻味的话:"天空收容每一片云彩,不论其美丑,故天空广阔无比;高山收容每一块岩石,不论其大小,故高山雄伟壮观;大海收容每一朵浪花,不论其清浊,故大海浩瀚无比。"哲人之言无疑是对宽容最生动直观的诠释。

教育需要一定的宽容。宽容中的信任和等待,有时比惩罚还起作用。学生有时候并不是存心做错事,而是出于无知、幼稚或不小心,这时作为老师就要给予充分理解和宽容。等待学生自己认识错误,改正错误,这样最终的教育效果可能会更好。

因此,当他在学习中犯错误的时候,我大多用宽容之心来对待他,不当场批评他,而是在他身边站一站。他马上就能意识到自己的错误,下课的时候主动找我承认错误。

2. 关爱学生

有人说:"一切最好的教育方法,一切最好的教育艺术,都产生于教育者对学生无比热爱的炽热心灵中。"爱心是一种温柔的力量,它可以穿透人的心灵。因此,我尝试着用爱心待他,用真诚待他,走进他的内心,成为他心中可亲可近可以推心置腹无话不谈的朋友,从而顺利达到教育和引导他的目的。

他作文不是很好,我就经常鼓励他,并经常叫他到办公室给他讲解作文。开始的时候他对我给他指导的行为很不理解,而且感到不耐烦。随着帮助他的次数增多,他渐渐地明白我是真的希望他能有进步。他开始认真配合,用心听课。当他有进步时,我表扬他、鼓励他;当他学习松懈不求上进时,我动之以情,晓之以理批评他,清楚地让他明白:老师是关心他、爱护他的,是为他着想才会如此严格要求他。

3. 尊重学生

爱默生说:"教育成功的秘密在于尊重学生。"其实每一个学生都有强烈的自尊心。而学生的自尊心是一个人要求受到社会和集体尊重的感情。自尊心和自信心是学生进步的动力。

于是,我特别注意去观察他身上的积极因素,我发现他平时喜爱运动,也喜欢阅读,课堂上思维敏捷,发言的角度独特,等等。有一次我跟他说:"在学习上,你各方面素质都很优秀,只是你太懒了。即将高三了,那是决定你前途至关重要的一年。既然你一直希望自己能考进一本,那么在高三这一年你一定要为自己的理想奋斗!"后来在和家长交流的时候,他的家长告诉我,孩子对未来的学习生活感到非常有信心,说高三这一年一定要好好学习,要无愧于自己的青春。

四、案例反思

正处于高中阶段的学生,自认为已经是个小大人,但其实他们的心智还不是很成熟,因此有逆反心理的学生占了一定的比例。这种心理状况,严重影响了孩子的身心健康和学习情绪,因此教师在教育学生的过程中必须给予足够的重视。教育是世界上最生动、最有创造性的事业。因为教师的教育对象是一群活泼可爱、青春活力、有丰富的想象力和无穷的创造力的孩子。他们在高中三年的学习生涯中追逐着自己的梦想。我很欣慰自己能够以导师的身份守护在他们的身边,在他们需要我的时候,随风潜入夜,润物细无声,悄悄地用最恰当的方式帮助他们,让他们生活更快乐,学习更开心,成长更幸福。

手掌里的秘密

钱炜临

一、案例描述

"钱老师,你说,为什么现在的孩子脾气都这么大,一点说不得,一点就燃? 每天都不能好好说话,真是烦死了。"家委会上,小敏妈妈提出了孩子的情绪问题。我还没有回答,小和爸爸也附和道:"我儿子也这样,根本没法说。事情不会做,脾气倒大得很。""我还以为就我家这样,原来都是这样,我心定了。"小凌妈妈自嘲道。这一问,真是一石激起千层浪,家长们打开话匣子,争先恐后地说起与孩子在情绪管理问题上斗智斗勇的故事。

这些吐槽让我很诧异,他们嘴里的孩子,是我认识的孩子吗?这些好孩子怎么就成了小倔驴了。"钱老师,孩子在老师面前总是好好表现的,老师的话,他还能听听,可在家里,我们说一句,他能顶十句。既然咱们碰到的问题是一样的,不如我们群策群力吧。"小和爸爸说道。好提议!情绪管理问题也不是单靠学校教育就可以解决的,家庭是生活场,才是实践的主阵地,家班共育才是正理。我想到了小新妈妈,她可是亲子沟通方面的心理咨询师,平日里小新的情绪管理就特别好。我邀请她加入家委会群,作为专业指导员。小新妈妈欣然接受,并建议大家以一周为限,记录整个冲突过程,她说:"有了记录,才能看出问题根源,而后才能谈如何解决。"于是,大家商定,家委会成员负责先期记录,提供素材,初步商讨方法;小新妈妈负责专业指导,给针对性建议;我负责总协调,组织主题教育课,提供能让家长和学生一起学习的平台。

几天后,小敏妈妈率先发布了自己的记录:"钱老师,我家也是如此,总是话到临头就脱口而出伤人了呢。"小凌妈妈说道。"那是因为大家没有深谙手掌的秘密,大脑盖子都打开了呀。"我笑道。"大脑盖子打开?这么恐怖?""手掌的秘密,这是什么鬼?"看到大家都颇有兴致,我隆重邀请小新妈妈这一专业人士,来为大家用"掌中大脑"模型来解释情绪失控的原因。

"假定你的手就是大脑,手指部分就是大脑皮层,手指盖住的部分就是掌管情绪的边缘脑(简称情绪脑)。当你的手握拳,你的情绪脑是被隐藏,看不到的,此时你的情绪是平和的。而当你打开左手,你就会看到全部的大脑,情绪脑被看见了,也就是情绪爆发的时候。对话双方的大脑盖子都打开了,那可不就是鸡飞狗跳了吗?所以,如果要生气了,不妨看看自己的左手,提醒自己可不要轻易打开大脑盖子呢。这就是我们班大家共同拥有的手掌里的秘密哦。"经过小新妈妈通俗易懂的解释,大家恍然大悟,频频点头,时不时比画。

活动过程中,我也特别留意小敏的情况。我注意到她的笑容好像有些僵硬。我知道,她一定是有了些许触动。当天晚上,小敏就发微信给我,先是一张她自拍的伸开的手掌的照片,然后写道:"钱老师,我今天才知道,原来不是只有我忍受着我妈的坏脾气,我妈妈也一直忍受着我的言语暴力。我对她一直是大脑盖子打开状态。冷静想想,我是做错了还找借口。"是的,当我们彼此都处于高情绪指数状态,我们是不会思考这件事本身的对与错,而是会更多考虑自己是否能够"战胜"对方。

活动后的几天里,家长和孩子也纷纷反馈互动改善的喜讯,真是令人高兴。尝到甜头的家长们,学习的热情更加高涨了。在家长群里,大家还想出了用"打卡"的方式提醒自己好好说话。也时常有家长会把和孩子的一些新的沟通困惑贴上,大家相互安慰,相互鼓励,真是一群温暖有爱的家长呀。

"钱老师,上次的活动我因为公司事多,没来参加,我女儿还怪我不来学习呢。您看看,是否还能组织类似的活动呢?"

家长们的热情让我感动,于是我联合小新妈妈一起设计了《情绪? 情绪! 情绪……》《喜怒哀惧》等微课,从情绪管理的原理到实践方法进一步展开分享。我将课程录制在千聊平台,供大家回听,也可以分享传播给有需要的朋友。研发课程的过程,也是我学习的过程,自己也得到了许多成长。经过一段时间的实践,我们彼此"手掌伸开"的次数便少了,彼此"爱的链接"更深了。

我想,当我们都能深谙手掌里的秘密,管控好自己的情绪,和对方好好说话,我们就会感受到彼此的温情。

二、案例分析

家庭和学校在一个人的成长过程中都占据着不可替代的位置,双方各有局限,也各具优势。本应是形成合力共同促进学生健康成长的。但现今高中在家校合作方面却是呈现出了两种不同的倾向:一是家庭教育的责任转嫁给学校,致使学校承载的教育责任太多太重;二是班主任与家长两者之间角色定位过于分明,鲜有合作。即使有,也多为教师高高在上的指导,家长只是服从配合。然而,忽视任何一方的教育作用都是不利于学生成长的。所以,牵手家长,进行互补合作式的家班共育,才能更好地促进学生的成长。本案例所关注的情绪管理导致的亲子沟通障碍问题,非常适合通过家班共育的方式来改善。

三、指导措施

(一)转变角色,追求合作共赢

有效的家班共育是需要教师改变"专业指导者"这一角色,在与家长相互信任和尊重的基础上真诚沟通,了解彼此的意愿、需求及执行力,充分发挥双方各自的育人优势,形成互补合作的共同体。

孩子在不同的情境中会有不同的表现,所以无论是学校还是家庭都很难看到孩子成长中的整体性面貌,自然就有关注不到之处。反言之,双方各自所具有的优势也是无法取代的。在本案例中,学校教育方面,教师组织主题教育课集体育人;家庭教育方面,家长在具体的生活情境中实践育人。孩子每天在不同的场域间切换"角色",因而家庭和学校的互补合作更有利于孩子健全人格的形成,健康成长。

(二)搭建平台,实现资源共享

有效的家班共育是需要建立有较多人能参与的交流平台的,从而为群策群力、实现资源共享提供条件。

在本案例中,利用家长微信群中讨论情绪管理问题,就是借助网络创建的一个共享平台。家长们分享各自亲子沟通问题、实践感悟,相互取长补短。同时发现自己的个性问题亦是共性问题,也就减轻了焦虑。教师联合有专业背景的家长,在千聊平台上录制公开微课,分享情绪管理方面的专业知识及育人经验。资源的共享又促进了后续的实践,实践又带来了新的体验分享,更合理地使用和扩大有限资源,让教师和家长们形成共进互惠团体,结伴而行。

(三)聚焦成长,关注终身发展

有效的家班共育是把"育人"放在首位的,关注的是孩子未来发展和终身幸福,而不是燃眉之急。

在本案例中,良好的情绪管理能力不仅仅是为了改善眼前亲子沟通,更能够帮助孩子处理自我情绪,识别他人情绪,懂得与人相处之道,今后能更好地融入社会。根据家长提供的家庭真实场景改编的情景剧表演,让孩子进行了换位思考,如扮演"妈妈"的小敏切身体会到不良情绪管理对家长和自己的伤害,受到触动,获得成长。

四、案例反思

家班共育的有效性是源于这一理念的与时俱进性。它关注社会现实矛盾,引领着教育工作者携手家长,以合作共赢为目标,共同提升教育境界。通过一系列创新实践和创意活动,丰富了家班共育的形式和举措,促进了教师、家长、孩子三方的共同成长,成为通力合作的学习共同体。

修正认知,笑对困境

张则见

一、案例描述

陈同学是我的导生,高二女生,学习成绩处于中上水平,人际关系较好,性格文静,做事认真。在地理、生物等级考后的某日,陈同学来找我,我发现她眉头紧锁,于是关切地询问了她情况。

事情的起因在于生物等级考,据陈同学的说法,可能由于题目的新颖性及考点的细致性让她不知所措,加之这些题目都是大题,占分不小,所以她在考完之后感觉自己考得很差。在几次生物的模考和练习中,她的成绩都还不错,因此她给自己的要求等级是 B。但经过昨天的考试,她认为自己只能拿 C⁻,甚至是 D。一想到这些,她感到非常难过,回家路上还没有走到地铁站就开始哭了。考完试后,她没有找老师和同学对答案,也没有针对自己不确定的题目翻阅笔记求证,因为她害怕如果自己做错了,预估的分数将会更低,届时雪上加霜,会让自己的情绪更为低落。此外,她觉得生物考试的失利不仅让她的高考陷入被动,从而影响她之后求职,同时也对不起老师的辛勤付出,以及让父母破费资助她外出补课。对此,她感到非常内疚。

就家庭情况而言,家中主要是母亲在管理孩子的生活与学习。陈同学回家后也及时和妈妈沟通,说出了她的感受。妈妈安慰了女儿,并宽解她道:"你觉得难,别的同学也觉得难,都是一样的。而且现在成绩还没有出来,你就这么说自己考得差,这是没有依据的。"虽然陈同学也觉得有道理,可一时半会儿没有办法走出这沮丧低落的情绪,认为高考每一分都至关重要,若差了几分,很有可能满盘皆输。

当天晚上,她辗转反侧,睡得不好。第二天早上看到生物老师就非常紧张,并没有像往常一样跟她打招呼便走开了,但其他生理不适的情况暂时没有出现。

二、案例分析

作为陈同学的导师,我也不愿意见到她一直处在抑郁情绪中。在综合了她的家庭、性格及所面对的困境之后,我认为造成她的沮丧的原因如下:

1. 突如其来的应激事件。此次生物等级考,不仅陈同学,其他同学也表示有些题目让他们摸不着头脑,与此前练习的模卷和真题相比有一定的新颖性,这让学生一时尤法找到思路。陈同学也不例外,试题让她不知所措,加之试题的分值较大,对自己的答案没有把握,从而导致了陈同学的焦虑。

2. 不合理信念。陈同学的不合理信念主要体现在以下几个方面:

(1)预测命运:陈同学对地理等级考的感觉还不错,属于正常发挥。但是生物等级考的失利让她认为自己的高考已经失败了,哪怕语数英和另外一门学科的等级考还没有进行。高考的失败就意味着进入不了理想学府,进入不了理想学府就意味着将来找不到一份好工作,一环扣着一环。陈同学已经提前给自己算好了命运,存在简单化和绝对化之虞。

(2)瞎猜心思,错怪自我:陈同学认为自己考试的失利还会影响父母和老师。对父母而言,花了钱给她补课,却没有收到应有的效果,浪费了父母的钱,过意不去。首先,她绝对地将一次考试成绩的高低等同于补课效果的好坏。其次,她简单地认为父母花钱让她出去补课,其目的仅仅是为了提高她的成绩,若没有获得他们所认为的"回报",便会生气。对老师而言,她认为老师的认真备课和解惑与她获得好成绩之间存在着绝对的因果关系。

3. 家庭的支持。陈同学妈妈的行为并没有像陈同学之前想的那样,会指责她,反而对她进行了宽慰,可见她能够获得家人的支持,而且这种支持还需要强化。

综上所述,陈同学的情况属于因考试失利而造成的焦虑,需要进行焦虑情绪的疏导。

三、指导措施

此次焦虑情绪的疏导一共分成两次,第一次我和她商定了谈心需要达成的目标,让她能够从紧张焦虑的情绪中放松下来,向她介绍了腹式呼吸法,希望她在做作业或者上课之前,能够进行几组腹式呼吸的练习,使机体调整到冷静、松弛、安宁、舒适的状态。在练习了几次之后,她告诉我虽然不能完全改善焦虑情绪,但是相比于之前高度紧张的精神状态,已经有了些许进步,这是让我感到欣喜的地方。

第二次指导旨在深入挖掘造成其焦虑的原因。我找了一间空教室和她进行沟通。在这次谈心中,我进一步了解到了她的不合理信念,并尝试着指出她在认知上出现的部分偏差。在她看来等级考若能提高一个等级,将会减缓她语数英大三门的压力。此外,她还认为如果高考考不好,将找不到一个很好的工作,也对不起父母花在自己身上的心血,更对不起生物老师。此时,我告诉她,老师的认真备课以及父母的辛劳付出与她是否能够取得好成绩之间不存在直接因果关系。为了拉近与她的距离,缓解她的焦虑,我也与之分享了自己的高考经验,并请她来判断这是否会大大影响张老师的人生。她认识,高考并非"一考定终身"的考试,从而她的压力也得到了一定的改善。

"老师,我的确把暂时的得失看得太重了,以后我会学着去调整的。"她说,虽然她当时的脸庞还没有真正绽开,但我能感受到她想要改变的坚定。之后,我联系了家长,家校合力,建议家长多多鼓励孩子,帮助孩子走出这暂时的困境。

四、案例反思

作为陈同学的导师,当她出现了这样的情绪波动时,我也替她着急,并且思考:除了安慰她之外,我还能够为她做些什么呢? 于是,查阅了相关心理学的著作,并学习了一些心理咨询技术。在此次具体指导的过程中,我主要运用了行为主义学派的心理干预技术,通过问题评估知道她存在不合理信念,以"功能失调性自动想法合理替代记录表"作为框架,帮助我的导生进行理性想法的替代调整,表格如下:

情境	情绪	功能失调性自动想法	合理的反应	结果	行为的进步
生物等级考后,感觉考试失利。	沮丧、低落	1. 预测命运:生物考试失利意味着高考失利,高考失利意味着与理想学府失之交臂,从而找不到心仪的工作。 2. 瞎猜心思:自己考不好让老师蒙羞,也浪费了父母的补课钱。	1. 生物等级考只是高考的一部分。 2. 高考失利还可以通过考研等其他途径弥补。 3. 老师和父母并不会因为一次考试改变对自己的看法。	情绪有所改善	将学习重点放在语数英主三门上,上课认真听讲,积极复习。

此外,我运用了开放式提问和封闭式提问的技术。开放式提问,即针对陈同学产生焦虑的原因进行提问以及追问,如询问她认为的"考砸"是怎样的程度。封闭式提问,是为了获取一些特定的信息,如想要明确她的父母是否会因为她考得不好而指责她。另外,我也运用了倾听、共情等技术,鼓励她有什么想说的都可以向我倾诉,也尝试感受来访者沮丧、焦虑的情绪。在此期间,还运用了自我暴露的技术,由于我和学生都参加过高考,有着相似的经历,所以我也适当地披露了一些个人经历,想告诉学生高考并非决定人生唯一的道路,即使一门没有考好,尚可弥补。

在我看来,导师之"导"不仅体现在引领与建议上,也体现在对导生的真诚倾听中。很多事情只要给予时间,都能起到缓冲作用,孩子们的问题是可以慢慢被治愈的。只是在这个过程中,谁能给予陪伴和社会支持真的非常重要。此外,对于学生来说,考试失利是非常常见的,但由于性格和认知的不同,对他们造成的影响也是不一样的,像陈同学对自己要求较高,并且事先预设了错误的认知,给她带来了巨大的压力。这个时候,导师能做的或许就是倾听、共情,并尝试用更加科学的方式帮助学生纾解压力了吧。

用尊重和理解走进"早恋"学生心灵的大门

俞颖婷

一、案例描述

小李是个活泼开朗的女孩,一脸灿烂的笑是她的招牌表情,小苏是个感情细腻的男孩,会写诗,还擅长朗诵。他们初中是同班同学,来到高中后又在同班。高一上半学期末班级举行了一次朗诵比赛,小苏和小李自由组合,他们的男女合诵声情并茂,一举夺得比赛的第一名。本学期,班中开始传言两人在早恋。

二、案例分析

处于青春期的学生,随着性意识的萌芽和发展,容易对异性产生兴趣和好感。少数学生产生了"早恋"的情感和行为。据有关部门对全国八大城市 8000 多名中学生的调查显示:55.5%的学生承认自己心中有特别喜欢的异性同学;25.5%的学生承认自己早恋或正在早恋;78.6%的学生对早恋表示理解认同。早恋问题已是中学教育不可回避的现实问题。我们需采取科学的教育方法,帮助学生认识、理解青春期发展规律,把握住人生的关键时期。

三、指导措施

1.观察了解,不武断妄言

小李是我的导生,对她我会格外关心多一点。对于传言我有所耳闻后,决定先观察,了解情况,再进行有的放矢的教育。下课时,我见到两人有时会在一起说笑;放学时,小李会等留下来背书的小苏;小李周三做值日生,小苏会帮她擦黑板;甚至有一次,小李来找我解释一首诗的意思,后经追问,诗是小苏写的。经过半个多月的观察,我基本上确定他们两人有些早恋的倾向。

对于这样的问题,我知道处理不当会产生极大的负面效应。所以我不打算声张,想先找他们个别谈话。又是周三,小李值日,小苏帮她扫地,我当着其他同学的面表扬了小苏关心班级卫生工作,然后请他陪我到操场去走一走。本想请他进办公室,但办公室里还有其他任课老师在,我想这样私密的话题,人多不适合敞开心扉。来到操场,我先给了他一个亲切的微笑,问了问他近期的学习情况,然后再谈及同学的传言及自己所见。小苏听后露出一脸无辜的表情。他承认与小李关系不错,但只是很谈得来的朋友。放学一起走是因为同路,至于值日生,他也会帮别人做。对于同学的传言,他套用但丁的话"走自己的路,让别人去说吧"来表示他的无所谓。见他如此坚决地否定,我只能鸣锣收兵,只是请他注意异性交往的适度,以免在班中造成不良影响。第二天我找小李也谈了一次,与小苏的说法完全一致,想来两人早已交流过。不过此后两人在班中聊天说笑明显减少,似是有些避开我。我很想通知家长,请他们加强这方面的教育疏导,但想到小苏爸爸的火暴脾气,打算暂时等一等。

2.纠风正气,树舆论导向

青春期的男女生交往是一个敏感但又现实的问题。于是在同班主任沟通后,我们决定联手开一次班会,让同学们来了解青春期异性交往的心理特征,探讨正确的异性交往方式。在班会课上,生活委员小王同学介绍了早恋的五大特征和三大弊端。在讨论中,同学们达成共识:高中阶段知识积累、能力培养、珍贵友谊远比爱情来得重要,我们要学会适时适度地与异性交往;班中个别同学不应起哄异性同学正常交往,因为这不利于班级团结向上、和谐共进的氛围营造。班会课上大部分同学能积极响应。可其中找不到小苏小李赞同的目光,自始至终,小李都低着头在听,小苏则有些若无其事。

3.尊重学生,重保护隐私

就在班会课后的第二周周一,已是晚上七点,小李妈妈打我手机,问我她女儿是否还在学校。我五点半多离校,那时教室门已锁。我立即想到小苏,随即拨打小苏手机,和小李一样是关机。打到小苏家,他也还没到家。后来七点半左右两人先后到家,打电话给我报平安,小苏还发短消息让我别多问,明天找我谈。

第二天中午小苏来到办公室,有些欲言又止的神情,我把他带到一间空教室,小苏看着我,很真诚地说:"老师,谢谢你!""为什么而谢?""第一,谢谢你把我带到这里,我不想在办公室里讲;第二,谢谢你没告诉我爸妈我们俩的事;第三,谢谢你让我明白了我们是在谈恋爱。"面对他直截了当的一二三,我真有点不知所措,做老师多年,还未碰到一位学生如此主动直白地承认在谈恋爱的。我赶快平静下来,了解他的想法。原来周五班会课上同学讲的早恋五大特征他们大部分都符合。小李想到其弊端,在经过周六、周日的思考后,昨天放学回家路上提出与小苏保持距离,不再交往。小苏痛苦不堪,坚决不同意,并说服小李在继续交往的同时学习上互帮互助,共同进步,因此昨晚回家很晚。至于父母方面,他们打算隐瞒。

我知道此时以老师的威势说服、逼迫他放弃,只会适得其反。我明确自己一定要变换角色,也许一位知心朋友的话对他更有用。所以我首先感谢他的信任,把这么私密的心里话与我分享,其次我表示对他情感的尊重,因为任何一份纯洁美好的情感都应得到尊重。他睁大眼睛看着我,问:"真的吗?"我告诉他当然是真的,并且答应他暂时不告诉双方父母。他很激动地抓住我的手说:"谢谢,老师,你真好!"

4.换位思考,巧因势利导

"可是我有条件。"我知道此时提出条件,他更易接受。他爽快地说:"你说吧!"我向他提出三个原则和一个限期。三个原则是避免单独交往、避免亲密举动、放学准时回家。以此规范两人的行为准则。一个限期是以半个多月后的期中考试为限，要以上升年级五十个名次的成绩证明他自己所说的谈恋爱不会影响学习，反而有促进作用。如果期中考试成绩下降，两人就要停止交往。小苏听后，信誓旦旦地保证他们能做到。他们俩成绩在班中是中等，前期小测验成绩已有下降趋势，我料定他们期中考试会遭遇滑铁卢。谈恋爱影响学习，在高中他们还不具备能力承担这份感情的重担，这是要让他们自己体会到的，到时再做说服工作，也许效果更好些吧。与小苏达成共识后，我找小李又谈了一次，主要谈的是女孩子的自尊自爱和应有的矜持，也鼓励她把注意力转移到学习上来。

虽然答应不告诉家长，但是毕竟对家长来说这事挺大，他们有知情权，我也需要他们的支持。所以我思前想后，还是瞒着两个学生把家长请来学校，将整件事和盘托出。家长在我的劝说下由开始的情绪激动逐渐平静下来，并接受了我的处理方式。

很快，期中考试来临，两人的成绩同时由中等下降到底部。两人羞愧难当，几乎不敢看我的眼睛。我这次打算先找小李谈话。还是在那间空教室，我没有对她加以责备，也没有立即让她放弃情感，而是谈起了我以前学生的事例，我像一位大姐姐一样，讲着别人的故事，希望她自己体会出来。小李毕竟是女孩子，她哭着说："我知道了，我会克制自己，我保证不再和他交往。"看着她流泪的样子，我真的感觉阻止一段美好的感情是件很残忍的事。但我是为了他们将来的发展，以后他们会理解的。我安慰她："感情不是说停止就没了的，但是可以把它冷冻起来，保鲜，等考上大学有能力负担时再拿出来解冻，相信到时，这份感情会更经得起时间的考验。我也会祝福你们！"第二天小苏在语文作业本上，用铅笔写着"我会遵守诺言"……

又是半个学期过去，小李脸上又有了笑容。期末考试，小李成绩有了进步，小苏亦然。

四、案例反思

通过小李小苏的这件事，让我明确了处理学生青春期情感问题的几个原则：

1. 自始至终，尊重学生

美国教育家爱默生说过："教育成功的秘密，在于尊重学生。"尊重学生，不仅尊重学生的人格，也要尊重学生的感情，尊重学生的需要，想其所想，为其所为。对于敏感的早恋学生，尤其不能横加指责，更不能视其为"大逆不道"。尊重是前提，只有建立在此基础上的引导教育才是有效的。

2. 保护隐私，个别施教

青少年对异性交往的问题特别敏感，对早恋者的教育帮助不宜公开点名进行，因为这容易引起其他同学的猜测和议论，给他们造成心理困扰，甚至让他们走向极端，做出偏激行为。所以导师对早恋的个别学生进行教育时要回避众人，保护他们的隐私权。这样也有助于学生与你坦诚交流，便于了解他们的想法，有的放矢地帮助他们。

3. 转变角色，理解关心

导师对学生进行青春期教育时，不应以居高临下的说教者身份面对学生，而应以知音、朋友的角色,走进学生的心灵深处。古人有云:"善教者……视徒如己,反己以教,则得教之情也。所加于人,必可行于己,若此,则师徒同体。"(《吕氏春秋·孟夏纪》)只有给学生更多平等的理解和关怀,才能与学生有真正的沟通和互动,你的喻之以事、晓之以理也才能取得事半功倍的效果。

友谊之间的"三角矛盾"

谭圣驰

一、案例描述

有一次课间休息时,我恰好从走廊路过,遇见我的导生小彬同学正在向小健同学请教一道数学题,他们的眼神都紧紧地盯着纸面上的数字,似乎完全没有注意到身边发生的事情,就在两人讨论得入神的时候,小彬的好友小强走了过来,想上前打断两人的讨论与小彬闲聊几句,但是小彬却很不耐烦地回答:"我现在有点忙,等一下再说吧。"可是小强却不依不饶,继续和小彬聊天,甚至还开始打扰小健。小彬很生气,他觉得自己的时间被浪费了,便情绪激动地大声呵斥小强:"你怎么这么不懂事?我现在有事情要做,你不能等一下再找我吗?"小强也很生气,觉得自己并没有做错什么,反而是小彬不够友善,两个男生也随即发生了冲突。

二、案例分析

在校期间,学生与学生之间因小事产生冲突是十分常见的事情,但由于高中阶段的特殊性,高中生正处于身心发育、认知能力和社会交往的发展阶段,他们开始独立思考问题,逐渐建立自我意识和价值观。同时,他们的情感和行为表现也比较复杂多变,可能会受到外界环境和社会因素的影响,出现情绪波动和行为问题。因此,作为导师,就更有义务第一时间加以制止。毕竟冲突双方如果矛盾升级,可能会引发更严重的后果。在这个事件中,小彬与小强的矛盾起因是小强的行为打扰了小彬的学习,导致小彬情绪激动。小彬的情绪可能与他的自我效能感受到威胁有关,他认为自己的时间被浪费了,学习受到了干扰,因此对小强产生了负面情绪。而小强则因为受到了被拒绝、不被认可等心理因素的影响,感到被排斥,产生了心情失落、愤怒等负面情绪。

自我效能感和归属感是影响高中生情感和行为的重要因素。自我效能感是指个体对自己能力的主观评价,它会影响到个体的情绪、行为和成就。当自我效能感较高时,个体会感到自信、积极和乐观;而当自我效能感较低时,则会感到无助、焦虑和沮丧。归属感则是指个体对自己在群体中的认同感和归属感,它会影响到个体的自尊心、自信和人际交往。当个体的归属感较强时,他们会感到被认可和受尊重,从而增强自信和社交能力。

基于两个人存在的问题,解决类似矛盾最有效的方法便是让冲突双方换位思考,培养矛盾对立面的共情能力,帮助学生在不断共情的过程当中,学会如何控制自己的情绪,如何合理且友善地向其他人提出自己的要求或是拒绝别人的要求。更重要的是,矛盾解决之后,作为导师更要注重学生情绪的跟进,从而不断地对学生进行有效的引导,帮助矛盾双方回归到正常相处的关系中。对于这样一场发生在课间休息时间的突发事件,本质上是两个男生没有能够在公众场合与他人交流时控制好自己的情绪,理所应当地将自己的主观需求强加在他人身上,这才导致了冲突的发生。对于小彬和小强而言,显然都存在着一定的问题。小彬的出发点是好的,他最开始确实是想要通过平静的语气告知好友自己有其他事,可以过会儿再聊天,但高中阶段男生普遍心直口快,不容易管理自己的情绪,在被好友再三阻碍自己学习后忍不住爆发,这样的行为不仅没有制止好友对自己的干扰,反而更激化了与小强的矛盾,从而引发更严重的言语甚至是肢体上的冲突。同时,夸张的肢体动作和语言也影响了班级中其他同学的正常休息,这样的过激行为不仅没有达到自己原本想达到的和其他同学讨论学习的目的,却适得其反。

三、指导措施

作为导师,我知道小彬做事比较冲动,容易受情绪影响。因此,我及时将情绪激动的小彬拉开,将两人分开至不同的空间,并给予小彬一定的冷静时间,从而避免青春期男生在情绪激动的情况下因为直接对视或接触引发更严重的问题,等待其恢复理性,再进行谈话和疏导。对小彬而言,我采取了先理解后说理的方法,即先是表达出对小彬一系列行为的理解,在充分与小彬共情之后,再委婉地指出他的问题,即没有友善地学会拒绝他人,也没有很好地控制住自己的情绪,给其他同学带来了困扰。同时,我向小彬推荐一些平静情绪的方式,例如深呼吸、放松肌肉、转移注意力等,辅助他平复自己的情绪。对小强而言,我引导小强意识到自己的行为可能会影响到他人,尤其是他人正在专心学习或者解决问题的时候,更不能过分打扰他人,并向他再次强调不能因为自己的需求而不顾及他人感受,从而帮助小强认识到自己的问题。最后,再让两人见面,互相交流自己当时的感受和想法,以达到充分共情,解决两人的矛盾和冲突。等过去一段时间后,再主动找到矛盾双方,及时跟进两人的关系。

四、案例反思

通过事后不断地向小彬传达自己作为导师的意见和想法,我帮助小彬逐渐学会如何控制好自己的情绪,当遇到冲突时,会愿意想办法主动平复自己的情绪,并从对方的角度思考问题,这使我倍感欣慰。但从自身作为导师的角度来看,仍有许多值得我反思的地方。在平时的教学中,由于课业压力等原因,我没有关注到实际上一个班级内的学生不一定有足够的机会去了解和理解彼此之间的情况和情感状态。学生,特别是男生之间也很难在矛盾发生时主动积极地沟通和解决问题。在这种情况下,不妨尝试与班主任加强交流,从而形成合力,加强对学生的情感教育,为学生提供更多了解彼此的机会,增加他们的共情和理解。

综上所述,作为导师,我们需要通过情感教育、沟通培训等方式来提高学生的情感管理和表达能力,增强他们的情感共鸣和理解能力。而在日常教学中,我们也应该关注学生的情感状态,通过创造良好的情感氛围,提高学生的情感素质和表达能力。长此以往,我们相信学生能够更好地理解和尊重彼此的意见和感受,并更好地处理类似的情况。

让"刺猬"收起"利刺"

唐文莹

前苏联教育家苏霍姆林斯基认为,只有当教育者时刻关心每一条小溪时,教育的大河才能成为人的精神、人的个性的一汪活水。而在这个信息化的时代,学生接受信息的渠道越来越多,想法也越来越多元化,因此个性化的教育就显得尤为重要,对待不同的学生要择法而教之。

一、案例描述

我班的小宇同学,由于受互联网和社会负面信息的影响较深,对于老师的一些正面指导和政治上的观点不太认同。在这个似懂非懂的年龄,他和许多孩子一样,觉得自己很成熟了,自己的想法都是对的,只是你们不理解我。因此,小宇有时情绪较为激动,非常情绪化,主要表现为:第一,对父母态度不佳,尤其是当父母询问其学习成绩时,他总是避而不答。而且对待父母的态度也较为暴躁,由于他沉迷网游,会花大量的时间和金钱在网络游戏中,每次父母让他稍微克制一点,多看看书,他都不予理睬,有时甚至会以比较极端的态度对待,例如摔门、冷战等。第二,对待老师有时会较为不耐烦。例如做眼保健操时,他总是不能按照音乐要求闭眼、做操。在他看来,做眼保健操是完全没有意义的事,因此有时他会借尿遁,或主动帮老师擦黑板或做点其他事来逃避做操。每次都要老师提醒,而在老师提醒时,他有时会露出不耐烦、不屑一顾的表情。第三,对同学态度暴躁。尤其是对于一些女生,收作业或者其他时候,小宇会很情绪化,突然对同学语出不满,因此一些同学对他的情绪化也非常不理解,造成他在班中的人缘不佳。第四,执着于一些自认为正确的规矩。我校规定的到校时间是早上七点半,而我为了防止他们迟到,要求他们七点二十到校,这一规定自高一一开学就以班规的形式制定并为全班接受了。小宇也一直很认同这个规定,他一直到校很早,平时偶有迟到,也总能虚心接受老师的小批评。但有一次,他迟到了挺长的时间,我知道他的性格吃软不吃硬,因此一开始我也是以开玩笑的方式批评了他,但他突然情绪很激动,认为自己没有错,学校规定是七点半的,他没迟到,说着说着,还把范围越说越广,牵涉到国家的规定等,可见他在想尽一切办法为自己找理由。还有一次,在学校集体外出活动时,由于比较接近考试时间,考虑到天气因素,负责的老师带了一些卷子,想着万一下雨可以抓紧时间让学生练习一下。那天并没有下雨,但活动很快结束了,考虑到还有很多的空余时间,带队老师还是决定让大家做一下练习卷。这时,小宇马上不高兴了,他表示不愿意做卷子。问及原因,他说:"你们本来说下雨才做卷子的,现在没下雨,为什么要做卷子?"我向他解释,临近考试,老师是为了你们的成绩着想。后来在我的劝说下,他还是坐了下来,但是大部分的卷面最终都是空白。

二、案例描述

小宇就像一个小刺猬,时不时就对周围的人释放利刺,情绪化的问题非常严重,我认为可能他在自我的心理调适方面存在一些问题,同时家长的教育方式可能也不符合他的个性。

三、指导措施

(一)直面问题,主动出击

1. 面对面问询,以真情换真心

我校实行"三全导师制",其中规定每月师生要进行一次谈心,一开始我们属于硬性的谈话,我们开始慢慢聊起,我从他喜爱的游戏入手,谈到他的处事方式、他的性格,等等。一次次的谈话拉近了我们的距离,他慢慢地也就不把谈话仅仅当成一种任务。通过聊天,他也渐渐有所改变,会把内心真实的想法告诉我,而我也会对他的一些稍微有些偏离的价值观进行一定的指导。在一次次谈话中,他的脾气慢慢好转,他自己也认识到有时是不该发脾气的,会尽量克制自己。

2. 运用新时代的武器——网络

从高一开始我就把我的QQ号告诉了班级同学,大多数人都和我成为了QQ好友,小宇也不例外。而每次当小宇情绪有变化、波动后,他都会在他的QQ签名上反映出来。有时候看到他的QQ签名比较偏激时,我会即时回复他,给他以正能量,先在当下尽量使他的心境能平静下来,到第二天时再针对他的情况和他详谈。

(二)旁敲侧击,迂回战术

1. 利用家庭教育平台

父母是除了老师之外和学生接触最多的人,因此,我会不定期和小宇的父母打电话,尤其是在进行了一些重要考试之后,把他的考试情况和近期的学习状况和他的父母进行沟通,让他的父母更了解他。同时把我对小宇的理解告诉他的父母,让他们能采取一些柔和的手段对待小宇,但同时也要把握好应有的规矩。

2. 运用同伴教育

由于我上班时乘坐轨道交通三号线,因此在上下班过程中会遇到班中的学生。此时我就会和他们聊起班中或者他们自身的一些情况,有时候我便会有意无意地提起小宇,看看他们对于他的一些做法抱有怎么样的态度。从侧面了解小宇在班中的具体情况,同时也把我对小宇的看法告诉班里的学生,让他们能理解他,包容他。

四、案例反思

通过各方面的了解,以及和他不断地交流,小宇的心态慢慢得到了调整,对老师的态度也慢慢缓和了。他说他也知道自己有时会一下子情绪失控,但就是无法控制。于是我告诉他,你可以在发脾气前细数三下,让自己冷静下来……之后他尝试了这种做法,对情绪的自控略有好转,但是持续时间不长,需要不时地提醒他,不定期地多和他交流。其实在日常学习生活中,他在其他方面还是很不错的,每次班级里要用到剪刀、玻璃胶这些东西的时候,他都会很快拿出来,大家也都会想到他有;大扫除时,他也任劳任怨,一丝不苟地完成任务。

如今,像小宇这样情绪化的学生越来越多,他们不再是一个模子里刻出来的乖宝宝,而是越来越有个性。近年来校园伤人案件甚至是杀人案件屡有发生,虽然基本上都是发生在高校中,但高中阶段心理调适的不当也是一个潜在因素。在高中这个似懂非懂的年龄,怎样让这些小"刺猬"收起不该有的"利刺",面对问题或是困难能够冷静下来,不冲动,不率性而为,这是每个新时代班主任要学习的,在这个学习之路的摸索过程中吾将上下而求索。

"把他看作一个'人'"

应晓默

一、案例描述

小卓同学,浓眉大眼,乖巧善良,成绩也好,在我们所有老师心目中绝对是"好孩子"。

然而,她自己却很自责,自责为什么不能做得更好!自责成绩越来越差!自责辜负了老师和家长的期待。甚至她在学校里的每一天很痛苦!别人只要读三年,而她当中一年因为情绪问题休学,已经读了五年。这种痛苦深深地写在她脸上,刻在她心里。

她第一眼见到我,就觉得我很亲切,觉得我像她"小姨",就这样我成了她的导师,我们的良好关系就是这样建立的!

我们也不是每周都会见面,有时候可能一周见两次,有时候可能一个月见一次,取决于她的身心状态。

我们会聊很多东西,除了导生导师关系、咨询关系,我觉得我们更像是朋友。

二、案例分析

1. 个性原因。该生从小就是好学生,在校表现优异,也期望自己达成父母的期待,由此对自己要求特别高,但是到了高中显然力不从心,被医院诊断为抑郁症后休学一年,后又留级一年,这样一来,在我校时间长达五年。由于她性格比较内向,心思敏感,加上年龄逐渐比同龄人大，愈加觉得同学尤其是男同学思想幼稚，在班级好友并不多，人际关系稍显单薄。

2. 家庭原因。该生父母关系一般，妈妈以前对她要求较高，现在也随着该生的病情而降低，对该生的支持是比较大的，但是爸爸的参与度是较低的，没什么存在感。但正因为这样，该生会心生内疚和负担，感觉对不起妈妈的期待。

3. 学业压力。该生身处高三，面临各种考试，学业压力较大。该生很想考好，也很认真，有些科目成绩较好，但是数学觉得自己脑子真的跟不上。也许某道题目是会的，但是下笔的时候大脑总是跟不上。抑郁症也让她的思维能力下降。

三、指导措施

在心理咨询中，人本主义治疗强调动员来访者内部的自我实现潜力，使来访者有能力进行合理的选择和自我疗愈。咨询师的责任是创造一种良好的气氛，使来访者感到温暖，不受压抑，受到充分的理解。咨询师这种真诚和接纳态度，会促使病人重新评价自己周围的事物，并按照新的认识来调整自己和适应生活。

由此，我主要采用倾听为主的助人技术，以来访者为中心，充分尊重、信任她。由于一开始她觉得我像她的小姨，对我有莫名的好感，我们建立了良好的咨访关系。好的关系，对一段成功的咨询有着重要作用。

接下来，我们就是放开讨论她想要讨论的主题。比如她的情绪问题，她觉得自己的情绪总是莫名很低落，来到学校就觉得很沮丧。我会给予理解，站在她的角度，五年的学习生涯确实是很漫长且痛苦的。

后来，我们开始讨论她的兴趣爱好，比如她喜欢摄影，喜欢画格子。我肯定她的潜能，反馈她的才能让我羡慕不已，让她知道自己也有很棒的才能，不是自己所说的一无是处。

我们也会讨论她对未来的规划，一开始她想读个本科，后来觉得专科就可以，再后来她一再怀疑自己可能专科都考不上。我一再鼓励她，专科肯定没问题的。我们也讨论了什么专业是她比较想读的，她说妈妈是社区医院药剂师，可能会建议自己读护理，但是最后选择专业的时候也是填了好几个自己觉得可以接受的，也有与建筑相关的。最后得知她顺利考取大专后，我第一时间祝贺了她。

四、案例反思

我做了小卓同学三年的导师，也是我从教三年里唯一一个从高一带到高三的学生，有很多感慨，这一路见证了她的成长，很庆幸最后大专的提早招录对她、对她家人、对老师来说，都是比较圆满的结局。

从教三年，有很多感人的事情，其中之一是来自她。在高三上学期，我收到了她手写的长达两页的信，以及一张她自己拍摄的他们家猫的照片。大致内容是很感谢我这三年的陪伴和帮助。

作为一个心理老师,作为一个导师,三年下来我想我也帮助过一些学生,和很多学生谈过,但是收到如此诚意和感谢满满的信是第一次,着实惊讶中带着感动!

这不仅是一个学生三年的成长,更是我作为导师、心理老师的成长。

1."陪伴是最长情的告白"

小卓同学说每天踏入这个学校、班级是非常痛苦的事情,唯一让她缓和下来的就是一楼的心理咨询室和心理老师——我!一方面,我心疼她的痛苦和难过,在这个年纪她承担了很多旁人无法理解的负担;另一方面,我也很心虚,就我而言,我就是坐在那里,听她说一说,给她一些反馈,我也没做特别的。但是对她来说,这份陪伴非常重要!

我们都听过一句话叫作"陪伴是最长情的告白",很多时候,我们安慰别人的语言可能显得很苍白无力,但是有一个人永远在你最脆弱、最需要的时候陪伴在旁,听你的诉说,那才是陪伴本身带来的力量!可能不需要我们有太多言语、不需要我们做太多,仅仅只是安静坐在那里,让对方知道有人在!

2."学生也是我的老师"

做老师这几年,跟学生学到了很多东西,某种角度,他们是我的学生,也是我的老师。学生经常给我普及一些我所不知道的东西,比如球鞋文化、二次元文化。小卓说自己心情不好的时候,就会画格子,各种颜色搭配。她的图画被一些小众商店看中,并制成了裙子进行售卖。我大大赞赏了她的才华,肯定了她的优势!同时,对我来说,也是第一次知道原来还有这种小店!对她来说,画格子既可以宣泄情绪,又可以肯定她的才华(优势),真的是难能可贵!在高三那一年,她告诉我说至少她的三幅图片被买走,并且制成了裙子,她在朋友圈还晒了一条实物裙子!我个人觉得这非常了不起!

每一个人身上都有自己的不完美,但都有一些不被常人发现的闪光点!成绩优秀、品德优秀的同学固然很让人喜欢,但是那些平凡、普通的同学身上也有很多值得我们学习的地方,也可以作为我们的老师。

3."把他看作一个'人'"

网易公开课上有一门课叫作"哈佛幸福课",主讲老师 Tal 说过一句话让我一生难忘:"Permit yourself to be human being",意思是"你要允许你自己是一个'人'"。什么意思呢?我们首先要是一个"人",再是学生、老师、子女、父母这些角色。

做老师的时候,我们很多时候可能习惯性从"学生"这个角度看学生,希望他们品学兼优,最好我们看不惯的东西都不要出现。可是,回归本质,他是一个"人"。他有自己的烦恼,有自己的个性,有自己的坚持,哪怕可能不是被我们所理解的。

就好像很多人不会理解有情绪问题的学生,觉得可能是一种"作"。可是再小的烦恼,也许对他来说就是很痛苦的,是我们所不能理解和接受的。

脱口秀大会上有一集杨笠吐槽男性朋友,说自己失恋了,问男性朋友,男性朋友说:你确实配不上那个男生,我是把你当朋友才说的。杨笠吐槽说:请把我当个"人"吧,别把我当朋友。同样,我们不着急去批评、评判学生做得对不对、好不好。我们需要先把他当作一个

"人",才能更好地去理解、去感受、去接受他的痛苦,才能更好地发挥我们导师的作用。

当然,除了把他当作一个"人",我们导师本身也是一个"人"。有时候,老师面对抑郁症患者也会觉得自己很无力,觉得自己也有很多做不好的地方,这个时候也不要苛责自己。因为,我们也仅仅是一个"人",我们不是神,并不完美。

沟通架起师生的桥梁

严　烨

近年来随着课程改革、教学改革,高考的内容、方式等发生了一些新变化,但高考却依然承载着评价教学质量、衡量教学效果、监别人才素质和选拔人才的作用,高考仍然作为高三学生面临的主要应激源之一,对学生的身心健康有着很大的影响。作为一名高三毕业班的任课教师,必须时时刻刻注意着每一名学生的动向,随着高考的临近同学们逐渐会产生一种莫名其妙的紧迫感,害怕复习不全面,害怕遇到偏题、难题,害怕考试不能发挥正常的水平。学生普遍会出现失眠、易怒、急躁等心理症状,也就是常说的"考试综合征"。任课教师与高三学生接触多、联系紧密,理应在高三学生的心理调适方面做出努力。本文讲述的是一个比较有代表性的案例。

一、案例描述

小林同学(女)从小与父母同住,家庭经济良好,擅长弹钢琴和画画。父母工作较忙,较少有和女儿沟通的时间,但对孩子的学业要求较高。小林性格偏内向,与同学相处较融洽,但无特别亲近的朋友。她自幼学习刻苦,成绩优良,在班中担任学习委员。

在高三第一个月里,小林多次请假不来学校上学,理由是胃痉挛,这是她从进入初三开始就会发的病。主要是心理紧张、焦虑产生的身体不适。其次,她看上去闷闷不乐,作为导师的我特地叫她来我办公室私下交谈。她告诉我最近除了爱发脾气之外,觉得自己内心很压抑。最近学习状态不太好,马上就要高考了,但是什么也学不进去。每次拿起书本总是觉得自己什么都不会,看不进去,有时大脑一片空白。听课也听不进去,坐在教室里傻傻的,上课和自习都成了煎熬。看到其他同学都学得那么认真,她的压力就更大了。有时候真想放弃,可又心有不甘。最近和父母之间摩擦不断,她在我面前抱怨父母不懂她,常常在她面前唠叨学业问题,并且逼迫她去补课,她自觉压力很大。从她内心深处也为自己的学习成绩焦虑,也在努力摸索提高学习成绩的方法,迫于父母的苦心,她无奈外出补课,可是她不想补那么多的课,因为这占据了她大量的时间,使她精力不济。说完她就在我面前大哭起来。

综合分析小林的个人情况,表面上她的问题属于情绪管理问题;但实际上,问题的核心在于小林的情绪行为反映背后存在的考试焦虑。解决了考试焦虑问题,情绪问题便会迎刃而解。考试焦虑是人由于面临考试而产生的一种特定的心理反应,它是在应试情境刺激下,受个人的认知、评价、个性、特点等影响而产生的,以对考试失败的担忧和情绪紧张为主要特征的心理反应状态。考试焦虑包括考前焦虑、临场焦虑(晕考)及考后焦虑紧张。小林的情况属于考前焦虑,是在学习过程中长期存在学习焦虑,处于焦虑状态下,情绪易崩溃。这在中学生中比较常见。

二、案例分析

(一)挫折经历导致自信心不足

经过深入交谈,我了解到,小林刚上高一的时候是班级里成绩比较好的学生,在年级前 20 名。初三升学考试中,她没有发挥好,没能考入心仪的市重点高中,这使小林感到非常遗憾,心理不平衡,学习态度受到了影响,不再是从前那种意气风发的状态了。以前小林上初中时是班里的佼佼者,无论是学习还是文体活动,都是焦点人物,没能考入市重点学校对她打击很大。她认为无论怎么努力成绩也很难提高,所以并不十分努力学习。这使得小林错过了一个学期的学习时间,高一的上学期成绩直线下降,小林开始怀疑自己的能力,于是,她通过玩游戏的方式来逃避现实,结果学习成绩一落千丈。到了高二,小林开始醒悟,准备好好学习,成绩有了一定的提高,但是与自己的期望值还是相差太多。到了高三之后,距离高考越来越近,时间越来越少,她的心理压力也就越来越大。

(二)自我效能感低

自我效能感是个体以自身为对象的思维的一种形式,指个体在执行某一行为操作之前对自己能够在什么水平上完成该行为活动所具有的信念、判断或主体自我感受,因而构成自我的一个现象学特征。小林的自我效能感较低,她对自己能力的预判偏低,在学习过程中由于较低的自我预判影响到学习能力的发挥,导致学习效果不理想。面对即将来临的高考,低自我效能感使她学习效率不高,同时产生考试焦虑。小林对自己的能力很不自信,认为自己笨,这种内归因使得小林对未来的预期十分悲观,而这种自我评价与客观实际明显不符,逃避上学也是她害怕失败的表现;另一方面,她对自我要求过高,要求自己背整本高考词汇手册、只允许自己睡四五个小时等,希望自己做到尽善尽美,这些行为既是焦虑的表现,同时也加重了她的挫败感。

(三)缺乏合理的学习方法和作息时间

小林每天放学后一般先做作业,做完作业会睡到凌晨 1 点,1 点起来整理笔记。凌晨的学习效率并不高,而到早上后就感觉很累,无力继续学校的课业。同时,小林使用的最主要的学习方法是"抄""记""背",这种方法显然无法应付高三大信息量的学习任务。

三、指导措施

(一)向他人倾诉,以释放压力

首先,引导小林充分倾诉,通过倾诉来释放压力。倾诉是一种常用的情绪表达方式,但是青少年处于特殊的年龄阶段,处于闭锁性和开放性相伴随的心理特点,只有他们觉得对方能够理解和接纳自己的时候才愿意开放自己。所以在倾听的过程中,充分的尊重非常重要。我给予小林充分的尊重和接纳,并以积极的应和和关注回应她,鼓励她将内心的烦恼一吐为快。果然,小林说完自己的事情轻松多了。

(二)通过积极的心理暗示,提高自我效能感

受暗示性是人的心理特征,它是人在漫长的进化过程中形成的一种无意识的自我保护能力和学习能力。心理暗示分自我暗示和他暗示两种。自我暗示是指自己的显意识不断重复,迫使潜意识接受显意识的思考内容,从而得到改变。在和小林的几次谈心过程中,我引导她学会积极的自我暗示,启发她看到自己的长处,调整自我认识,建立积极信念,提高自我效能感。

(三)指导适宜的学习方法,帮助学生提高学习成绩

作为小林同学的导师,我肯定她在语言学习方面的长处,同时根据她的英语测试成绩进行数据分析,指出她的薄弱环节,介绍几种学习英语的方法,让她回去试试,经过一个阶段的学习方法的调整,她的英语成绩上了一个台阶。

四、案例反思

1. 全程化意识

从高三备考开始一直到高考结束的"后高考时期",教师都应充分理解学生的心理变化,注意进行心理调适。从高三备考开始,教师要明确整个高三阶段需要完成的复习、考试进程等,有助于学生明确每个阶段的任务,做到有条不紊。另外,学生的心理不适问题贯穿于整个备考阶段,需要教师通过自己的观察或者向其他老师了解、与学生家长的沟通、与课代表的交流等方式获悉相关学生动向,然后及时进行相关调适工作。要帮助学生正确认识自己、给自己合理定位。高考固然重要,但它不能完全决定一个人一生的命运,它不是命运的大决战,也不是人生的终极点。高考的失败,也不是前途一片黑暗,也不是末日来临,明天我们的生活依然会继续。通过在考前对学生进行大量的心理辅导,让每个学生都能正确对待高考,使每个学生都能顺顺利利渡过高考这一难关。即使高考完毕,面临填报志愿及录取结果,学生也同样会不同程度地出现一些心理不适。因此,教师应及时跟进。

2. 目标学生心理分析

高考考生存在的心态问题主要有以下四个方面:一是焦虑问题;二是情绪低落问题;三是怯场问题;四是状态问题。每个学生面临的心理问题很可能是不一样的,作为教师,首先要有相关的专业知识才能更好地解决学生的心理问题。

3. 帮助学生正确分析压力来源,进行相关的心理调适并培养学生良好的心理素质

一般来说,高考学生的压力有内源和外源之分。内源性心理压力主要是由于自己不能正确认识自我引起的。而外源性压力主要来自父母,还有部分来自亲朋好友。一些父

母对孩子期望值过高,不切实际地过分拔高要求,造成精神压力过大。作为高三任课教师,我通常耐心地倾听学生诉说,帮助学生梳理心理压力来源,进行相关的心理调适,逐渐建立并培养学生良好的心理素质。

4.提醒部分家长进行自我心理调适

部分考生的高考心理压力来自父母,在此情况下,除了对相关学生进行心理调适之外,也要善意提醒其父母自觉进行心理调整,具体而言,包括以下两点:(1)善意提醒家长注意营造良好的家庭心理氛围。良好的家庭氛围,一般表现为夫妻关系和谐、互相尊重、彼此理解,对孩子给予真诚和理智的爱。夫妻关系是家庭心理氛围的核心,其中父母的情绪对家庭心理氛围的形成起着关键的作用。(2)恰当提醒家长保持良好的心态。即以积极的心态面对现实,就是要以一颗平常心来对待人生的一切,包括孩子的高考,不过高拔高目标,也不妄自菲薄,并将这种沉稳、积极的心态传导给高三的孩子。

通过这些做法,我关注的学生的心理状况有所改善,并且在高考中英语成绩得到了很大的提升,效果明显。

学会分享,乐在分享

杜雪梅

一、案例描述

为了加强对学生心理的疏导,我校每学期都开展导生导师活动。即使在上海疫情管控期间,学校也开展师生线上交流活动增进大家的沟通。随着学生在线学习期间的增加,师生缺少了直接面对面的沟通机会,渐渐会变得不愿开口。

如何在短时间内拉近彼此的距离,选择有效的聊天主题展开对话是我反复思考的一个问题。最后我确定了聊天的主题为:分享。

在线上会议开始前,我选择了家里的客厅作为我的聊天环境。客厅里挂着一幅朝鲜画家的山水画,对于朝鲜这个了解较少的国家,我相信同学会有好奇心的。我准备把家里的这幅画作为背景分享给同学。

师:大家好,猜猜我在哪里与大家聊天?

生:客厅? 书房? 卧室?

一个猜测环境的小问题开始了师生之间的对话。

师:为什么猜到我在卧室?

生:老师,因为卧室里说话方便,我也在卧室。哈哈哈……

于是,我从电脑摄像头前走开再让同学看看我的聊天环境。

师:我在客厅与大家一起聊天。今天我想与大家一起分享我喜欢的一幅作品——朝鲜山水画。朝鲜画一般都是国家所有,统一对外进行交流售卖。朝鲜的画家在校学习时间很长,一般绘画的功底比较扎实,画笔细腻。常见的画多为人物、山和花鸟。难得看到这幅雪山融水的画。

师:大家细看一下画中的水流是向左流动还是向右。

这时候同学在镜头中明显出现了好奇的眼神,看到大家都把头伸到了屏幕前一起来欣赏我家的那幅画。

生:我觉得向左,右边水流细。

生:我觉得向右,左边看起来颜色丰富。

师:关在家里这样相对一个封闭的环境,总会有时觉得烦躁。我有时就走到喜欢的画前面站一会儿,看看作品的细节,愉悦自己。然后我发现河床里有很多小石子,水流过小石子以后会有变化,大家想一下石子挡住一点水,然后水流是不是就分开从石子两边流动?我把镜头靠近石了你们再欣赏一下。

生:看出来啦,水向左流动的,那么多小石子,画家的画笔很细腻啊!老师的观察力很强啊!

师:观察现象是物理实验中必须有的一个环节!哈哈!高三是个特殊阶段,你们现在学习压力很大,可能没法像老师一样能抽空放松自己的身心,但是你们可以像我一样,偶尔关心自己身边的人,拿出喜欢的东西再欣赏一下,愉悦自己的同时也可以分享快乐给家人。分享快乐可以让快乐加倍,分享烦恼可以让烦恼减半。由于每个人的快乐不同,感兴趣的也不一定相同。我的分享是想引发同学的共鸣,也可以一起参与分享。(于是在分享完看画调节心情的方法后,我尝试让学生分享他们的生活琐事。)

师:难得那么久要在家里与父母一直在一起,可能大家有时会觉得比较烦躁,懒得多说话。其实老师作为妈妈很能理解大家的心情。因为我的女儿三年前也是与你们一样在高三。面对天天重复刷题、不断考试和高考时间的逼近,总觉得时间不够用。睡眠时间少人又总是觉得很累,所以爸爸妈妈也不敢多打扰她,有时看起来是我们在唠叨,其实是我们希望通过分享给家人带来快乐。特别是希望自己的孩子每天有点时间能够放松一下,你可以抽空细想一下一天中哪些小事是来自爸爸妈妈的关心。

生:我早上用手机帮家里买菜,妈妈表示很开心,也会担心影响我休息。

生:妈妈会弄点水果给我放在外面,等我下课可以吃。

生:菜的品种不多,爸爸尽可能烧我喜欢吃的口味。

交流中给我留下印象比较深刻的是小曹同学的表述。他说爸爸由于工作原因,平时在外出差时间多,疫情期间爸爸也不在家。妈妈对于手机的使用没有他熟练,于是家里买菜主要靠他一早抢购。早上5:30闹钟响起就去网上买菜,对于学习到很晚的同学来说需要一定的意志力去坚持,于是有同学就表示很佩服,感叹自己没有帮妈妈干活。

师:一大早闹钟设好吵醒自己最后还没抢到东西,会不会觉得影响睡眠,影响上课?

生:我会手机设置暗一点,闹钟声音轻一点,这样快速地买一点,不去多比较。买好后还能再睡一会儿。换作我妈吵醒就睡不着了,这点还是我行。

师:这么贴心的儿子,妈妈肯定很开心!

生:爸爸不在家,我平时也帮妈妈拖地的,妈妈其他地方很照顾我。

师:相互帮助,为你点赞。谢谢你们分享你们的生活点滴。大家在一起,尽量不去产生矛盾,各自做一点家务来帮助家人解压。希望早日解封,大家恢复正常生活节奏。

在吐槽中大家释放了一下自己遇到的烦心事,相约好好调整自己,在焦虑时找寻让自己愉悦的事去放松一下,珍惜高中最后的学习时间。

二、案例分析

独自在家学习对于高三学生来说,没有课堂共同的学习氛围,没有随时可以交流的同学,没有老师面对面的沟通,寂寞独行面对高考,显得压力大很多。本次活动选择"分享"作为交流的话题,希望通过活动的感受,引导同学在师生之间感受分享带来的快乐,进而在生活中也可以尝试分享,增加与家人之间的交流。从生活中的点滴小事做起,家人相互帮助,相互交流,感受来自家人的关怀,给自己给家人解压。

三、指导措施

1.学会适应环境,寻找生活中的乐趣

社会的环境对于人的影响很大。疫情期间学生在家,没有一个集体的学习氛围,每天在家这个小空间中待着,对于青春期精力旺盛的学生来说,确实比较难过。如何在一个封闭的环境中学会寻找生活中的乐趣,与周围人相处是他们必须克服的难题。

2.学会分享快乐,给自己解压

分享的过程不是一味地吐槽,埋怨不能解决问题,只会再一次烦恼、生气。学会分享,重在分享遇到问题时积极面对的态度与收获。在正面交流的过程中获得愉悦的感受,传递人与人之间的智慧。在交流解决问题的方法中感受战胜困难的快乐。

四、案例反思

再次分享一下小曹同学与我交流的片段。

片段一:我在交谈中认识的杜老师总是温文尔雅的,像一位母亲一样关心我们的学习和日常生活。令我印象最深的一次交谈是在杜老师的办公室,当时由于粗心,一道大题只拿了两分,最终那场考试我只得到了第二名。拿到试卷后我的心情很不好,当时稚嫩且争强好胜的我,直接冲进杜老师办公室找她理论,我原本以为会和杜老师大吵一架,争论不休,但是杜老师用她过硬的物理知识和井井有条且充满逻辑性的语言成功说服了当时急躁的我,让我冷静了下来,成功安抚了我。通过这次和杜老师的交谈,我懂得了急躁是没有用的,任何时候保持冷静和持续思考才能解决问题。

片段二:不知不觉进入大学已经半年多了,回首往昔,还记得高中时和杜老师谈话的场景,还有让我难忘的一次线上活动。当时疫情十分严重,我们不得不在家上网课,然后老师通过召开线上会议的方式与我们交流,活动结束后与母亲分享了活动感受。老师言语间透露的底蕴和风趣的语言也不禁让我的母亲佩服,说我很幸运碰见了一名好老师! 现在我的大学生活是充实的、有趣的,同时也和杜老师的教导是分不开的。是她教会了我在任何时候保持冷静沉着;也是她教会了我成为一个在生活中幽默风趣的人;更是她让我在物理学科上取得了很大的进步! 我现在是二工大的一名学自动化的本科学生,我的专业所涉及的物理知识也不少,但有了杜老师的启蒙与教导,使我现在的学习收获良多!

小曹同学是高三选修物理以后才选择成为我的导生,虽然时间不长,但随着导生导师活动,我对他的印象慢慢加深了。我留意到他是一个性格外向、大大咧咧的男孩子。他上课时坐姿很随意,虽然听课时有时思路活跃,但是解题的基本功比较差,如果能好好指导,应该进步空间很大。外向是一种很好的性格特征,虽容易暴露不足,也敢于暴露自己的问题,这样方便我及时帮助他。在这 年里,师生的交流从课堂教学延伸到课外的导生导师,这位同学真的进步很大,最后选择了机械自动化专业,带着对物理学科的喜爱成为一名本科生。后期我们仍然通过微信交流,我鼓励他继续努力,合理安排大学假期的实习与学习,在四年时间内继续扎扎实实做好每件事,为下一次的人生扬帆做好准备。

鲁中师生导生导师的关系不会随着学生的毕业就终止了,学生的每一次成长都带着老师的期许,希望鲁中的学生在以后能够不断学习新的技能,提升自己的综合实力,为社会发展贡献自己的力量。

用爱心浇灌心灵的花朵

王　樱

一、案例描述

新接了高一的班级,遇到了班级里的小虞,他是个个子不高的男孩,第一次看他的介绍,得知他曾经担任过初中的宣传委员,于是我便委以宣传委员的职务。他给我留下的第一印象是个内向、腼腆的男孩。第一次的军训,当我问他能否完成黑板报时,他对我拍下胸脯。可是,黑板报的质量让我大跌眼镜,这时我发现这是个很要面子的男孩,但是也让我上了他爱说大话的当,于是我和他之间的故事也开始了。高一推广导师制,有幸,他成为了我的一个辅导学生,我对他的关注也日益增多。开学后没多久,慢慢露出了本性,首先是有时作业不能按时完成(特别是文科的作业),在上课时回答问题也常常一无所知,英语和语文的默写经常不合格,偏科的现象非常严重。此外,几次黑板报的质量也让我始终不能放心。那时的我,对他的缺点就已经非常生气,虽然也没有少和他谈心,隔三岔五与他的家长联系,但是他的毛病始终没有多大改善,仍旧是每次我说十句,他只说一句,我对没有办法走进他的内心深感苦恼。一次长假之后的第一天上课时,他居然交不出几乎所有的作业,我在教室中当着全班同学的面勃然大怒,当场把他的作业扔在了地上。当我冷静下来之后,我觉得当时的举动不太恰当,可能会使他自尊心受伤,导致他对今后学习更加没有兴趣。于是,当晚我便去他家进行了家访。

二、案例分析

在与他父母的交流中,我了解到,文科一直是他的弱项,导致他对文科学习没有什么兴趣,有些放任自流,他只在家中复习理科;在学习上完全不自觉,全靠父母盯,而那几天父母正好加班,他钻了空子就偷懒;学习从来报喜不报忧,所以父母对他的很多情况也不是很清楚。母亲说着说着,还流下了伤心的眼泪。小虞在旁边,看着哭泣的母亲,有些呆住了……于是我心平气和地和小虞交流了起来,让他讲出心中对自己状况的一些想法,他也真诚表示自己其实想改,但觉得困难重重,意志力又太薄弱,所以常常不能控制自己。他表示以后要努力改正,至少做到按时完成作业。

三、指导措施

1. 深入了解兴趣爱好,拉近师生距离

跟学生交流之后,我通过他的父母,了解到他的兴趣爱好是桌球。于是有次谈话,我从他的兴趣切入,当时的他很惊讶,觉得老师对他怎么这样了解,慢慢开始和我的话多了起来。而我更多的对他是鼓励,只要他有一小点进步,我就抓住机会好好表扬他,在工作上,原先替换他的念头我也打消了,取而代之的是对他的指导和帮助,让他多去向他的父亲请教,发动一些可以利用的资源去帮助他。功夫不负有心人,高一下学期开始不久,英语老师便反映他的学习态度有了很大的进步,我马上在全班面前表扬了他,并鼓励他的学习积极性,也及时和他父母沟通,让他们也在家中积极配合,对他进行表扬。他的语文的学习也有很大的进步,每次的默写都很认真。在高一下学期的期末考试中,他的语文成绩达到了75分,让我和他都得到了惊喜。在表扬他的同时,我还是指出这次成绩有一定的偶然性,但是也有一定的必然性,我看见了小虞眼里对我的认同。班级的黑板报,质量也有所提高,小虞的进步大家有目共睹。

2. 指导生涯规划,明确人生目标

一次偶然的机会,从小虞父母那里听说小虞将来有出国求学的打算。我不禁想到,这是提高小虞学习英语积极性的一个好机会。放学值日时,我和他闲聊了起来。我问起了他高三毕业的打算,他的回答就是要去美国深造。于是我便趁机说道:"那你要好好学习英语,为你将来的学习打好基础。"他听到这话后,眼睛确实凝神看了下我。我告知他,对自己的学习生涯应该有一个规划,他对物理很有兴趣,想今后在这方面继续学习,成为一名专业的研究人员。我充分肯定了他的想法,也对他提出了要求,希望他从现在开始认真学习。我们的谈话在很愉快的氛围中结束,而小虞接下去的英语学习态度更是焕然一新,英语成绩也有进步。

四、案例反思

在我担任导师的学生中，小虞的变化是最大的，每次看到他的进步，我也是那么高兴。回顾这些年的导师工作，我认为，先要根据学生实际情况，因人而异。先不去注重他的成绩，而是更多地关注他的思想倾向和他的行为动机。让学生排除成绩差这个诱发因素，晓之以理，动之以情。多感情付出，多投入精力，一步一步地促使学生感知别人的期待、别人的接纳，从而从心里产生要好好学习的念头。这样，学生在无拘无束中转化才会更理想。由此，我想到了"牵着牛鼻子"干活的故事，你拉得越紧它越往后赖。你给它一点空间和自由，它反而比较卖劲。教育人似乎也离不开这个理。你若眼睛只盯着他的成绩，自然少不了训责。时间一长，转化就会变成泡影。所以，"情、理、导、引"是我常用的方法，而我工作的重点也是放在这个方面，效果还是比较令人满意的。一位诗人曾写过这样一首诗："诚实松籽的生命，托起狂风吹不散的绿云。饱满花籽的生命，拱起酿彩流香的阳春。人民教师的生命，塑造灵魂透亮的人！"我愿用一位园丁的全部爱心，塑造更多灵魂透亮的人。

心诚则灵 情真则明

徐小丽

站在教室门口，看着学生学习的样子，总觉得他们是最无忧无虑、最没有烦恼的一个群体，有很多成年人都曾有过这样的想法："要是能重回到学生时代多好"。但我们似乎选择性地忘记了一个事实，曾经的我们在这个年纪也有很多烦心事。

忧愁，而且是经常不知缘由的愁，是青春期的一个典型特征。青春期的孩子处于脱离父母等亲人的心理依赖、走向独立的自己的阶段。前者意味着丧失，是辞旧；后者意味着获得，是迎新。但在这个转变过程中，如果对"新"无法适应，很可能会产生抑郁情绪。

一、案例描述

在刚担任导师的那年，我就遇到了一位表面很乖很听话但内心却重度抑郁的女生，这里就称她为冰冰。那天，像往常一样，我在班级门口静静地看着同学们交作业、复习功课，心里还数着有几位同学没到。正看到冰冰的位置空着时，她妈妈给我打了电话，电话内容大致是，冰冰昨晚写作业写到凌晨还没做完，一直在盯着那一道题，担心老师批评，就拒绝来学校，想请一天假。当时我与冰冰电话交流，电话里我跟她说，老师不会因为学生不会解题而批评学生的，有不懂的问题我们今天刚好可以请教一下班级同学或老师，遇到问题要试着用多种方法来解决，而不是逃避。冰冰似乎也听进去了，她说老师我一会儿就去学校。我以为这样就好了，但其实这个小女孩的内心世界我看到的只是皮毛。

在国庆前一周，这样的情况更频繁了，我意识到，这不是不会做作业这么简单的事情了。有天上午,突然教务处主任说看到我班一个女孩子在楼道里嚷嚷着轻生的话,赶紧通知了班主任,作为导师的我也立刻前往。我见到她时,她正泣不成声,一直在用手捶着自己头。

二、案例分析

冰冰的这一系列表现都在告诉我这个孩子心理生病了。在与冰冰本人和妈妈深入交谈后,我认为造成现状主要有性格、学业、童年和家庭四方面的原因。

(一)性格原因

冰冰是一个内心极度敏感和缺乏安全感的女孩子。自步入高中以来,我发现她很少与同学们主动去交流,性格偏内向。即使我暗中派了几位女同学去主动与她交流,她表现得也很冷淡。而且,她对男生的靠近极度反感。有次,男同学擦完黑板在窗户外拍打黑板擦,由于她坐在第一排,位置比较近,她认为是男同学故意把粉灰往她这面弄,因而很讨厌这位男生。在校外和家里,冰冰也会觉得她后面的男生在跟着她或家里的某个角落有人,他们都对她怀有恶意,因而心中感到很恐惧。

(二)学业压力

高中的学习,不论从内容还是难度上来说,都比初中更复杂和更难了。一时间,她无法适应,经常在独立做作业时感到无所适从。拿数学作业来说,晚上她需要花两个小时左右,面对做不出来的难题她会一直停留在这道题上,渐渐地她在学习上的信心和耐心消耗殆尽。完不成作业会使她认为自己做什么都一塌糊涂,担心老师批评,也害怕让妈妈失望。这样的想法日复一日,失眠的情况也愈发严重,但对于这种现状她却无能为力,当这种情绪越来越深却无法向外发泄时,就会转而指向自己,甚至会有自我伤害的行为——用头去撞墙,不停地用手拍打自己的头部,这也是抑郁症的一个重要表现。

(三)童年经历

童年的经历对冰冰的性格有很大影响。小时候,她在路上曾看到一男性有不雅的举止。从此之后,她对男性群体心生厌恶,也间接导致她在家里不愿与哥哥和爸爸交流。还有一次,在初中时曾跟一位男同学之间有过争执,双方当时闹得很不愉快。由于当时妈妈没有意识到这些经历对冰冰心理造成的阴影和伤害,没有及时给予疏导或专业医师的介入,使得原本内向的她变得更敏感和缺乏安全感。

(四)家庭教育

除了以上性格、学业和童年经历的原因外,家庭教育也对她现在的状态有一定的影响。在同冰冰妈妈交流的过程中,我了解到冰冰在家跟爸爸和哥哥沟通很少。爸爸平时脾气不好,虽然爸爸也想帮助孩子,但双方的每次交流基本以争吵告终,所以冰冰在家中基本只和妈妈聊天。家庭没有给予冰冰足够的安全感,天一黑,她会感到害怕,总觉得有人要害她,缺乏安全感。

三、指导措施

(一)陪伴和关心 提升安全感

在与冰冰刚认识时，她对我没有完全放开，有些拘谨。一开始，因为冰冰在教室里情绪一直不高，所以课间我会请她来我的办公室坐着，陪着她写作业，遇到不会的题时我会请班级里的女孩子来帮着看看，题解出来时她很开心，她说坐在这里她感觉很安心。在观察到她情绪有波动时我会主动找她聊一聊其他话题，抱抱她，让她感受到在这里也有关心她的人，也可能是这种陪伴，她对我产生了信任和依赖。

通过不断深入的了解，我发现冰冰很有绘画天赋，而且她在画画时，状态非常放松，脸上也洋溢着笑意。于是我就跟她约定，她每天画一些小画来表达自己的心情，我们在微信里聊天时也会用到她自己画的画作为表情包，渐渐地，我与她之间的距离越来越近了。

(二)鼓励挖掘潜力 成就无限可能

虽然这样的陪伴让她的情绪有所缓和，但她在教室里依旧会时不时地情绪失控。在与年级组长、心理老师和家长商量后，还是决定让她暂时离开焦虑源，通过专业的干预来帮助冰冰摆脱困境。

虽然见不到面，但我并没有停止与冰冰家长和冰冰的交流。此后我经常通过微信了解她的近况，一开始她回复很慢、内容很少，呈现出不想过多与我交流的样子，但我坚持与她交流，她慢慢开始主动和我分享她的日常。

有次在聊天中得知她喜欢宠物，但担心照顾不好，我鼓励她去领养一只小猫，小猫的陪伴或许能弥补她心中同伴的缺失。另外，我也对她的长处给予了极大的肯定，她擅长绘画，经常会作画与我分享，我想绘画的确给她带来了成就感和冷静沉思的空间。再后来，慢慢地她又找到很多其他的爱好，比如做小甜点、学习日语、画漫画、写小说等。在我看来，她是一个有无限可能的女孩，在休学的这段时间里，她也在独立成长，在体验生活的酸甜苦辣，在感受自己的无限可能，最终她会成为她自己。

(三)专业干预 家庭守护

在专业干预后，冰冰被确定为重度抑郁和中度躁郁症。医生为她配制了一些药物，这些可以帮助她改善低落的情绪。虽然药物有一定的辅助作用，但关键还是要为冰冰提供一个有安全感的家。

在孩子成长过程中，总会有磕磕绊绊，我们注重的是孩子在磕绊中自己重新站起来。在这个过程中，父母扮演了很重要的角色，陪伴、倾听、鼓励都是能让她站起来的力量，不以世俗的乖和好约束孩子，父母应该让她绽放属于自己的美。冰冰的家人也渐渐明白家庭对孩子健康成长的重要性，虽然他们很担心冰冰的状态，但在家里他们尽量不表现出来焦虑，爸爸也控制自己的情绪，尽量不再发脾气，而是愿意花时间与冰冰交谈她喜欢的事物，虽然一开始交流得少，但他们之间的距离在慢慢缩短。

四、案例反思

学校与家长之间应是一种相互沟通、理解、帮助的互补关系。家庭教育和学校教育的目标应是一致的。教育思想家苏霍姆林斯基曾对家庭和学校教育说了这样一句话:"两个教育者——学校和家庭,不仅要一致行动,要向孩子提出同样的要求,而且要志同道合,抱着一致的信念,始终从统一原则出发,无论在教育的目的上、过程上还是手段上,都不要发生分歧。这样才有利于孩子健康人格的形成,有利于孩子健康成长。"

本案例所关注的是由多种因素导致的心理问题。青少年在成长过程中或多或少都会遇到令他们烦恼的事,很多人能通过自己的方法排解这种愁,但也有一部分人困在里面,无法摆脱困境。这时候就需要外界的干预,可能是家人,也可以是朋友、老师或专业的医生。本案例中的冰冰由于情况比较严重,所以家人、导师和医生都参与其中。在参与过程中,与冰冰的沟通交流是很关键的一部分。回顾整个共育过程,本案例中我认为有以下三点是值得思考的。

(一)坚持倾听,平等交流

倾听是交流的首要条件。倾听的耳朵是虔诚的,倾听的心灵是敏感的。有了倾听的耳朵和愿意倾听的心,才会拥有忠实的朋友。父母在与孩子交流时,如果多以他们自身的感受为主,这是不平等的交流。当孩子拒绝与他们沟通时,家长常常会愤懑不已,大声呵斥,这些行为反而将孩子推向了一边。教师作为育人者,更明白倾听在教育过程中的重要性,家庭作为第二大教育场所,家长也要能认识到倾听的重要性,倾听是获取信息的第一手段,知己知彼,百战不殆。倾听的过程也是对方表达欲和分享欲得到巩固的过程,在对方倾诉完时再表达自己作为父母的想法,且这种表达应是心平气和的,同时能给予孩子最大的支持。

(二)情绪管理,有效沟通

在教育过程中,良好的自我情绪管理是受教者认同其教育的基础,是教育者与受教者进行有效沟通的前提。好的情绪可以让孩子充分发挥自身的潜能,积极投入学习和生活。好的情绪可以营造良好的家庭氛围,也有助于孩子的身心健康。在家庭教育中,可以潜移默化地向孩子渗透六大快乐资源来优化情绪:奋斗求乐、化有为乐、化苦为乐、知足常乐、助人为乐、自得其乐。

(三)有效夸奖,重拾自信

心理容易出现问题的孩子多是缺乏自信的,他们敏感多疑。但这一类孩子并不是一无是处,他们可能学习不理想,但其他方面可能会大放异彩。不管是老师还是家长,都要有一双善于发现孩子优点的眼睛,对他们所做出的努力给予过程性评价,对他们取得的进步给予有效夸奖,不再停留在"你真棒"字面意思的表扬,而是具体化,比如你画的这个人物真是栩栩如生,简直把这个人画活了,你是怎么做到的? 你用了哪些技巧? 看似普通的对话实则可以帮助孩子把内心所想更多地以口头的形式表达,这样既会帮助她减少心理负担,也使得她更倾向于向别人表达自己,长此以往,还能帮助孩子建立自信。

耐心守护,寻回信心

陆思颖

一、案例描述

学生小杰是一个性格活泼、笑起来很可爱的男生,在班级中人缘很好,也是校学生会的成员。他在课堂上十分活跃,会主动与老师进行课堂互动。作为课代表,他做事耐心仔细,能很好地完成老师安排的各项任务。他还是个很有爱心的男生,会定期养护班级中的绿植,为它们浇水、换土。

但是小杰每次考试考得不是很理想的时候,甚至有时只是课堂默写默得不好的时候,他就会整个人很沮丧,不和人说话,一下课就趴在桌子上,上课也完全集中不了精神,做什么都没有信心和动力,完全像变了一个人一样。

二、案例分析

我准备从沮丧的原因及考不好的原因两方面着手进行沟通,了解他的想法。

经过几次谈心之后,我了解到小杰沮丧是因为觉得自己没有达到心中预设的目标,觉得自己花了时间却没有得到很好的结果,觉得有点力不从心,就什么也不想做,很灰心。一次又一次之后,会在考试或者默写前感到害怕,害怕自己做不好考不好,一次比一次害怕,失败多了之后,会对自己的能力开始怀疑,导致过重的心理负担使他不能正确评价自己的能力,也就影响了他的上课质量及测验的表现。

在沟通中,我也帮他一起分析考不好的原因。经过几次考试、默写后的复盘和反思,虽然他自己觉得花了一定的时间进行复习巩固,但是由于没有掌握方法,或是没有用心进行有效复习,抑或是对考试时间的安排不合理,导致他在默写或是考试中达不到自己所预设的目标。

三、指导措施

1. 引导设立合理学习目标

首先,小杰需要调整自我期望值。作为刚刚适应高中生活的高一学生,对自己的学习有清晰的规划和明确的目标是一件好事,但是如果这个自我期望值远远超出了自己的能力水平,反而会使自己的心态因为达不成目标而一次次崩溃。

因此通过谈心,我引导他意识到,如果觉得对于没有完成自己预设的目标感觉到沮丧,对上课没有动力,那么就对目标下手。目标不是越高越好,如果期望动机过高,会造成自己压力过大,容易患得患失,反而会阻碍水平的正常发挥。正确的做法应该是:根据自己的学习水平和学习能力调整目标,只有适当的期望和动机才更有利于激发斗志、提升成绩。设立目标时需要考虑自己设立的学习目标是否符合自己的学习能力，设立的学习目标期限是否合理等。因此，在给自己设立目标时可以问这么几个问题：（1）这个目标和我目前所能达到的水平差距大吗？（2）我预期多久能够达成这个目标？（3）为了达成这个目标，我应该怎么做？所以在目标的设立上，我建议他按照每一门的情况，设立短期的小目标，比如一周或是一个月的，在达成之后，慢慢提升学习目标，慢慢进步。

2.找准时机及时鼓励

对于没有自信心、心思比较敏感的学生，教师板着脸一味地批评和指责不但对他们没有任何帮助，还可能会拉远教师与学生之间的距离，导致学生不愿意吐露自己内心真实的想法，无法帮助他们真正解决问题。因此，教师应该要尽可能地鼓励和表扬他们，拉近彼此的心，用关心和爱帮助、引导他们慢慢重塑信心。所以，在每次有一点点小进步的时候，我都会记得表扬他这次表现不错。与此同时，我也会鼓励他及时反思，总结自己成功的经验，继续保持，不断进步。

3.帮助他找对学习方法

学习方法不正确，花再多时间可能都只是在做无用功。因此，我鼓励他碰到难题要主动去找老师请教，甚至可以脸皮厚一点多问问老师学习方法或策略，不断尝试后逐渐形成自己的一套学习方法，那么才能做到真正的有效学习。

此外，不同学科有不同的学习方法。文科需要大量的知识储备，就得多抽出时间背诵。如政治、历史等学科，还可以借助可视化工具，如思维导图、流程图等帮助在理解的基础上进行记忆；如数学、化学等学科，可以养成记录错题的习惯，通过经典错题的整理、回顾，能很快速、清晰地知道自己的薄弱知识板块，从而定制有针对性的习题训练，帮助自己有效提升。

4.学会调整心态

心态调整也是很重要的一项技能，由于之前一次次的失败，导致他遇到考试就开始害怕没考好怎么办。我会在考前把他叫来办公室，通过帮助他一起梳理课后复习计划，以及鼓励他要相信自己的努力和付出，来缓解一点考试的焦虑。同时也会帮助他再一次分析之前考试失利时总结的经验，这能很大程度上在下一次考试中避免再次失误。

当然，如果考试的结果没有达到预期，我会鼓励他不要太放大"失败"这个字眼，我会告诉他这是一次很好的经验总结的机会，通过考试找出自己的薄弱点，那么接下来一段时间就知道该在哪个方面下更多的功夫了，有方向就会有动力。

四、案例反思

通过近半学期的沟通、指导、鼓励，小杰也终于明白了太过于困难的目标不但不会帮助自己快速进步，反而会使自己在一次次失败中备受打击，一蹶不振。他从一开始学习很不在状态，很没信心，动不动就灰心丧气的情况，到上学期期末顺利完成了自己定下的小目标，在学习上有了很大进步，看到他找到学习的状态，我也是很欣慰。

　　学生遇到失败，难免会对自己失去信心，或者产生自卑的情绪，但是我们需要告诉学生不管怎么样都不应该对自己失去信心，要相信自己：我能行。只要对自己一直充满信心，就不会怕自卑情绪。对于那些自信心不足的学生，我们要及时给予更多的关爱和鼓励，引导他们调整心态，帮助他们找到适合自己的学习节奏和学习方法。

第五章

❧

协同互融：打造共育生态体系的家校社"三全导师制"案例研究

教育是国之大计、党之大计。习近平总书记在党的二十大报告中明确指出："办好人民满意的教育……完善学校管理和教育评价体系，健全学校家庭社会育人机制。"为了落实立德树人根本任务，我们更需要学校、家庭和社会协同一致，打造共育生态体系的家校社"三全导师制"。

第一节　打造共育生态体系的家校社"三全导师制"

苏莉丽

一、家校社协同育人概述

美国约翰斯·霍普金斯大学的 NNPS 研究中心主任兼首席科学家爱普斯坦（Joyce L. Epstein）在深入研究了美国中小学校与家庭、社区关系后，提出交叠影响域理论，他认为必须在学校、家庭与社区之间发展一种新型的伙伴关系，因为只有这样的关系才能够改善学校的教育实践活动和学校的教育气氛，增强父母培育子女的技能和领导能力，密切父母与学校及社区中其他人的关系，帮助教师更好地工作。

近年来，我国开始重视家校社"协同育人"的重要性。2015 年 10 月 11 日，教育部印发《关于加强家庭教育工作的指导意见》（教基〔2015〕10 号），《意见》特别提出充分发挥学校在家庭教育中的重要作用，营造良好家校关系和共同育人氛围。同时，还要加快形成家庭教育社会支持网络。

2021 年颁布的《中华人民共和国家庭教育促进法》明确"各级人民政府指导家庭教育工作，建立健全家庭学校社会协同育人机制"。2023 年 1 月，教育部、中央宣传部等十三部门又联合印发《关于健全学校家庭社会协同育人机制的意见》（教基〔2022〕7 号），该

《意见》明确了学校、家庭、社会在协同育人中的各自职责、定位及相互协调机制。其出台为深入贯彻落实党的二十大精神,以及《中华人民共和国家庭教育促进法》《中华人民共和国未成年人保护法》等法律和相关政策文件要求,切实推进学校、家庭、社会协同育人机制建设,为营造良好育人生态提供了保证。

我们这里的共育生态体系是指家庭、学校和社会三个主体形成互动、互补、互助的良好生态,共同育人,实现优质教育的目标。这个目标和家校社"协同育人"目标是一致的。家庭、学校和社会在育人过程中均有其独特的优势和作用,学校在其中发挥着非常重要的主导作用,承担着教育学生、开展家庭教育指导服务及联系社会资源的工作。家长应切实履行家庭教育主体责任,注重家庭建设,为子女健康成长创造良好家庭环境。主动协同学校教育,积极参加学校组织的家庭教育指导和家校互动活动,自觉学习家庭教育知识和方法,积极配合学校依法依规严格管理和教育学生。社会有效支持服务全面育人,完善社会家庭教育服务体系,推进社会资源开放共享,净化社会育人环境。

高中学生成长道路上需要家校社协同形成育人共同体,共同培养德智体美劳全面发展的社会主义建设者和接班人。

二、本校家校协同育人发展现状

由于受到各种主客观因素的影响,我国的家校社"协同育人"机制存在着不少问题:其一,关于怎样开展学校教育、家庭教育和社会教育,每个人所形成的观念千差万别,落差极大。其二,学校教育、家庭教育和社会教育分别是在学校、在家庭、在社会进行的教育,不同场域,环境、设施、文化、技术、人员等不尽相同,所开展的教育是不尽相同的。但是,就目前来看,三方教育看上去"长得都差不多",从方式、内容、方法等角度看,社会教育和家庭教育学校化的痕迹十分严重,都成了"准学校教育"。其三,教育合力始终不强大、不全面、不持续。家校之间的合作,主要由班主任在参与,其他教师参与力度和参与面都不大。

学校家庭社会协同育人,"育人"是核心、"协同"是关键、"机制"是保障。随着社会的发展,学校教育教学面临着新的挑战,为了提升学校教育教学的有效性,重点关注教育的人本化,一个重要的途径就是更多老师参与教育、实施个别教育,开辟以人为本、关注个性的学校育人模式。我校针对当前"协同育人"机制中存在的问题,探索将"三全导师制"融入其中。坚持以鲁迅的"首在立人"教育思想为育人原则,秉持"爱、诚、进、韧"的立人标准,将其渗透到家校社协同育人之中,努力构建家校社协同育人的家庭教育指导服务体系,以形成我校特有的育人文化。

在家庭教育指导过程中,我校依托家长学校,不断完善"立人"为本·助力家长成长课程。聘请导师担任家长学校的讲师,为家长们答疑解惑,通过导师家访、家长接待等线上线下相结合的方式,畅通导师与家长之间的沟通渠道,真正实现了人人都是德育工作者。

三、"三全导师制"家校协同育人实践举措

1.完善家校社"协同育人"体制机制,保障育人工作开展

首先,建立家庭教育指导网络(见下图),为家庭教育指导工作提供机制保障;学校注重家庭教育指导专业团队,学校支持所有教师,尤其是青年教师参与心理专业知识培训、家庭教育师等的培训,截至目前,具有家庭教育指导师资质的教师有 9 名。

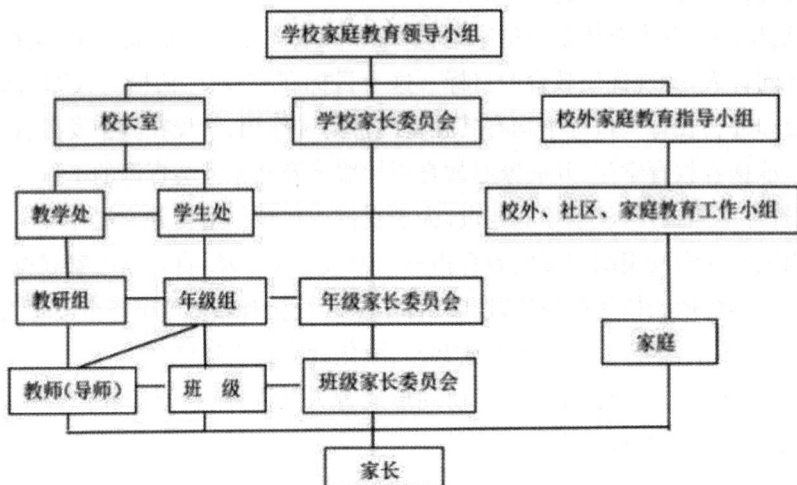

其次,制订家庭教育指导工作计划,开设家长学校,分阶段、有侧重、有效开展家庭教育指导,促成家校教育合力,推进"家校社三位一体"机制构建,营造践行社会主义核心价值观的浓厚氛围。同时,依托课题研究,以科研引领家校社协同育人,创建鲁迅中学的家庭教育特色品牌。

最后,学校充分挖掘、整合家庭和社区资源,建立家校社区共建机制。邀请家长、社区代表走进学校,走进课堂,助力孩子和家长成长。教师主动走出学校,进入社区,共建家庭教育网络,答疑解惑,开展家庭教育指导。

2.注重导师培训,提升导师导航育人能力

我们为全校导师提供《家庭教育促进法》《未成年人保护法》《上海市未成年人保护条例》相关资料,定期组织导师研读相关书籍,例如《知心育人(适合每位教师的心理健康教育指导手册中学版)》《学校家庭教育指导工作手册》《5%的改变》等。分别组织班主任和导师进行分层学习,对导师开展普适性和个性化的培训课程,邀请专家开设讲座,指导导师撰写家庭教育指导案例。同时,我们通过个性化培训课程为青年教师及班主任开展培训,通过专家讲座、个案分析提升年轻导师的导航育人能力。

3.挖掘社会资源,创建联动平台

作为上海市家庭教育示范校,我校目前已与上海市第五十二中学建成家庭教育发展共同体,共同开展家庭教育指导工作。结合《上海市 0-18 岁家庭教育指导内容大纲》、虹口区《中小学家庭教育指导讲座》,以及经过长期实践和积累的鲁迅中学《爱诚进韧分层分类价值导向研究家庭教育指导篇》,确立教材,与上海市第五十二中学共同建立家长学校,并且充分利用各类社会资源建立师资队伍,由校外专家、校行政和家庭教育骨干队伍共同组成,分年级开展家庭教育指导。

同时,挖掘各类社区资源融入我校"三全导师制",利用本区的红色资源,导师带领学生共同走进红色场馆,开展"行走的虹课程"活动。暑假中,导师还与学生一起参与爱心暑托班的活动。研学活动中,导师与学生一起走进大学,走进企业。在共访、共探、共学的过程中,增进了师生情感,提升育人的实效。

4. 积极促进家校联动,建和谐美好家庭

我们坚决落实导师的工作三项基本任务,即:一次学生家访、一次交心谈话、一次书面反馈。目前,我校以班主任为首席的班级导师团队正在逐步形成中,班主任与导师相互合作,利用家长接待日、线上线下家访等时机与家长开展个别交流,为家长答疑解惑。

四、"三全导师制"家校协同育人成效反思

以"首在立人"作为办学思想,以"爱、诚、进、韧"为立人核心标准的学校特色建设,已经是学校长期坚持不变的办学思想和办学理念。学校充分利用学校资源、社会资源,形成合力,组成导师讲师团,开设家长学校,以讲座、个性化交流、家长访谈、家访等形式,让家长更好地了解学生、了解学校,增进导师与家长之间的沟通与理解,帮助家长解决实际问题,指导家长关注学生成长,提升家长指导能力。引导家庭教育建立更合理、科学的教育目标,营造良好的家庭氛围,家校社合力,携手共进。

上海市鲁迅中学和上海市第五十二中学依托区级"1+N"这一平台,携手成为合作伙伴,彼此共同研讨、共同实践,努力构建发展共同体,一起向着更高目标前行。两所学校围绕"全员导师制"工作,进一步构建了内涵统一、指向明确、措施聚焦、行动有力的学校家庭教育指导工作体系,缩减校际差异、促进均衡发展,整体提升两校的家庭教育指导工作水平,形成家庭教育指导共同体。

两所学校共同开设面向导师的系列化家庭教育指导课程,加强导师家庭教育指导能力;构建面向家长的系列化家庭教育指导课程,提升家长家庭教育的能力;根据家长学校建设标准,不断完善相关机制,深化相关工作,逐步规范家长学校的管理,保障家长学校工作的有效开展;开辟多渠道学习展示交流平台,共建"1+N"家庭教育指导发展共同体,形成常态化机制。

打造共育生态体系的家校社"三全导师制",我们还在路上,未来我们将继续深入探究"三全导师制"与家庭教育、学校教育、社会教育之间的关系,让导师们更多地掌握育人的本领,家校通力合作,社区积极配合,利用好各类社会资源,探索更多的途径和方法,为学生的成长助力,为家长的成长助力,以此打造更加和谐美好的家校社共育生态体系。

第二节　"三全导师制"家校社协同育人案例范本

我的人生我做主

邱正雯

一、案例描述

小韩曾是我三年的导生,小学毕业才跟着父母来到上海(属于新上海人),先后在两所不同的初中就读。高中进入我校,表现为学习习惯不佳,不按时完成作业,上课经常不认真听讲,有时打瞌睡,更糟的是有一段时间沉迷于手游,导致视力下降。高一开始厌学,没有明晰的人生规划,对未来感到迷茫。

小韩的父亲在外地工作,对小韩的教育鞭长莫及。母亲对小韩束手无策,有时甚至会和小韩产生矛盾。父母双方对小韩的期待值很高,希望他能考一所理想的大学,至少是所公办大学。因此,小韩的双休日、节假日总是被父母安排的各种补习班填满,以至于没有时间和精力消化学校的课程内容。

二、案例分析

初中的学习是让小韩的学习习惯、性格发生变化的转折点。初到上海,因教材不同、语言不通,小韩本来对新环境就已出现种种不适应。转到复兴中学后,他和同学之间各方面差距更为凸显,心理压力骤然增大,学习成绩非但没有突飞猛进,心态反而更坏了,总觉得老师同学瞧不起他,进步了也得不到认可,据他陈述,曾和任课老师发生过几次冲突。在多方努力下,小韩好不容易考进了鲁迅中学。但是进了高中以后,由于学习方法没有及时调整,再加上他少做、漏做作业,上课不认真听讲的不良学习习惯,致使小韩第一学期的期中考试在年级处于倒数的位置。于是,家长又给他报了双休日的补习班,以至于他的课余时间排得满满的。每周一早上,他总是很早到校,忙着补作业、抄作业,课堂上也经常是无精打采,期终考试成绩不升反降。寒假里,家长怕他玩游戏,在原有基础上再给小韩加码补课,学校的课程来不及完成,课外补习的内容也无法及时消化,恶性循环,造成小韩开始厌学,对未来感到无助、迷茫。

发现问题就要及时想办法解决问题,三年里在学生本人、家、校三方合力的基础上,我着重激发其内驱力,因势利导,尽力帮助小韩走好每一步。

三、指导措施

1.默默关注,耐心引导

刚开始成为小韩的导师,我对他并不是很了解。最初阶段我总是默默地关注他,经常利用交订正作业、背单词或课文的时间和他聊上几句,交流最多的是如何改变学习习惯及改善英语的学习方法。短时间里他稍微改变了一点,但总体效果不大。我也不着急,默默地关注他,寻找着恰当的教育时机。好在英语文章里不乏 the power of beliefs 这样的生活感悟类美文,有时课上我还专门请小韩翻译例如"Your own attitude is that which may prevent you from achieving fulfillment. You are only what you allow yourself to be"等佳句,同时细心观察他微妙的变化,对他每次的小小转变和细微进步及时进行表扬,并提醒他学习态度的改变不是一时的,要有毅力,要持久……一段时间,他在学校表现挺好,可一到家彻底放飞(尤其节假日),妈妈管不住,经过多次谈心,他也意识到手游才是阻碍他进步的最大障碍,在导航手册上他曾这样写道:我虽然端正了学习态度,但游戏扼住了我的喉咙……戒瘾主要得靠他自己。于是只要一发现小韩的作业有遗漏,课堂上有打瞌睡的现象,我就旁敲侧击婉转地提醒他要分清主次,加强自律,做完正事再玩。

2. 寻找契机,人生导航

我坚信一个人不会一直沉沦下去,只要有了明确的人生目标,就会产生为实现目标而努力的内在动力,并一直寻找这样的契机。记得高一第二学期,有次英语测验,要求学生以 my ideal/dream university 为题写篇作文,小韩在文中提到打游戏是他的最爱,排名第一的战绩令他自豪,他的理想专业是电竞。面批作文后,我建议他利用暑假查查哪些大学开设电竞专业,并把近三年各学校的录取分数罗列一下,依他目前的成绩,挑选几个不同层次的学校作为奋斗目标。给自己确立明确的目标:我要去哪里?(目标)我如何去那里?(行动)

设定了目标大学,小韩也承诺会竭尽全力去达成。高一暑假,小韩的爸爸安排他在南京跟着当地学生进行封闭式学习,时间虽不长,教材也不同,但与当地学生的交流对他触动较大。高二一开学他像换了一个人似的,好的开端加上老师们的赞许和鼓励,期中考试五门创新高,期终考试也延续了进步的势头。大力表扬的同时,放假前我再三叮嘱他寒假千万不能松懈……没想到新冠疫情把一切都打乱了,在老家的三个月,小韩基本都在玩游戏。复课后的区统考,小韩的语文、数学、外语考得均不理想,更糟糕的是地理、生物等级考,用小韩的话说等级考成绩给了他一个响亮的耳光,让他清醒了几分。原先确定的电竞专业看来希望要落空了。基于小韩的学习基础和现状,考虑到加试的另一门历史成绩也是一般,小韩的初定目标是春考民办大学,当他把想法告诉我时,我没有立刻下定论,只是提醒他要充分利用好高中的最后一个暑假,主攻语、数、外,数学则从基础入手。我还鼓励他把每天的背英语单词当作完成游戏里的任务,并享受和游戏同样的成就感。高三一开学,小韩在课堂上对单词的快速反应令我和同学们刮目相看,我高兴地叫他"英语词霸"。再加上数学也有了点起色,他终于相信天道酬勤,从而更有信心了。而一次次阶段考试帮助他更清晰地看到了自己的潜能和局限,也更坚定了当初的选择。从和他父母的私聊及几次家长会的面谈,感受到小韩的父母对他决定春考民办大学,从不同意到慢慢接受直至支持的一个变化过程。小韩有了父母的支持,各科成绩都有了不同程度的进步。春考大学达线后,为了面试成功,我鼓励小韩要打有备之战。那一两个星期里,学校操场上经常看到小韩跑步的身影,家里妈妈科学安排一日三顿的饮食,小韩瘦了四五斤,人也更精神了……最终如愿被上海杉达学院酒店管理专业录取。他在第一时间和我分享了这一好消息,恭喜他的同时,我们一起简单回顾鲁中的两年半时光,尤其是高三这半年发生的点点滴滴,这个曾经一度迷茫、无助的男孩真切感受到高考的确是人生的一个历练,感叹自己成熟了不少,记得当时我跟他开玩笑说:"这下子你可以尽情地打游戏了。"他说他另有计划。事实也是如此,在同学们奋战秋考的同时,他在老家成功拿到驾驶证,暑假回到上海,在盒马鲜生打工,每天走两万步,他和我说虽然很累,但很充实。"你真厉害,I am proud of you. 目标+毅力=成功,相信你在大学及以后的工作岗位上会干出一番成绩来的。"欣喜于小韩终于找到了正确的人生方向,我由衷地赞叹并送上我最真诚的祝福。

四、案例反思

高中是人生的黄金阶段,高中生正处于人生最关键的转折点,面对着学业的压力、面对着对职业、人生的重大抉择,很多高三学生感到迷茫和无助,有些同学甚至将高考填报志愿的事宜也全权交予家长负责,究其原因,主要是学生对自我认知和定位不明确,同时对大学专业和社会职业情况也不了解。作为导师,除了指导学生学好本学科知识外,还要协同家长引导他们认识自我、了解社会,主动思考人生,对自己未来之路进行分析,尽早有个切合实际、理性的规划,并不断调整完善。因此,导"学"加导"育",激发学生自主规划人生的意识和能力,是时代赋予导师们新的历史使命。

《静待花开——百位特级谈育人智慧》一书里的诸多事例及我的工作实践证明,每一粒种子都会开花结果,它们需要用心培育,需要时间。担任导师绝不是额外的负担,而是一份责任,我们不仅要把知识传授给学生,同时还要努力成为他们求学途中的导航标,人生道路上的风向标;坚持以导生为本,相信他们,在尊重他们意愿的基础上,引导他们早做准备,适时地提醒他们把握好人生的每一个阶段,有效决策,并采取有效行动,其间大胆放手,陪伴他们,为他们的成长点赞助威,只有这样他们才会在人生道路上走得更好、更远。同时,我们要明白:思考人生,规划人生,即便是家长也不能包办代替,清晰认识自己,明确方向目标,并采取行动,是每一个高中生必经的成长之路。小韩用实际行动证明了:我的人生我做主。作为导师的我们就像静待花开的园丁,倾听生命拔节成长,欣赏,收获满园春色的幸福。

心有目标,方能行远

张丽芳

一、案例描述

今年3月份,由于突如其来的疫情,线下教学又调整为线上教学,一切都是如此猝不及防。同学们面临着地理、生物等级考的压力，内心比较着急，但又有些不知所措。

有一次开展线上导师导生交流时，学生小芳跟我说："张老师，我感觉现在疫情在家学习，学习效率比较低，也不知道自己学习的真实效果怎么样，感觉学习没啥动力，有些颓废，又有些着急，还有些不知所措。"作为一名生物老师及她的导师，此刻，我特别能理解小芳的心情及她的困惑。

二、案例分析

在本案例中，小芳之所以会出现烦恼，一方面是对线上教学的不适应，更重要的是缺乏目标引领，不知道自己所做的事情是为了什么，因而缺乏前进的动力。

于是，在倾听完她的情况之后，我问了她一个问题，你有想过自己为何要好好学习么？她想了想，不知道该怎么回复我。在她的印象中，基本上从小到大都是按照老师的要求来做，老师上课，认真听讲，老师布置的作业，按时去完成。好像确实没有想过为什么要好好学习，只是因为从小到大习惯了。

然后，我又问了她第二个问题，你对哪些方面比较感兴趣？她立马就回答我，我喜欢画画。我马上追问道，那以后想要做与画画有关的工作吗？她犹豫了一下，问道，我可以吗？我笑着回答，当然可以啦。她很欣喜，但马上又充满了担心，因为她不知道与画画有关的专业有哪些，有这些专业的学校有哪些，高考需要多少分数，她现在需要做些什么……

三、指导措施

看到她已经开始提起兴趣，我立马鼓励她说，我们可以去查一查，有哪些相关的专业及院校，然后向她介绍了 SWOT 分析法，帮助她更好地分析自己。

指导措施 1：对自我进行 SWOT 分析

所谓 SWOT 分析，即基于内外部竞争环境和竞争条件下的态势分析，就是将与研究对象密切相关的各种主要内部优势、劣势和外部的机会和威胁等，通过调查列举出来，并依照矩阵形式排列，然后用系统分析的思想，把各种因素相互匹配起来加以分析，从中得出一系列相应的结论，而结论通常带有一定的决策性。

运用这种方法，可以对研究对象所处的情境进行全面、系统、准确的研究，从而根据研究结果制定相应的发展战略、计划及对策等。

S(strengths)是优势、W(weaknesses)是劣势、O(opportunities)是机会、T(threats)是威胁。按照企业竞争战略的完整概念，战略应是一个企业"能够做的"(即组织的强项和弱项)和"可能做的"(即环境的机会和威胁)之间的有机组合。

经过 SWOT 分析，我们得出以下结论：

优势 S(strengths)	劣势 W(weaknesses)	机会 O(opportunities)	威胁 T(threats)
1.对画画非常感兴趣； 2.有一定的绘画基础； 3.做事比较认真，脚踏实地，能吃苦耐劳； 4.用心向上，乐观地看待生活中的困难和挫折。	1.对于艺考的流程了解较少； 2.选择艺考后对于大学的专业会有所限制； 3.选择艺考后需要集训，文化课会落下很多。	1.集训时有专门上课的地方，学习环境好； 2.艺考对于文化课的要求没有那么高，可以选择更好的院校； 3.以后可以从事自己感兴趣的职业。	1.如果艺考分数线没过，文化课也被耽误了，损失会比较惨重； 2.选择艺考的人数越来越多，竞争也越来越大。

指导措施 2：确立明确的目标

经过了细致的 SWOT 分析，小芳充分了解了自己目前面临的优势和劣势，也更加明确了自己未来的发展方向。于是，我们两个人又都忙活了起来，开始找相关的专业和院校，随着了解的深入，小芳对于大学的了解也越来越多，她能够很详细地说出一些院校的专业及录取分数，还会把自己的分数算一算，然后看看与分数线还有多大距离。

指导措施 3：激发前进的动力

从跟小芳交谈中，我发现她在家的状态慢慢好了起来，为了更好地激发她自主学习的动力，我建议她可以在学习的环境中，寻找一些理想院校的图片及激励自己的话语贴在书桌旁边，时时刻刻提醒自己朝着目标前进。小芳经过这一系列的调整措施，状态逐渐好转，充满了战斗力，努力攻克着一个个地理或生物难题，在各科的学习上均有了一定进步。

四、案例反思

在本案例中，小芳之所以会出现烦恼，一方面是对线上教学的不适应，更重要的是缺乏目标引领，不知道自己所做的事情是为了什么，因而缺乏前进的动力。在本案例中，我主要从以下几个方面对她进行了指导。

（一）寻找合适的目标

合适的目标，任何时候都至关重要。小芳之所以在前进的道路上不知所措，主要是缺乏目标，不知道以后的道路在哪里。因此，我从她的兴趣爱好出发，帮助和指引她寻找自己感兴趣且适合她的一些方向，让她逐步去了解和确定一个合适的目标。

（二）激发前进的动力

在寻找到合适的目标之后，我们主要探讨的就是如何去帮助她实现目标。根据小芳的理想院校，我们一起商讨高考的分数分配，细化到地理生物的等级考目标分数，于是小芳调整了状态之后，重新投入到了紧张的线上学习之中。

（三）挖掘潜在的能力

在本案例中，小芳寻找到合适的目标之后，不再像之前一样，仅仅满足于按照老师的要求去完成作业，她发现自己也会提出一些新问题，然后自己尝试去寻找答案，也得到了许多意想不到的收获。

心有目标,方能行远,希望同学们都能够寻找到合适的目标,朝着自己的目标勇敢前行!

管导结合

李胜霞

近些年来我校实行的"全员导师制",让更多的老师关心、指导学生的思想、生活、心理健康和学习,形成了既管又导、整体推进的学生思想工作新模式,不但增强教师的育人意识,而且促进学生的全面健康成长。下面和大家一起来分享我和学生晓明的案例故事。

一、案例描述

晓明高一刚进学校时,我发觉他看上去阳光帅气,课间休息时他喜欢到我们办公室跟我聊天谈心,办公室的老师都夸他阳光帅气,看得出来他听到老师们的夸奖时挺开心的,再加上他英语成绩也不错,所以下课后经常到我办公室问这问那,帮我拿作业或去教室传话叫我想找的学生,有时还会主动帮我们办公室打扫卫生。说心里话我也挺喜欢这个开朗阳光的男孩子。每次他到办公室帮忙我都会给他一些小小的奖励:一些糕点零食或水果等,他也欣然接受。我知道这个年龄的男孩子正在长身体,体能消耗大,需要补充一些能量,也许这点小小的奖励能让他身心愉悦。晓明其他学科表现一般,但几次英语考试下来基本上都能位于班级前列。据了解,他在别的学科课上有时会趴着睡觉,但我的英语课他都能始终坚持抬头听课,这一点至少说明他还是挺喜欢英语这门学科,也可以说很给我面子!

这样和谐稳定的状态维持了一个学期,可是第二学期我感觉到晓明像变了个人似的,上英语课也打不起精神来,一节课要趴着睡觉好几次,作业也胡乱地写一写交上来,甚至有时作业不交不做,英语考试成绩退步明显。而且以前我批评他时,他都耐心倾听,愉快接受,从不顶嘴,可是现在情绪特别容易激动烦躁,没有学习的热情,自暴自弃,消沉低落。另外,他下课后也不大愿意到我办公室跟我聊天,刻意在逃避什么似的。我预感到他肯定遇到了什么棘手的问题或心理打击。为什么好端端的一个阳光开朗的男孩,第一学期和第二学期完全判若两人了呢? 作为晓明同学的导师,我非常困惑,也很担心他。同时,我也深感责任重大,我决定帮助这个孩子走出困境。

二、案例分析

针对目前晓明同学令人堪忧的个性变化和行为表现,经多方面调查了解,我认为有以下几个方面严重影响到他的心理健康和学习状态。

1. 父母的离异,家庭环境的变化,让他承受了巨大的心理压力

在和晓明妈妈沟通交谈后,我终于找到了问题症结的所在。在他读初二时,他爸爸出

轨了,家庭气氛很紧张,但为了儿子顺利考高中,他妈妈默默忍受着一切痛苦,没有离婚,因为她知道这样会严重影响孩子的中考。现在她儿子读高中了,而且晓明父亲又逼着她离婚,所以在高一第一学期结束之后他父母终于离婚了,晓明现在跟父亲和继母生活在一起,他妈妈依然单身但无法天天看管儿子,她也觉得愧对儿子,让儿子无法拥有一个幸福完整的家庭。所以自从晓明的父母离异后,他变得焦躁、自卑、厌学。

2. 自尊心太强,但抗压能力和心理承受力不够强

晓明的妈妈再三叮嘱我:李老师,你千万不要让孩子觉得你们老师知道了父母离婚的事,因为他非常要面子,不想让别人知道家里的隐私,否则他会觉得很没面子,在他人面前抬不起头。由于他过于要面子,当他碰到这些无法处理的问题时,他不愿意和别人交流,相反他选择自暴自弃来宣泄不开心和痛苦,最终无法集中思想关注自己的学业,以致情绪极差,身心疲惫不堪。

3. 缺乏一定的自信心和进取心

晓明酷爱篮球,自父母离异后,他虽和父亲一起生活,但父亲忙于工作无暇顾及他的学习。平时放学后他经常和同学在外面打篮球,周末也常常和朋友出去打球,也许只有打球才能使他感到轻松自在,放飞自我。可是这也使他经常无法认真按时按量完成作业。他又想玩又怕老师找他要作业,所以性情不稳定,变得易怒易躁。一方面由于缺乏父母双方的严格管教,另一方面是他自身没有明确的学习目标和学习动力,遇到困难和烦恼时就不知怎么办,无法合理分配时间完成学习任务,久而久之就知难而退,做什么都缺乏信心和进取心,最终浪费了时间,耽误了学业。

4. 家长在教育方式上疏于管教且有些简单粗暴

孩子学习态度不端正成绩下滑厉害后,他父亲根本没有耐心和孩子好好沟通,脾气很暴躁,有时生气时会动手教训他。正处青春期的孩子本身就叛逆,加上家庭环境的变故已经让孩子非常难以接受,所以晓明心里焦虑、郁闷、茫然,觉得自己不被父亲理解,不被家人关爱。这就是为何他时常放学后不愿意及时回家,在外面打球打得很晚的原因。

三、指导措施

单亲家庭的学生是无辜的,他们心理的健康成长应备受关注。作为晓明的导师,现在能做的只有真正地去理解他、关心他、教导他,及时给予肯定、鼓励,帮助这类学生克服自卑心理,帮助他树立正确的学习观、生活观和人生观。

1. 对于离异等特殊家庭的孩子,导师要给予更多的关心、爱心和理解,帮助他树立信心,增强自尊感和进取心。

我多次找机会跟他交流沟通,时刻关注他的学习、生活和思想动态,让各科的课代表尽量主动去帮助、督促他完成作业。生活上,我让同班的一位品学兼优的同学放学陪他一起回家,保证他每天能及时到家不再滞留在外面打篮球。当然他来我办公室,只要有零食糕点和水果,我还是像以前一样主动与他分享,让他依然能感受到老师一如既往对他的那

份关心与温暖。我要求他制订短期和中期的学习计划,要求他尽力保证在校有良好的学习状态,认真完成学习任务,重拾学习的信心。同时我要求他合理安排好课后时间,发挥自己的篮球特长,强身健体,缓解压力,拥有更积极健康的心理。足够的理解和关心唤醒了晓明原有的那份自信和力量。

2. 通过平等沟通、细心听取家长的倾诉,了解家长教育的方法和遇到的主要问题,帮助家长树立正确的教育观,避免急于求成,简单粗暴,使学校教育和家庭教育相协调。

我约谈晓明的父母,告知家长目前孩子在校的行为表现和学习状况堪忧,希望家长高度重视,并和我们导师一起来想办法帮助孩子摆脱困境。他的父母也非常担忧孩子,也恳请我们多关心教导他的孩子。我建议晓明父亲能改变自己的一些管教孩子的方式和态度,多花点时间陪孩子,耐心和孩子交流沟通,培养良好的父子感情,千万不能简单粗暴地用尖锐的语言刺激孩子,更不能用拳斗解决问题。另外,让他的父亲学会管理好自己的情绪,创设和谐温馨的家庭氛围,教会孩子如何处理人际关系,平衡好学习与生活,使孩子逐步变得成熟、自信、积极进取。正确的家庭教育指导使晓明的脸上又重现久违的笑容了。

3. 利用自己的学科优势,激发学习英语的热情,增进师生的情感。

我知道晓明本身对英语比较感兴趣,但目前由于他的词汇量不够大,大大影响了他的阅读理解水平的提升,因此需要让他不断积累词汇,增加阅读量。除了每天背默定量的高考英语词汇,我还向他推荐了几本英语报纸杂志,并推荐他关注了几个在线的英语学习平台,希望他利用课后放学时间多听多读,扩大阅读量,积累词汇,不断激发他学习英语的热情。经过他本人的努力,英语最终成为他的优势学科。

四、案例反思

有人说:"一切最好的教育方法,一切最好的教育艺术,都产生于教育者对学生无比热爱的炽热心灵中。"爱是一种温柔的力量,它可以穿透人的心灵。对于青春期的孩子,我们导师更加需要注意沟通技巧,充分理解孩子所需和所急,耐心、尽心、真心帮助他们顺利渡过心理上和学业上的难关。全员导师制提倡教师在关注学生学业进步的同时,注重对学生的道德、品质和心理健康的培养,通过教师、学生、家长等各个方面的共同努力,真正实现"教学相长"。导师的陪伴、关爱、引导、倾听……温暖了孩子们的心,愿孩子们的成长路上有导师一路"管导"相伴而行。

出奇制胜的"鸡尾酒法"

禹晓丽

前言:鸡尾酒是西方人推崇的一种饮酒方式,将几种不同风格的酒调在一起,品尝起来则别有一番特别的感受。

一、案例描述

一个周末的晚上,我正在准备网课的电子备课,制作 PPT 和电子教案。忽然,屏幕右下方的微信不停地闪烁起来。我轻轻点击对话框,"禹老师,您好！我是小安的爸爸,小安今年暑假在一家电脑公司做程序设计,他很喜欢这个工作,我也很开心啊。"

原来是小安的爸爸！小安同学是一名学习较好的学生,他比较聪明,但是经常在学校违反校纪校规,还经常和别的同学闹矛盾,老师同学对他很反感。我经常把他叫到办公室,对他进行教育,但是他仗着自己学习好,没半点改正意识。我打电话跟家长沟通,他爸爸固执地认为违反点校规没什么,老师也太小题大做了。小安的家庭条件并不好,他的爸爸是一名药店的销售,迫切希望小安能考上好大学,成绩好就要啥给啥,成绩不好就一顿暴打,他父亲常说"我儿子只要成绩好就是成功,别的无所谓"。记得我第一次因为小安与同学打架和小安的爸爸进行沟通时,他认为孩子打架并非大问题,孩子认个错就行了,同时不断地埋怨同学歧视他儿子。小安的父亲一直以分数衡量孩子的成功,作为导师,我怎样才能有效改变家长的教育理念呢？虽然小安的爸爸和我对于成才的理念上还有较大的差异,但是我想我一定要坚持下去。

二、案例分析

孩子的问题总有起因,追究问题的根源,很大程度上来自孩子的父母。每一位家长都有自己的价值观,有自己的独特见解。在应试教育愈演愈烈的大环境下,越来越多的家长迷失了家庭教育的主体方向,变相地只关心孩子的成绩排名、考试分数等,小安的父亲就是一直以分数衡量孩子成功的家长,久而久之,孩子身上发生的问题就成了教师面对的教育难题。好的教育一定是适合的教育,适合孩子的天赋、潜能、个性和志趣,为每一个孩子的发展创造可能的空间。好的教育一定是完整的教育,把每一个学生身心的多方面和谐发展,以及健康人格的养成作为教育所追求的直接目标。要想改变家长的观念,教师一定不能急,要先走进家长的心里,让家长信任你,才能进一步做你想做的事情。

三、指导措施

1. 微信辅助,为沟通奠基

作为导师的我和小安爸爸互加了微信,微信非常便捷。我经常和小安的父亲进行微信交流,谈工作,谈家庭,谈小安成长经历,同时我们也交流了科学的学业规划和孩子未来发展规划,我们在微信平台上坦诚相对,畅所欲言,气氛融洽和谐,小安的父亲逐步改变了对我的抵触情绪,开始越来越信任我了。

2. 同伴教育,改变教育理念

接下来的日子里,我推荐了小安的父亲加入班级的微信群。在班级的家长微信群中,我常在微信上和家长探讨家庭教育理念,也会在微信群里发一些学生在学校的学习和生活的照片,小安的父亲还和别的孩子的家长交流和沟通有关孩子教育的问题,通过和别的家长的交流,我发现我和小安父母的关系就像坚冰一样渐渐开始融化了,而小安爸爸对成功的教育理念也有了一定的改变。

3. 以人为本,品尝成功滋味。

学校开展线上教学后,我发现小安对电脑很有兴趣,我于是安排了小安负责网课学习的小组打卡和点名等工作,小安还帮助我解决了不少课件在电脑上使用的问题。我把小安的这一长处告诉小安的爸爸,提议孩子今后可以从事信息化方面的工作,小安爸爸开心地笑了。他对我说他终于意识到了在对孩子的家庭教育中,学习不是衡量孩子的唯一标准,要以人为本,学会生存、学会做人、学会合作、学会竞争,提高整体素质才是培养孩子的重要目标。

为了进一步加强对小安爸爸在家庭教育上的指导,我还推荐小安爸爸上一些家庭教育的网站。通过网站上的学习,小安爸爸的家庭教育理念改变了。

小安也改变了,他开始有了进一步的学习规划,还和家长一起商讨了自己以后的专业方向。同时,他还在网课期间担任班级的信息课代表,帮助同学们解决网课期间电脑设备出现的问题。另外,还帮助任课老师开发了不少网络平台的新功能。看小安努力地改变自己并不断向目标奋进,我开心地笑了。

四、案例反思

前苏联著名教育家苏霍姆林斯基曾经指出:没有家庭教育的学校教育和没有学校教育的家庭教育都不可能完成培养人这一极其细致和复杂的任务。

如今的家长工作十分繁忙,与老师交流的时间、空间存在较大局限性。但大部分学生家长都可以在家或工作单位接触到网络,而在网上留言、交流又具备及时、不易遗忘的特点,家长有意见和想法也可以直抒己见,避免和老师当面语言交谈的尴尬。

鼓励家长甚至学生共同参与孩子出现教育问题的讨论中来,这种方式一方面可以让教师、学生、家长可以进行更好的沟通和协作,使参与成员之间加深了解,让教师和家长更了解学生的思想,缩小彼此之间的代沟,另一方面家长们的彼此沟通也可以帮助家长树立正确的教育理念。

新媒体是传播者和接受者融会成对等的交流者、而无数的交流者相互间可以同时进行个性化交流的媒体,是大数据技术支撑体系下出现的媒体形态,如数字杂志、数字网站、微信、慕课平台等。相较于传统方式,以现代技术为支撑的现代方式在家庭教育中发挥了更为有效的作用。

我们常说"问题学生背后总有个问题家庭",而我想说的是问题学生的改变背后,也往往存在着家庭教育指导的养分。正所谓"一花一世界,一叶一菩提"。每个家庭都有可能在孩子不同的成长阶段出现不同的问题,面临不同的困难,也自然会表现出一些与众不同的特殊现象。对于这些特殊家长的家庭教育问题,我认为基本没有什么一招制胜、一劳永逸的宝典或绝招。如"鸡尾酒"的调制,不同风格口味的酒经过调制后却能带来别样的感受。所以,我认为在对特殊的家庭教育进行指导,更多的时候也要把各种教育方法综合起来进行"鸡尾酒"式的教育,期待着我们每位导师不要责怪家长们在教育上的偏差,真诚地关心家长们在教育孩子时遇到的困惑,提供较为科学的教育方法,怀着开放的心态,带着满腔的热情走向学生,走向家长,使家校形成合力。

倾听共情　循序渐进

时　颖

一、案例描述

本学年开学后不久的一天,放学后我所指导的学生小萍来找我批改作业订正。结束后,小萍闷闷不乐地坐在我的办公室里,于是,我主动询问:今天怎么了? 心情似乎不太好哦。

"老师,怎么办? 我爸爸的形象在我心中彻底毁了。"

在我看来这不是一件普通的小事,可能涉及家庭隐私。我不再追问"什么事情""为什么会毁掉"这类有可能直接触及隐私的事情。转而询问她现在的心情、想法等。

小萍告诉我,前一段时间,她发现了一个"秘密",导致父亲形象的崩塌,至今她的母亲还不知道,她的父亲也不知道她已经知道了,所以依旧在她面前端着父亲的架子,语重心长地教育着她。她觉得好虚伪、好压抑。

静静地听着她的诉说,感受着她此时的心情,我直言不讳地告诉她,因为是家庭事务,我恐怕很难帮她解决,但是我可以成为她倾诉的对象,心情不佳时可以找我聊聊。

这次谈心之后,小萍郁闷的情绪并没有得到很好的缓解。相反,我同她的班主任都感到她情绪低落的情况越发严重了,有一次甚至以身体不适为由一天未来上学。

待到她来上学后的几天,寻得一个机会,我又同小萍聊了起来。在询问了她身体情况后,小萍告诉我,那天没来上学其实是因为心里难过,很压抑。一方面自己是一个很注重"人设"的人,一心希望留给别人好的印象,另一方面,切实感受到了这样做的压力。久而久之,即使家人面前,她也多少戴着面具,不太愿意将内心最真实的想法告诉他们。于是,每天放学后,她希望回家的路途变长,她希望回到家中不再遇到母亲,因为不知该怎么同她说;不再遇到父亲,因为觉得太假。

我告诉小萍,其实每一个人多少都会有"人设",因为我们生活在社会中。但是面对家人,特别是父母时,我们可以卸下"面具",流露最真实的自己,因为他们是我们最亲近的人,只有在他们面前,我们可以获得最为轻松和自由的感觉。我建议她不妨将内心的想法和父亲好好沟通,听听父亲的解释,也许会发现事情远不像她所理解的那般。

这之后,小萍的心情一时仍未见好转,并愈加消沉。我同班主任商量后,在未告知小萍的情况下，一起将小萍的母亲约来了学校，因为并不了解家中到底发生了什么，所以只能客观陈述小萍这一段时间来展现出来的，以及我所了解到的情况。沟通中，我们能感到她是了解小萍口中所提及的某件事的，于是，我们建议家长之间先进行沟通，如果父亲的教育让孩子觉得不舒服，是否可以请父亲暂时先避免说教，同时希望母亲能够寻找合适的机会同孩子好好沟通一下。尽量避免因家长之间的问题影响到孩子，特别是像小萍这样一个敏感、多思的孩子。

接下来的一段时间，我默默地关注着小萍，她的情绪似乎较以往好了一些。一次在离校路上不经意相遇，我顺口问了她："最近怎样？"她说父亲和母亲似乎沟通过了，现在他们达成了某种默契，尽可能在她面前保持和谐。所以最近她也尽量不再多想。

就这样，小萍的情绪逐渐稳定，直至本学年结束，中间我们陆续也谈了好几次，总体感觉她比学期初好了许多，也愿意主动提到父亲工作的情况（常年在外地），也提到了父亲对自己的关心。于是，我乘势鼓励她多与父亲电话沟通，同时，告诉她无论父母之间发生了什么，都不影响他们同小萍的关系，相信也一定不会影响他们对她的关爱。

学年的最后一天一早，我们在地铁站出口遇到了，我说："最近心情如何？"她告诉我，她想明白了，某天突然开窍似的想明白了，现在自己的主要任务就是学习，其他的可以暂时搁在一边，因为即使自己每天都想着，也不能改变什么。

二、案例分析

小萍是同学眼中的优秀生，是大家都羡慕的孩子，是老师眼中的乖巧学生，也是家长心中懂事的女儿。然而这样的孩子内心又是怎样的呢？

她敏感成熟，想得多但又不太愿意袒露心声；她始终戴着"面具"，小心翼翼地维护好自己的人设。然而，内心又无比压抑，十分羡慕那些恣肆生活着的同龄人；她有着明确的目标，并为之奋斗着，内心却又那么不自信。

此次家中发生的事情恰如一根稻草，虽不至于压垮她，却无限放大了她的不愉快、不自信，放大了她的多愁善感。所有积压的"痛苦"在父亲人设倒塌的瞬间全部涌起。

三、指导策略

面对这样的小萍，在整个辅导的过程中，我一直遵循如下几条原则：

1. 尊重隐私

小萍所提及的事情其实主要是家庭矛盾，而作为教师不主动打听、不刨根问底是最基本的，这是对隐私的保护，更是对"人"的尊重。因此，在同小萍的谈心中、在同家长的沟通中，我们从来不提及事情本身的具体情况，只陈述孩子客观展现的和讲述的内容，以及根据事实、基于教育的规律所做出的分析和给出的一些建议。

2. 倾听共情

"倾听"一直以来都是交流沟通的一个基本原则，特别是对现在的学生而言，他们需要的不是听老师讲道理,在信息化程度日益提升的当下,"心灵鸡汤"随处可见,他们对道理的熟知程度可能并不亚于我们。在这个年龄的他们需要的是"倾听",听他们诉说、听他们抱怨,他们需要一个良师益友。

当然,"听"是为了"共情",年龄远远大于他们的我,很难说理解,这一点我也直言不讳地告诉了学生,但是我可以试着走进那个情境,感受她的情绪,当然,我也会表达自己对于"人设"的看法,以及我的"人设"是怎样的、在何种场合需要"人设",等等。以期,在共同话题之下,拉近彼此距离,更好地"共情",适时地给予她能够接受、可能采纳的建议。

3.循序渐进

"一口吃不成胖子",在指导学生方面尤其如此,一次谈心或数次谈心有可能都无法达到希望的最佳结果,甚至,情况更糟,毫无进展。不过即使如此,"循序渐进"依旧十分重要,短期而言,通过慢慢地引导,学生方有可能打开心扉,倾吐诉说,这在同小萍的沟通中显现得已十分清楚。

长远来看,教育本就是一个长期的过程,正所谓"十年树木、百年树人",我更愿意相信,教育对人的深远影响。今时今日的我们能够给到学生的未必是立竿见影的"奇迹",或许未来可能会对其人生产生一定影响,抑或只是未来某一时刻想起时的"会心一笑",又或者一去了无痕。然而只要哪怕一个学生会忆起,那也是值得的。

四、案例反思

一年过去了,看着小萍从郁闷到更压抑,到逐渐走出阴霾,我感受到了导师的意义所在,那就是陪伴成长。"导师"从来都不是高高在上的,"指导"固然需要,但更重要的是包容、陪伴,一年中,与其说是小萍在经历成长,不如说我们在一起成长。以往从未遇到过的情况、思考过的问题在这一年中出现了,该如何面对、如何帮助我的学生,这对我而言也是一种新挑战。

目前的小萍看上去一切都好,也希望在接下去的一年中她能越来越好。当然,情况往往会有反复,这就需要身为导师的我在接下去的日子里一如既往地默默关注、静静倾听,循序渐进、陪伴成长。

放手也是一种爱

郭　坤

一、案例描述

"老师,小知在家里总是不听话,让做什么都不情不愿,她在学校也这样吗?真发愁。"家长会后小知妈妈气愤地向我吐槽着。据我对小知同学的观察,在校期间她是一个安静、认真的女生,能够按时完成作业,作为课题组长,她总是用心负责地带领组员完成实验操作,总体来说,还是十分不错的孩子。但这和家长口中的小知有所不同,那么问题出在哪呢?

二、案例分析

正值课题比赛,有一个环节需要学生自主设计装置,用生鸡蛋完成一系列任务。家长也十分支持这个比赛,他们周末主动来到现场为孩子加油打气,其中也包括小知的父母。学生先是设计实验装置的方案,小知的父母积极出谋划策,分享自己的思路。但意见不同时小知父母会直接否定孩子们的想法,迫使孩子们按照小知父母的想法设计方案。在动手操作时,小知父母由最初的协助逐渐变成了全盘接手制作,他们甚至让孩子们只是坐在旁边观看。至此,不难看出小知父母对孩子的事情过度包办,不够尊重孩子的想法,不给孩子动手的机会。一旦孩子不按家长的想法行动时,父母就会觉得孩子叛逆、不听话。

三、指导措施

1. 积极沟通,了解心声

我将小知父母带到隔壁房间进行沟通。在交流过程中,小知父母说为了避免孩子走太多弯路,他们会帮助孩子做出"正确决定",有时为了节省时间会代替孩子行动。家长的初衷是为了孩子好,但却在一定程度上剥夺了孩子成长的机会。

2. 耐心指导,适时放手

在认可家长用心的付出后,我和他们分享了青春期孩子的特点,并指出父母要相信孩子,适当放手,让孩子经历磨炼,然后他们才会成长。小知父母也认识到确实需要适时放手。在下午的装置制作中,他们不再动手包办,而是给孩子们足够的动手时间。但当孩子们操作较慢或者操作不当时,他们还是会克制不住自己,想要上手操作,这种情况下我会通过眼神或语言及时制止。在后续几天的练习中,小知父母努力克制自己,孩子们自主动手的时间越来越多。

3. 给予信任,促进成长

得到父母鼓励的孩子们有了更多的信心和动力,也多了更多动手操作的机会。最终,在正式比赛时,学生根据要求自主设计了比赛方案,并独立动手搭建了装置,顺利完成了任务。经历此事不难发现,千万不要小看孩子,每个孩子都有自己的个性和想法,通过不断尝试与学习是能够完成任务的,我们要相信孩子,不能过度保护或者控制孩子,要学会放手,让孩子们独自去面对一些事情,越早学会独立成长,对孩子的将来才越有利。让孩子自己的事情自己做,是父母对孩子最大的负责。

四、案例反思

家庭是社会的细胞,是缩小了的社会,是孩子成长的第一个环境,而父母是孩子的第一任老师。家庭教育在很大程度上影响着孩子的成长,关系到孩子的未来。一位英国心理学博士曾说:"这个世界上所有的爱都以聚合为最终目的,只有一种爱以分离为目的,那就是父母对孩子的爱。父母真正成功的爱,就是让孩子尽早作为一个独立的个体从你的生命中分离出去。"这段话启发了我的诸多思考——无论是父母还是老师,我们的关爱与教育要以培养一个独立自主的孩子为成功的标准。近年来,虽然父母对孩子教育逐渐重视起来,却出现了因教育方法不当而导致事与愿违的现象。例如父母不愿放手,事事包办,剥夺了孩子锻炼的机会,影响孩子的健康成长。如何避免本案例中此类情况的发生呢?我想有以下几点需要引起重视。

1. 陪伴引导思考

作为孩子连接世界的第一站,父母陪伴的方式和质量,决定着孩子自我认知的构建。拥有父母的陪伴,是孩子行走世界的最大底气。每个父母都希望把"最好的"给孩子,但这真的适合孩子吗?真的是孩子所需要的吗?这其中忽略了孩子的想法和意愿。父母在陪伴孩子时,除了时间投入之外,应把孩子当作朋友一样充分尊重孩子,从孩子的生理、心理特点及个性差异出发,用合理、科学的教养方式和教养态度来对待孩子,尝试理解他们的想法和意愿,同时注重情感的交流与沟通,和孩子建立起融洽的关系,并时刻关注孩子的情绪变化。在陪伴中,给予孩子正确的引导,启发孩子的独立思考,使其更加了解自我,这些都将令孩子受益终身。

2. 带领而非代替

俗话说得好,"懒妈妈养出勤快孩子"。孩子的许多事情被家长一一包办代替,他哪有锻炼的机会呢?父母是无法"代替"孩子做任何决定的,要学会不再牢牢地把孩子抓在手里,学会用信任的眼光看待每一个孩子,以"培养孩子独立自主、快乐学习、快乐成长"为标准,尝试对孩子适时放手,不再做孩子的"手",孩子的"脚",更不要代替孩子的"大脑",努力成为他的后盾,要"带领"孩子思考与判断,并让他学会为自己的选择负责。当孩子自己做事时,父母适当地引导,但不要总在一旁指手画脚或者插手,更不要批评孩子做得不好,只要孩子愿意动手,就要给予鼓励。在经历一次次的愈挫愈勇后,在学会了一次次的转败为胜后,孩子长大了,成熟了,父母就可以欣慰地看着他们在知识的海洋中徜徉,得心应手地应对生活中的纷争了。但需要注意的是,父母"放手"教育并不是一朝一夕的事情,需要长期跟进和循序渐进放开。

人生中必须做出许多决定,父母有责任陪伴孩子学习如何做选择,然后放手让他们真正独立,懂得为自己所做的每个决定负责。而当孩子也愿意倾听并尊重父母的建议,在他们展翅高飞的那天,必将飞得更高更远!

如何关爱特殊家庭的孩子

王　情

一、案例描述

开学没多久的一个晚上,10点钟左右,我收到了这样一条微信:"王老师,请问我该怎么跟我爸说我想搬出去住呢？"我马上意识到，小施同学可能与家里闹矛盾了，于是就回复她说："是不是在家里受委屈了？可以跟我说说吗？"

半小时后，我又收到了几条微信，大意是：她讨厌父亲新组建的家庭，继母喜欢对她指指点点，父亲只关心她的成绩，母亲又不在身边，高中也没有好朋友，她感觉很孤单。

看完微信，已是凌晨，我安抚了她的情绪，让她好好休息，怎么解决问题后面再讨论。

那一夜，我迟迟没有入睡，小施近期的表现像电影般出现在我的眼前：上课打瞌睡，下课补觉；作业迟交或不交，质量明显降低……

二、案例分析

作为导师，在教育教学过程中，如果接触到了像小施一样来自特殊家庭的孩子，那么通过多次的正面交流或侧面观察，是会感受到他们内心的孤独与无助的。就小施而言，她的孤独感和无助感的产生，主要由两方面因素引发。

就成长环境而言，小施成长在一个环境相对复杂的家庭中：父母离异，她跟随父亲生活，新组建的家庭中她又多了一个弟弟。

就性格而言，小施个性腼腆、不善言辞，而且普通话不是很好，不太敢开口讲话，所以人际交往方面不出众。

面对这样一个女孩，作为导师，该如何帮助她呢？

在某一段时间里小施可能没有获得足够的安慰和满足，于是孤独、不安等负面情绪在心里慢慢发酵，最终使她发了那些微信。所以，应该从家庭和学校两个渠道，给她真诚的爱和引导，让她获得勇气和力量，去对抗生活中的风浪，从而使心灵获得成长，使内心变得强大。

三、指导措施

人与人之间最重要的就是沟通，亲子之间更需如此，该如何用正确的方法和孩子交流沟通呢？

1. 尊重孩子

每一个孩子都有自己的个性，但是很多父母却认为这是自己的孩子，自己怎么说他就应该怎么做，没有真正地尊重孩子。孩子从小得不到尊重，长大以后要么彻底失去自信心，要么不懂得尊重他人。尊重可以提高父母在孩子心目中的地位，同时也是孩子与父母交流的润滑剂。

2. 理解孩子

很多父母当孩子犯错之后总是以自己的思想来理解孩子的行为，但是对孩子犯错的真正原因却不了解。过分的责骂会对孩子造成伤害，孩子受到惩罚后会对自己的行为方式产生怀疑。同时过分的责骂也会对孩子的思维方式造成影响，更重要的是会影响孩子对世事的看法。所以，父母和孩子交流，首先要理解孩子，只有在此基础上，才能跟孩子更好地沟通和交流。

3.陪伴孩子

父母对孩子的教育方式很重要,很多父母对孩子的教育非常严厉,稍有不足就会严厉惩戒,这样会阻碍父母和孩子之间的沟通。父母应该选择适合孩子的教育方式,而不是一味用铁血手腕强制压迫。另一方面,现在生活压力大,父母工作繁忙,没有时间陪伴孩子,导致孩子与父母的关系日渐疏远。其实陪伴是与孩子最好的沟通方式,孩子最亲近的人是父母,父母的真情陪伴、细心呵护,孩子都能感受得到,这些给了孩子安全感。有了父母给的安全感,孩子才能更放松地打开自己,更有信心接触世界,会更活泼、更开朗,这对孩子的心理发育有极好的影响和帮助。而且孩子的心理健康关乎孩子的一生,也间接地决定了孩子以后的命运,父母的陪伴对孩子的性格塑造也起着很大的作用。

四、案例反思

(一)从导师角度来看

1.师(导师)师(班主任)交流,信息共享

班主任比起导师,与学生交往更为密切,对了解学生在校和在家的表现都比导师有更有利的条件。而导师大部分则会利用每月固定的谈心时间深入与学生交流,力图拉近与学生的距离。因此,导师需和班主任定时、及时地沟通导生一段时间内的学习、生活表现,做到信息共享,发现异常情况及时互通有无,以便合力商讨对策。

2.家校交流,共情共育

无论是班主任还是导师,在与家长沟通时都要讲究策略与技巧,比如共情策略就是一种比较奏效的方法。共情策略要求老师在与家长沟通时,多用同理心理解家长,然后梳理家长话语中的原则,包括他说话的语气,用到的句型和说话策略。这样之后,在与家长交流时可有的放矢,少走弯路,走捷径解决问题,从而达到家校共育的目的。

(二)从家庭教育角度来看

当亲子之间发生矛盾时,家庭成员可以怎么做来缓和矛盾呢?

从家长的角度来看,可以做到以下几点来缓和亲子矛盾:

1.营造良好氛围,缓和家庭成员关系

我们常说父母是孩子的第一任老师,如果家庭民主,家庭成员之间相处融洽,那么孩子很可能养成开朗、乐观、自信的性格。所以,如果家长能试着改变紧张的家庭气氛,试着营造和谐的家庭氛围,那么孩子心中孤独、自卑等负面情绪可能会慢慢淡化,取而代之的是自信、阳光进取。

2.率先放下"家长权威",主动反思真诚交流

父母是孩子的榜样,孩子是父母的镜子。在亲子关系紧张时,如果家长能率先放下"权威姿态",主动思考在矛盾冲突中自身的问题,再与孩子进行真诚沟通,说不定会使问题的解决顺畅许多,而且这种行为也会潜移默化地影响孩子,让孩子养成主动反思的好

习惯。

3.借助学校亲子活动,增进对孩子的全面了解

学校积极开展多种形式的亲子活动,这给家长提供了进一步了解孩子、亲近孩子的机会。通过活动,我们可能会发现孩子身上一些不曾被注意到的闪光点,从而对孩子产生新的认识。等我们回头再来看紧张的亲子矛盾时,说不定会有新的思考角度,发现解决问题的新方法。

从孩子的角度来看,可以尝试做到以下几点来缓和亲子矛盾:

1.调整心态,积极面对。当与家长发生矛盾而心情低落甚至情绪悲观、抑郁时,要多给自己一点正面的、积极的心理暗示,不要总让自己被一些负面情绪主宰着,多想点开心的事情。

2.换位思考,多体谅和包容。所谓一个巴掌拍不响,任何矛盾的产生都不是一方的责任,作为孩子,也需要学着换位思考,想想自己在矛盾发生过程中扮演了什么样的角色,在处理矛盾的过程中自己需要以什么样的方式和态度来对待。另外,要对家人多一份体谅、尊重和包容。

家校携手,在劳动中扣好每粒扣子

王一菁

一、案例描述

党的十八大以来,习近平总书记多次强调劳动教育的重要性。2018 年 9 月 10 日,习近平总书记在全国教育大会上提出,"要培养德智体美劳全面发展的社会主义建设者和接班人""要努力构建德智体美劳全面培养的教育体系,形成更高水平的人才培养体系"。由此,"五育并举"成为了我国教育在新时代发展的新目标和新起点。

与此同时,《关于全面加强新时代大中小学劳动教育的意见》将劳动教育提到了一个崭新的高度:劳动教育是中国特色社会主义教育制度的重要内容。要坚持立德树人,把劳动教育纳入人才培养全过程。要通过劳动教育,促进学生形成正确的世界观、人生观、价值观。

……

正当我一边吃饭,一边看着电视里的新闻的时候,手机忽然响了起来。原来是刚毕业的小全发来的微信:"老师老师,你在忙? 给你看看,这是我的宿舍哦! 因为疫情,家长不能进寝室,所以床单被套都是我自己弄的哦! 嘿嘿! 我是不是很厉害啊!"随后,小全发了好几段寝室的视频给我。视频里小全的笑容和整洁的床铺,让我忍不住给她点赞。但刚入校时的小全可不是这样的……

还记得高一去东方绿舟参加国防教育时,每到集合时,小全总是最后一个到。通过在

寝室里观察,我发现小全的自理能力较弱,无论是洗漱,还是叠被子,都是磨磨蹭蹭,需要同学和老师的帮助。为此,在家长接待日上,我将小全平时在校写字慢、做值日慢等情况也一并告诉了小全的妈妈。小全的妈妈是一名护士长,从她的谈吐和工作中可以观察到,小全的妈妈是个做事雷厉风行的人。让我没想到的是,小全的妈妈对小全凡事磨磨蹭蹭的情况很是抱怨,但也无可奈何。由于小全的妈妈工作繁忙,平时小全的日常学习生活都由她的爸爸照顾,小全的爸爸很是宠爱她,在家里什么也不让她做,就连挤牙膏也是由她的爸爸代劳,久而久之,小全养成了"饭来张口,衣来伸手"的坏习惯。在家长接待日上,我发现,除了小全,班里其他同学的家长也或多或少存在不关注劳动、不舍得让孩子参加劳动的观念。

二、案例分析

小全们的故事让我陷入了沉思。在随后的高一家长会导师家长交流时,我就该问题与家长们进行了交流。首先,少数家长存在一些认识误区,认为"学习是最重要的,劳动是可有可无的"。其实不然,正如教育部、共青团中央、全国少工委联合颁布的《关于加强中小学劳动教育的意见》中提出的那样,"家务劳动在孩子学习、生活和未来长远发展中起到了积极的意义和作用,家长应当成为孩子家务劳动的指导者和协助者"。

其次,无论是洗碗、倒垃圾,还是收拾房间,学生在做家务中能逐步意识到自己是家庭中不可或缺的一分子。这些日常劳动,可以培养他们的责任意识,而完成家务的这个过程,则可以提高他们的担当精神。从一开始对家务劳动的"不想做",到慢慢尝试的"可以做",再到熟能生巧后的"做得又快又好",乃至将这些从家务劳动中获得的经验推广到班级值日中、校园劳动中、帮助其他同学的"教别人做"中……都是让学生在生活中学习的最好写照。

同时,通过劳动,可以磨炼学生的意志力。诚然,现在学生的学业压力较大,遇到困难容易退缩,而劳动教育则可以通过将每天的小事做好,提升学生的自我约束能力。洗碗并不难,但是油腻腻的碗则需要动动脑筋才能洗干净。这些在劳动中遇到的问题,让学生能够在面对学习中、生活中的新问题、新挑战时,变得更加有韧性、能坚持、会进取。

更重要的是,劳动可以切实提升学生的自信心。中国儿童中心家庭教育部部长霍雨佳指出:"一个从出生就受到鼓励积极参与这个世界的孩子,可以更好地把握受教育的机会,进入青少年时代以后会满怀信心、果敢决断,并且有能力参与到家庭、社会、学校、社区和国家事务中。"家务劳动可以让学生在小事中学会自律、自强、自立。作为家长,应该鼓励学生从力所能及的事情做起,鼓励学生尽力做好每件事。如此往复,学生便在家务劳动中学习到了怎样管理时间、怎样提高效率等。

三、指导措施

生活即教育。家庭生活中蕴含着大量的丰富多彩、涉及日常生活中方方面面的劳动教育资源。家庭教育的优势正是在这些点滴小事中，逐步培养学生的劳动意识、劳动技能和劳动习惯。家长要鼓励学生自主寻找和发现家庭中的劳动内容，主动做力所能及的家务活的同时，鼓励学生主动向长辈学习劳动技能，从而激发学生的创新意识，培育学生的创新能力。而学生通过自己的劳动，能够觉察到自己是被需要的、是有价值的，自我价值感也得以增强。

1. 家班协同，重拾缺失的劳动教育

家长会后，小全的妈妈特地给我发来消息，感谢我在家长会上就家务劳动做的分享，小全的爸爸听了之后受到了触动，已经开始慢慢放手让小全做些力所能及的事情了。虽然小全的速度还是比较慢，但他们相信，小全会慢慢赶上同学们的。事实证明，在高二进行的学农的一周里，小全的自立能力比起高 时进步了很多，已经不再掉队了。

2. 走出家门，探索社会

一转眼，时间来到高三前的那个暑假。通过家访，我发现不少学生和家长因为对学生未来职业规划不同，在高考志愿填报上存在较大分歧，从而导致了亲子关系的紧张。

高三开学后，由学校牵头、在家委会的助力下，学校举办了"家长进课堂——职业大家谈"的专题活动。分班级组织家长讲解本职工作及劳动内容，让家长从自身认识和实际工作经历出发，讲述工作中遇到的辛苦和快乐。通过家长真情实意的分享，以及互动环节的提问与解答，学生们对社会上的劳动岗位有了更为直观的认识：社会分工虽有不同，但劳动绝不分贵贱；每个劳动中都是社会存在和发展的必要组成部分，也正是因为每位家长在岗位上勤勤恳恳、兢兢业业地工作和付出，社会才会如此美好，每个人才能这样健康快乐地成长。在那周的周记里，平日里不少与家长存在误会的学生表达了通过这次"家长进课堂"的活动，慢慢开始"理解家长"了，体会到"赚钱很不容易""大家应该多些沟通"。

正是因为每位家长的职业、阅历和所擅长的技能都不相同，通过事先对家长资源的充分排摸和发掘，开设相关的活动、讲座，请家长向学生传授相关的劳动知识和技能，这样不仅能提升家长自己的自豪感、促进亲子关系的正常发展，也能弥补学校资源的不足，更能帮助学生对当今社会中的职业有更直接的了解和认识，从而对自己的专业填报、职业选择等有更明确的认识和规划。

四、案例反思

正如习近平总书记指出的那样：实现中华民族伟大复兴的中国梦，要靠各行各业人们的辛勤劳动。劳动是物质财富和精神财富的创造活动，是人类文明发展进步的源泉。劳动教育对中小学生具有非常重要的意义。劳动既可以培养学生的动手能力和吃苦耐劳的精神品质，又可以促使学生的智力得到有效的开发，提高自身的综合素质。

新时代下，劳动教育对学生的成长起着十分重要的作用。要实现劳动教育的重要意义，需要家庭和学校的共同配合和努力，要从劳动意识的培养和劳动观念的强化着眼，也要落实到具体的实际行动。

　　每位学生的成长都离不开劳动教育。只有从身边事做起,才能夯实成长的基础,人生的每粒扣子才能扣好。家庭教育和学校教育绝不是互相割裂的,而是互为补充和延伸。只有让家班共育成为劳动教育的新常态,学生的劳动观念和劳动技能才能得以形成和提高,学生的德智体美劳才能全面发展,中华民族的伟大复兴才能更快、更高质量地实现!

倾注一片爱心,走进学生心灵

金欣欣

　　我国著名文学家、语文学家夏丏尊先生在翻译意大利作家亚米契斯《爱的教育》时说过这样一段话:"教育之没有情感,没有爱,如同池塘没有水一样。没有水,就不成其池塘,没有爱就没有教育。"我们知道,教师对每一个学生的爱就是"师爱"。师爱是每个教师必须具备的一种优良的道德品质,它应具备正直少虚伪、具备无私少自我、具备广阔少狭隘。它可以使学生在逆境中得到安慰,克服困难,增强信心;在顺境中更加奋发,不骄不躁,永远向前。在教育过程中,尽管从表面上看,学生间似乎差别不大,但实际上,每个学生都有自己独特的、与众不同的一面,都是一个独特的生命个体。因此,作为导师,对学生的关心和了解是做好教育工作的前提,对学生的同情和理解则是一种理智的爱,是建立良好师生关系的基石,是做好教育工作的关键所在。

一、案例描述

　　她是一位个性很强的女孩,父母在她八岁时就离异了,第一次上课时她的前刘海遮住了整个额头,老师在讲话时她还随意地和同学说说笑笑,顿时引起了我的关注。散漫、缺乏自律是她最大的弱点。记得有一次我临时决定请同学逐个到我这儿问题目,背诵英语美文,其他同学都在认真准备,唯独她东张西望,无所事事,我用眼神提醒了好几次,她都无动于衷,于是我把她叫到了办公室。她充满敌意并理直气壮地说:"我都不准备读书了,家里的人对我很冷漠,回去连交流的人都没有。没劲!"

　　我了解到她轮流到她爸妈那儿住,因为父母亲都建立了新的家庭,她觉得自己受到的关爱很少。再说她爸爸平时工作很忙,顾不上她,妈妈文化层次低,与她没有什么共同语言。后来我就找她谈心,了解到她英语薄弱的原因,她说因为自己在初中时不重视,根本就没有认真学,导致英语基础很差,进高中后,内容很难,所以一直想放弃。当她说到这里时,我才知道她并不是不想学,而是根本就不知道该怎么学。

　　作为导师和她的英语老师,我帮助她分析了英语的重要性,同时也鼓励她,不要怕困难,要坚强地面对,千万不要选择逃避,不要为失败找理由,要为成功找方法。同时还给她提供了很多学英语的好方法。经过这次谈心后,她对英语有了新的认识,态度也改变了很多,有很多任课老师说经常看到她在背英语单词,读英语课文,还看到她随时带一个小本子在身上，上面记的都是英语，有空就拿出来看看。上课她也会认真记笔记。在这段时间内我看到了她学英语的热情。当然要学好一科，并不是靠三天的努力就行的，而是要有恒心和毅力。

时间就这样匆匆过了一个多月。好景不长，我发现她慢慢对自己又开始放松了，好像又回到了以前的情况。有一次课前我强调背书检查的最后时间期限时，全班同学都很安静，她却很生气地把书狠狠地摔在地上，然后说道：你不要说那么多废话，一直催促我们。当我听到她的话时，我的心里很难受，很想当着全班同学的面重重批评她一顿。但是我想到如果我那样做，一定会让她更急，会产生很不好的后果，所以我当时就没有发脾气。后来我从其他同学那里了解到，她最近一直都闷闷不乐的，好像心事重重，而且更孤僻了。后来我主动给她爸爸打了个电话，了解到她是因为家里父母吵架的原因心情不好，让她的压力很大，而且也不知道该怎么放松。所以当老师一而再再而三讲学习规范时，她觉得很反感，才表现出那样的行为。当我得知她现在的心情时，我不但没有责备她，反而对她表示了理解。

二、案例分析

1. 心理要强
该生理科成绩名列前茅，文科弱。初中阶段不重视英语导致英语基础差，不是不想学，而是不知道该怎么学。

2. 缺乏家庭关爱
回家后父母各忙自己的事情，对她不重视，缺乏情感交流，高中学习压力大，她希望得到家人的关心和鼓励，有时对老师过于严厉的常规教育和管理，有抵触情绪和行为。

3. 情绪不稳定，性格多愁善感
家庭教养方式造成了她内心孤僻的性格，敏感、爱发脾气、遇事冲动。

三、指导措施

1. 积极进行家校沟通，改变家长的观念
经过和孩子爸爸的多次沟通，我获得了他的信任。他也理解孩子的孤僻胆怯、不善沟通会影响她今后的社会交往，必须加以改善。我委婉地告诉他："作为家长，您要对孩子的教育承担责任，尤其是孩子性格养成非常重要。如果家长能给予足够的关爱和帮助，特别是在她迷茫时能及时给予支持和引导，她是不会变成今天这个样子的！"

随后，我对他提出了一些具体建议："每天固定时间与孩子沟通，每周多陪伴孩子，邀请孩子一起外出吃饭、旅游，经常跟孩子谈心，了解孩子的想法，多给孩子鼓励。"

2. 用爱的力量把她拉回学校，防止自我封闭
通过与她的多次谈心，我知道她需要关爱与交流。作为导师的我尤其在疫情封控期间利用微信和抖音从生活、学习上对她特别关心，缓解她的种种压力，到校线下谈心时经

常给她买吃的,跟她一起放松心情,说说心里话,让她感悟到老师的爱心与期待,从而点燃起希望之火,使她把老师的爱转化为积极的学习动力。另一方面借助班集体的力量帮助她,班级同学间的相互鼓励,让她感到集体大家庭的温暖。了解到她在班里有最好的朋友,我特意把她们安排在一个英语讨论小组,使她在学习上、生活上得到更多的帮助。与同学交往,慢慢增加和老师、同学们谈心,她感情上有了一定的寄托,对学校、老师、同学有了感情。

3. 帮助她积极调整情绪,树立自信

她抑郁敏感的性格依然使她过于情绪化。一早到校就没精打采的,一天的状态都很糟。而当她情绪好的时候,无论作业还是课堂表现都很好。于是,我决定教她学习情绪管理,学会用积极正面的思维方式来思考问题。美国著名心理治疗专家露易丝·海在《生命的重建》一书中提出:"世界只接受我们自己对自己的评价。如果你坚持相信生命是孤苦的,没有人爱你,那么,你的世界很可能真的孤苦和没有人爱,因为你自己躲在阴暗处,太阳自然照不到你。"她倡导以积极的自我肯定的话语来给自己心理暗示,从而用正面的信念使自己的生活向着积极的方向发展。她也的确用这种方式帮助千千万万人改变了健康状态,提升了生命质量。我向她介绍这个情绪调节法,让她每天试着练习,她情绪低落的情况越来越少了。

四、案例反思

1. 以人为本,释放师爱

爱,像空气,每天在我们身边,因其无影无形而常常被人们忽略,但我们的教育工作者却要让这常被人忽略的爱让学生感知、感受到。因为,教育教学工作不能缺少爱,爱应融入我们教师的职业生命中,渗透到我们奔腾不息的育人血管里。教育是心灵的艺术,尊重每一位学生,"以人为本"是对每一位教师的基本要求。我们教育的对象是一个个活生生的人,我们的教育过程不仅仅是一种技巧的施展,更应是充满了人情味的心灵交融。心理学家认为"爱是教育好学生的前提"。对于特殊学生,我们要敞开心扉走进他的内心,给他机会,给他时间,以关爱之心来触动他的心弦,"动之以情,晓之以理",用师爱去温暖他,用温情去感化他,用道理去说服他,从而促使他主动地改正错误。

2. 良师益友,宽容为上

心理学研究表明,青少年的心理活动常常带有一定程度的"闭锁性",这就会给教育工作带来较大的困难。鉴于此,教师应当主动和学生交朋友,了解他们的内心世界,理解他们,取得他们的信赖,倾听他们的心声。学校的导师制设计了很多师生交流活动,亲近学生,了解学生,做学生的良师益友,见到学生的不足应宽容以待之。在学科教师和导师的角色转换中,不断站在学生的立场,发现他们的闪光点,增强学生的学习内驱力。我对她的转变主要是挖掘闪光点经常表扬,让她感受到这一切都得益于老师对她的信任,感受到老师是自己的良师益友,老师给自己带来了快乐。古人云:"人非圣贤,孰能无过?"故应"宽以待人,容人之错"。在通情达理中暂时性地容忍宽恕学生的错误,采用灵活委婉的方法去教育他，引导他、鼓励他，这样既保护了学生的自尊心，又促进了师生的情感交流，工作中就能达到事半功倍的效果。

3.因材施教，发挥特长

俗话说，"一把钥匙开一把锁"。每一个学生的情况，都要求导师深入了解，弄清他们的行为、习惯、爱好，从而确定行之有效的教育对策，因材施教，正确引导。面对高考三加三，面对繁重的课业负担和家长的高期望，他们需要的是坚强的毅力和强大的心理承受能力。皮格马利翁效应告诉我们，教师信任理解学生，对他们怀有较高的期待，学生就会微妙地觉察到教师对他的态度和行为方式，进而对教师产生好感和信任，同时也能激发起自信心，产生进步的动力，从而实现教师期待的目标。抓住她自尊心强，喜欢展示和表现，我经常请她课上代表小组进行交流，同学的赞许和老师的关爱唤起她的自信心、进取心，使她对自己的未来充满信心，潇洒自如地面对未来的学习生活！

经过一段时间的努力，她在各方面取得了进步。

请为每一个学生的顺利成长、健康发展倾出我们作为人师的全部的爱。因为，唯有爱，才是人类最美的语言；唯有爱，才是人类最好的教育。

借家长之力，助学生解困

丁金花

一、案例描述

小柳是我指导的一名学生。因为是中途来到班级的，所以从一开始我就想了解这个孩子的情况。说来也巧，小柳刚过来几天在英语课上，就跟英语老师发生了不愉快。事情的过程是这样的：在英语课上，他拿出了自己的手机在桌肚里看，英语老师说："你怎么能上课看手机？"他非但不觉得自己做得不对，反而顶了老师一句："我身体不舒服，我只不过给我妈发个短信，告知一下，这又怎么了？"英语老师气得不行。班级其他同学也反映他游戏玩得很厉害，手机是故意不上交的。其他任课老师和班主任也反映他作业不交、上课打瞌睡等情况。

于是我抓住这次机会，与他进行了第一次谈心。我事先设计了几个问题的切入点。

1.我跟他讲你从原校转到这里，多么不容易，父母肯定花了很大的力气，他也的确同意我的观点，我也觉得他还有点懂事。

2.我问他，你觉得今天的事情，自己有什么不对的地方？没想到他立马回答我："我的确要给妈妈发个短信。"

3.我肯定了他到鲁迅中学来的这几天，有许多他做得好的地方，比如在数学课上主动为班级擦黑板等。

4.我指出他课堂纪律存在的问题,他还是一再强调自己没有错。

这次谈话还是有点不欢而散,不过从交流中我认识到他是一个内心比较善良的孩子,但他自控能力极差,如无节制地玩游戏,甚至不睡觉。如不能控制好自己的情绪,很容易与老师、父母发生语言上的冲突。同时碰到问题时,他总是看不到自己错在哪里,总认为是老师与同学故意刁难他。

他的这些表现,让我很想和他的家长深入交流一下,于是他的妈妈与我进行了一次面对面的谈话。他妈妈的意思是因为原来学校的班风不好,使小柳迷上了游戏,成绩一塌糊涂,所以父母想给他换个环境。他妈妈一再说,又要给我们学校添麻烦了。我意识到这个孩子肯定有很多问题,同时也意识到家长是很宠孩子的,话里话外都在为自己的孩子找理由,错误都在别人,自己孩子是受到原班级的影响才变成现在这个样子的。我越发感到家长的家庭教育肯定是有问题的。

于是我利用寒假同班主任一起对他进行了一次家访,我记得那天是小柳开的门,他还帮我拿了拖鞋,跟学校里不讲道理的样子完全不一样。从家访中我了解到他有个比他大9岁的姐姐,他是家里唯一的儿子,从小受宠,事事依着他,导致他现在变得不把父母的话当回事,父母一管教就与父母发生矛盾,游戏成瘾,每天要玩到半夜,不听劝。他和妈妈还可以沟通,和父亲就和敌人一样,一对话就吵。他们家里有一只猫咪,是他捡回的流浪猫,不顾父母反对养起来的,足以看出他是一个善良的孩子。了解了这些情况,我就明白为什么他在学校有如此的表现。我也不再会觉得这个孩子麻烦,反而能够理解他,也更想帮助他。

从家访中了解到小柳的父亲是一个性格比较直接的人,讲到大女儿时一脸的骄傲,讲到儿子就是满脸的嫌弃,还表示要不是当初老人要孙子,是不会再生这个儿子的,烦也烦死了,孩子也都是被妈妈宠坏的,作为父亲他是没有责任的。小柳的妈妈脾气好,总是顺着自己儿子,夫妻间也因为儿子的事情闹过矛盾。但他们还是很想把儿子拉回来的,这个目标是一致的。于是我觉得可以多与其父母联系,指导他们与孩子的交流。

在后续的工作中,我主要把重点放在改善小柳和其父亲的亲子关系上。我指导小柳的爸爸要多发现孩子做得好的地方,放下姿态主动与孩子讲讲话,不要老是拿大女儿和小柳做比较。我也会及时把他在学校里表现好的地方,告知他爸爸。让他爸爸去表扬孩子。另外在玩游戏这件事情上指导他爸爸不要表现得很对立,可以给孩子玩,甚至可以和孩子一起玩,但是要有时间上的约束。另外由于小柳对妈妈的话还不是很抗拒,我指导小柳的妈妈多对他提一些学习上的要求,从每天完成作业开始,当然都是循序渐进的要求。在学校里我也会定期找他谈心,基本不聊学习,主要是看看他最近的心情,问问他猫咪的近况,听听他的一些想法。我每次都是站在他的立场上与他谈心,他也比以前坦诚多了,虽然还会有问题,但他也愿意与我交流了,而且态度也好很多了。每次谈心前,我会与其母亲微信联系,了解他近期在家里的表现,与小柳谈心后,我也会进一步指导其父母最近要多关注的哪些问题,给孩子哪些支持。他妈妈微信里跟我说,小柳现在不再抵触爸爸,他爸爸讲话也是多了鼓励，少了责备，双休日还带他打篮球。游戏还玩的，但是在爸爸的要求下，也有所节制。有一次早上，他跑过来问我有没有糖，他说他没吃早饭，想吃粒糖，正好我抽屉里有糖，拿了两粒给他，他谢了又谢。可以看出他开始接受我这个导师了，在有困难时第一时间想到了我。这总归是一个好的开始。

二、案例分析

小柳的母亲属于"溺爱型"，父亲属于"想管不会管"的类型，父母教育方向不一致，再加上家里条件好，老人宠爱，所以导致家庭教育中父母的管教处于失控状态。孩子因为学习长期落后和行规长期失控，因而更加不愿意与老师交流，与同学交往，沉溺于游戏。他具有孤独心理、自卑心理和叛逆心理，也会有极其敏感的表现。

三、指导措施

作为导师要第一时间了解亲子关系的情况，与其父母及时沟通，了解孩子在学习和生活中存在的问题。指导家长认清目前的亲子关系只会把孩子越推越远。应该及时调整家长自己与孩子沟通的方式方法，尽量放下家长的姿态，多与孩子交流，要给孩子适当的压力，以及学习上的要求，及时地督促而不是责备，不能任由其发展。

四、案例反思

由于存在多种问题的学生多半存在消极心理，所以要抓住一切机会表扬他们，用放大镜去看待他们的进步，比如批改作业时，哪怕学生只有一点思路，也要及时地表扬，鼓励他继续努力，可以在批改作业的时候写一些鼓励的话："你马上就要算出结果了，再加把劲呀！""你真是太厉害了，这个思路太棒了，你再好好算算"。导师的赞扬会引起学生的内心愉快和深深的满足。同时导师向家长借力，首先拉近家长与导师的距离，让家长感受到，导师对自己孩子的关心是真诚的。导师要善于抓住学生的"闪光点"，及时在家长那里"以小化大"。也让家长感受到自己的孩子是有前途的，应该去关心孩子，孩子可以在父母那里得到更多肯定。同时也可以把自己的历届学生中情况相类似的例子讲给家长听，指导家长多从孩子的角度去理解和看待孩子，让他们感受到父母关心的是自己而不是只有成绩。

其次，因为学生在家里的表现更加真实，通过与家长的线上联系或家访，要进一步了解家长与孩子间的亲子关系，了解家长在教育孩子方面存在的问题，了解导生出现问题的真正原因，及时指导。

总之，要想助力导生解困，真正地走近学困生，只有深入了解学生和家长的亲子关系，才能更好地分析他们身上存在问题的主要原因，进而加强与家长的沟通、指导，导师制的实施也正是为老师们提供了这样的平台。让我们关爱每一位学生，帮助每一个家庭构建和谐、平等的亲子关系，借家长之力，助导生解困。

拒绝线上"摆烂"

沈心如

一、案例描述

在刚开始接触姚同学时,我觉得他是一个非常乖巧的孩子,事实上也不出我所料,他上课认真听讲,作业按时提交,完成质量也相当不错。只不过,他性子比较内向,在班级里存在感低,虽然我是他的导师,但我与他的交流也仅限于学习之上,他不大愿意与我分享日常生活,所以聊天并不深入也不深刻。如果长期努力坚持那想必他会取得比较优异的学习成绩。但突如其来的疫情打破了原有的节奏,在学校上了半个学期的课之后,上海开启了长达两个月的线上教学。一开始,我对于姚同学完全不担心,我以为他会保持着在学校里的良好学习习惯。所以在第一次没有收到他的作业时,我也只是以为他忘记提交了。但在我几次提醒他提交作业后,他的"已读不回"让我意识到,事实可能并不像我想的那么简单,他在学校里表现出来的状态也可能只是他想让我看到的状态而已。在线上教学的中期,姚同学甚至好几次缺席数学课程,未与任何教师取得联系,作业要么不提交,要么就是由姐姐代写。

二、案例分析

在意识到姚同学的状态并不对劲的时候,我就明白如果仅是与姚同学沟通,那么这件事情并不可能会得到妥善的处理,尤其是在姚同学会拒绝接收老师消息的情况下。同时这件事也不能不处理,先不论之前姚同学在校的良好状态,对于还没有明确目标的在校未成年人而言,在学习、生活方面进行正确的引导,是每一位导师应有的责任。

那么,为制订良好的指导计划,先就案例进行适当的分析。首先,比较姚同学在校和在家的两种态度可知,姚同学缺乏对自己的掌控力,易于被其他事物所影响,需要适当的监督。其次,部分作业是由姐姐代写,可以看出,家长方面还没有意识到事情的严重性,对于学生仍以放任为主。最后,是不打招呼,直接旷课的行为也看出姚同学并没有建立完整的规矩意识,随心所欲、恣意妄为。

三、指导措施

基于上述分析,我决定先与班主任老师进行沟通。由于该生的问题不仅存在于数学学科,而是所有学科,故而决定先由班主任老师和导师也就是我一起将该生整体学习情况向家长进行反馈,再由各任课老师与家长及学生深入交谈。在多次的个别交流,以及与该生家长进行沟通交流之后,该生的情况开始好转,后期已经能够交齐所有学科的作业,并且会主动来找老师问问题。

以下为线上教学期间家校沟通中所运用到的相关策略。

首先,通力合作,全方位了解学生在家实际学习情况。出于真实性的考量,对于学生实际情况应当是全面且完整的,这就需要诸位任课教师在班主任老师的协调下通力合作,以塑造完整的学生学习形象,进而更具有针对性地将问题与家长进行沟通,从而得到有效解决策略。在本次家校沟通的案例中,充分运用此策略,发现姚同学对于所有学科都表现不佳,这就表明,学生对于学习认知存在问题,未能掌握正确的学习方法,同时家长对于其实际学习情况并不了解。

其次,在整体了解情况的基础之上,各学科细致化深入。作为新教师的我,在刚入职的时候存在一个明显的误区,就是会觉得和家长沟通的这件事交给班主任老师去完成就好了,任课老师只需要将情况反馈于班主任即可。但在实际操作过程中,发现这种想法并不对。家校沟通虽主要由班主任老师进行,虽尽可能了解全面,但依旧存在片面性。家长有时候想获取的帮助具有鲜明学科特点,这时候班主任的局面就显得有些被动了。但如果由各科老师分别交流,则更具有针对性,学科方面更彰显专业性。同时,家长也会感受到老师对于其孩子的重视程度,更加乐于配合教师完成相关责任。

最后,营造轻松氛围,多次与学生沟通,争取早日走进学生内心深处。家校沟通更多偏向于教师与家长之间的沟通,其目的是为学生的健全成长达成共识,协同合作,但主角依旧还是学生自己。在家长的帮助下,与学生深入沟通了解其真实想法,才能从根源上解决问题。就像是姚同学,在平日里表现尚可,但上网课期间表现不佳,其根本原因在后期了解过程中才知道,原来他在初三上网课的时候,明明很认真但最后收获的效果不理想,导致其对于网课存在"摆烂"的思想。

四、案例反思

在整个事件过程中,我做得较好的一点就是与班主任老师和其余任课老师多次沟通,构建良好的合作关系,为班级成员的进步做出充分的努力。但也存在一些不足,比如对于与家长直接沟通存在一些畏惧心理。家长的年纪比起自己略大一些,虽以沟通的姿态进行交流,但总是需要提出一些实质性的意见来解决现今的问题,总觉得自己没有底气,这需要自己在后期通过各种渠道,如请教老教师、阅读书籍等方式,精进自己的思想,提升自己的专业度。又比如,在与学生姚同学进行交流的时候,在初始特别不顺利,姚同学并不愿意与我进行深入的交谈,甚至是抗拒与我交流,这让我十分受挫,同时该事件也是在警醒我需要与导生构建更加良好的关系,才能做好思想教育工作。

高士其曾经说过:"对世界上的一切学问与知识的掌握也并非难事,只要持之以恒地学习,努力掌握规律,达到熟悉的境地,就能融会贯通,运用自如了。"学习是一件很漫长的事情,无论是对于学生、家长还是我而言,只有坚持下去,不断完善自己,才会自如运用。

基于"心理咨询技术"的家校沟通

吉　利

一、案例描述

班内女生小青与高年级男生小浩交往亲密,小青母亲在放学接送女儿途中正巧遇见两人结伴离校,因此在学校附近与女儿争吵后闹得很不愉快,第二天来校沟通,期望学校能够要求两人交往保持距离。

二、案例分析

沟通的本质是人们之间的信息传递与交流,在家校沟通过程中,沟通的双方多为班主任与学生的家长。教师除了班主任还要担任学科教学工作,故与家长沟通交流的时间较少,在校期间通过电话、微信、晓黑板与家长交流的目的通常为反映学生在校期间的情况,期望家长督促孩子的学习等,这样的沟通过程往往不够坦诚与深入,沟通似乎变成了"告状",为了解决这样的困扰,本文尝试运用相关心理学理论,在家校沟通过程中巧用心理咨询技巧,帮助家长化解焦虑情绪,指导家长学会家庭教育指导的方式,最终实现家校共育的目的。

2020 年,中央印发了《关于深化教育体制改革的意见》,总的要求是:"遵循教育规律、人才成长规律、着力形成充满活力、富有效率、更加开放、有利于高质量发展的教育体制机制。"毫无疑问,良好的家校沟通有利于着眼孩子的成长过程,促进学生身心健康的全面发展。家校沟通是在校园育人过程中,面对孩子新的变化和情况,学校与家庭、教师与家长之间的沟通过程。由于条件的限制,这样的沟通较多的形式为电话、微信、晓黑板等非面对面交流的方式实现。我们发现,当学生在校的情况通过以上方式与家长沟通时,家长偶尔会对教师有所顾忌。因此,导师在家校沟通过程中需要一双善于观察的眼睛、一颗懂得家长想法的心灵,巧妙地运用相关心理学理论在家校沟通过程中善用心理咨询技巧,就能有效地取得深层次的沟通,使得家校沟通进入良性循环。

三、指导措施

①导师与家长沟通的环境应当尽量避免打扰,因此沟通场地不宜在教师办公室,可以移到空置教室、会议室等,椅子摆成 90°,这样对于家长而言,可以避免与班主任相视而坐产生的压迫感与紧张感,沟通过程中眼神既可以自然落在前方又可以望向教师,感受来自教师的理解和支持。

②共情式的理解——"经常接送女儿其实对家长工作还是有一定影响的,看得出家长为女儿真的付出了挺多的""看到十五六岁的女儿和男生走得那么近,无论哪位家长都会

着急和焦虑的""昨日与女儿沟通不顺畅,今天一早就来学校与我交流,相信家长昨天也一定没有休息好"……从母亲的角度一同理解焦虑,在宣泄情感后家长的焦虑情绪有所缓解。

③提问技术——"昨天妈妈和女儿沟通不是很顺畅,不知道爸爸有没有也尝试沟通呢?""面对女儿现在的青春期交往,妈妈接下来有什么打算呢?""今天来学校与我交流,您最想解决的问题是什么呢?"……在家长的自我暴露过程中,教师不做批判性、攻击性提问,在必要时给予鼓励与建议,逐渐参与到家庭育人中。

④教师自我暴露与角色扮演——"十五六岁是青春期情感旺盛的时候,我们也都是从那个时候过来的,家长可以回想一下,18岁之前是否有对异性心动呢? 当时您的父母是如何处理的?""如果作为父母,您的母亲说的是不可以和男生接触,现在就是读书,家长是否也会有抵触心理""我也是那么过来的,在高中时碰到异性的告白激动而又无措,当时很期望有人能给我建议,毕竟没有这样的经历"……每位家长和老师都有过青春期的成长经历,孩子与家长的角色转换可以帮助家长在理解孩子的基础上,一同与孩子探讨处理青春期情感的方法。

四、案例反思

在该案例的访谈实践中,妈妈发现女儿与同学的密切交往,带着焦虑急躁的情绪,很期望与教师交流,因此在沟通过程中并未遭遇强烈的阻抗和长时间的沉默,教师通过倾听技术、提问技术、自我表露技术、澄清技术、积极暗示技术、引导技术等心理咨询面谈常用技术帮助家长缓解焦虑紧张的情绪,从女儿角度理解青春期情感问题,从生理心理成长角度探讨面对青春期情感正确的处理方法。其实,一两次的沟通交流并不一定能够顺利解决问题,这需要教师不断关注与家长沟通后的效果,同时也需要家长与孩子、教师与孩子、教师与孩子家长等多方面多频次的沟通,必要时教师也可以向心理咨询师督导寻求帮助。笔者认为有以下常用技术与操作方法。

1. 提问技术

提问是家校沟通中常用的技术之一,通过提问,可以促进教师与家庭的交流,鼓励家长自我分析澄清问题,提高家长的家庭教育能力。但是,如果教师不能正确使用提问技术,提问反而会对家长起消极的影响,因此,在学习提问技术之前应先了解一些不恰当的提问方式。

沟通主题	提问内容	提问方式	改进后的提问方式
上学迟到	家长可以让孩子早点来吗?	暗示性提问	孩子今天身体有什么不适吗?
作业未按时完成	为什么孩子作业没有完成?	批判性提问	昨天晚上家中有什么特殊情况吗?
未带饭费	你有没有把饭费给孩子?	攻击性提问	家长是否知道需要交费? 我们商量一下可否晚一天带来。

沟通主题	提问内容	提问方式	改进后的提问方式
成绩退步	你曾考虑过为孩子请补课老师吗？	假设性提问	我们一起讨论一下孩子退步的原因，最近情绪有变化吗？

　　我们认为，提问的好坏直接影响到家校沟通的效果。教师应该有的放矢，清楚地知道提问的目的、掌握提问的时机、提问的数量和内容以适应家长的节奏，通过提问起到支持家长家庭教育给予有效指导的作用。同时适当地予以反馈，这样彼此的交流将会更为流畅。

　　2. 自我表露技术

　　自我表露最先是由 Jourard 提出、界定并开展发展性研究的。他最早认为自我表露是个人将有关自己的信息表露给目标人。后来他在《透明的自我》一书中将其界定为告诉另外一个人关于自己的信息，真诚地与他人分享自己个人的、秘密的想法和感受的过程。

　　①家长的自我表露

　　在家校沟通的过程中，家长常会向教师隐瞒一些私人信息，可能包括家庭婚姻状况、对学校教育的个人想法、家长个人经历，甚至在沟通过程中对教师的怀疑与不满等，家长为了给教师留下良好的家庭教育环境的形象，通常会隐瞒自己的负面反馈和某些个人信息。在沟通的过程中，教师应当引导家长一定程度地自我表露，了解家庭教育的真实现状才能对孩子的环境全面了解，当然教师也要注意保密原则，接受家长有限的自我表露，在不断沟通和交流中逐渐参与到家庭育人中。

　　②教师的自我表露

　　沟通是一个教师与家庭双方交互作用的过程，除了重视家庭的自我表露，也不能忽视教师的自我表露，教师的自我表露行为可以使家长的自我表露增多。如教师在育人的过程中也会遭遇困惑，面对孩子的个性化发展也会缺乏方法，对于自己任教以外的科目存在着知识盲区等，值得注意的是，教师的自我暴露需要注意分寸，避免造成家长对于教师产生不信任与怀疑，这需要教师不断学习掌握自我表露的原则和差异。

　　3. 角色扮演技术

　　角色扮演是对现实沟通的一种重复与演习，在家校沟通中，教师可以帮助家长以一个家庭教育中典型的矛盾事例为内容，家长对此具体说明。扮演的主角为家长，任务是扮演自己，教师扮演学生，带着矛盾与冲突去扮演，中途出现问题不暂停扮演，等全部扮演结束时再进行分析。在反馈中，与家长总结家庭教育中好的地方，予以肯定。对于家庭教育中存在的问题，共同讨论如何改进，也可以由家长自行评判自己的行为。在扮演过程中，有必要时可以进行录音、录像，播放给家长再次观看，同时与家长一同进行讨论。如有必要，也可以与学生进行相同模式的角色扮演，也可以在经过家长同意的前提下将扮演过程播放给家长、学生双方。在扮演过程中教师对家长出现新的适应的行为进行肯定，并鼓励家长将这些新的育人方法运用到家庭教育现实中去，教师在良好教育同盟的前提下，也可以建议家长对新的育人方式进行学习。

当今 80 后家长作为第一代独生子女，当遭遇孩子成长问题时，有时候自己也会手足无措，需要他人倾听与疏导，我们认为教师掌握一定的心理咨询面谈技术，同时应用到家校沟通实践十分必要。在具体沟通中，巧妙地运用相关心理学理论、善用心理咨询技巧，定能有效地取得深层次的沟通，使得家校沟通进入良性循环。

你就是我的孩子

苏莉丽

为了发扬中华民族重视家庭教育的优良传统，引导全社会注重家庭、家教和家风，增进家庭幸福与社会和谐，培养德智体美劳全面发展的社会主义建设者和接班人，2022 年 1 月 1 日，《中华人民共和国家庭教育促进法》正式实施。这部新法将家庭教育由传统"家事"上升为重要"国事"。可见，家庭教育指导在和谐家庭建设中的重要性。

在高中阶段，不少高中生面临学业压力、情绪管理问题，很大一部分是因为亲子矛盾引起的。伴随着"三全导师制"的推进，导师不仅要与学生进行经常性的谈心交流，而且要做好学生所在家庭的亲子关系协调工作，用专业的知识来指导家庭教育。

新一年的导师制工作开始了，在我的学生中有这么一个孩子，他让所有的任课教师头痛，他得罪了不少班内的同学，妈妈着急万分，但又十分无奈。

一、案例描述

结合"双向选择"，每年学校都会给新接班的导师落实新的辅导学生。送走高三毕业班后，我被安排到当时的高二年级接班，我满怀期待地等待与我的学生的第一次见面。然而，第一次的见面等来的不是学生，而是学生家长。一天，班主任徐老师联系我说小利的妈妈觉得最近孩子学习状态不好，想来学校和老师沟通下孩子的学习，看看有什么办法可以调整一下孩子的状态。因为我是孩子的导师，所以班主任邀请我一起参加。

"老师，这个孩子我真的没法管了！软的硬的都试过，他要什么，我们也尽量地满足。可就是不好好读书，回家就是手机，说多了，就对我发脾气，你说怎么办才好……"刚坐下，小利的妈妈就开始向班主任和任课老师吐槽，说到后来，眼圈也红了。坐在边上的我因为还没有正式了解这个孩子，只能做一个倾听者。这是我第一次从家长的口中听到我的导生小利的情况。

第一次谈心，我终于见到了小利，看上去斯斯文文的，但是当我和他对视的时候，我发现他的眼神里充满对我的不信任。"同学们，今天是我们第一次导师导生见面，请大家先自我介绍一下，说说自己的爱好。"除了小利外，每一个学生都与其他人进行了信息交流，小利当作没看到、没听到,坐在角落闷声不响,集体谈心结束后,我将小利留下来,单独跟他交流。"小利,我看你刚才没有参与大家的交流,我是你的导师,这就是缘分,给,这是我的微信,如果你有什么话想跟我说,可以加我微信哦!"我把我的微信给了小利,他一声不响地拿着小纸条走了。

没过几天,我在办公室突然听到走廊里有非常激烈的争吵声。冲出去一看,原来是小利和老师发生了冲突。"我就这样骂你,怎么样,谁让你进我们班的,这是我们班的事,不用你管,也不用你来说……"小利在教室门口和一位老师争得面红耳赤。"你,你……"老师已经气得说不出话来。小利已经不是第一次与老师起冲突了,进入高中后,他几次与同学起冲突,又常常因为老师的一句话,与不少任课老师发生矛盾。每次事后,学校将他妈妈叫来告知情况,处理这件事,家长对此也十分烦恼,跟孩子谈过无数次,但是效果甚微。

除了人际交往,学业是小利妈妈最头疼的事,对此,小利妈妈操碎了心。小利妈妈说小利想把自己的学习成绩搞上去,但是又怕苦怕累,有决心没行动。高二学年结束前,我又接到小利妈妈的电话,说孩子和自己的舅舅起了矛盾,准备不来读书了,妈妈非常着急。对于上学,想来就来,不想来就不来,这样的事已经不止发生一次了。

二、案例分析

面对小利在学校的种种表现,我感觉每一个孩子出现问题,总归有各种各样的原因,既然我与小利有缘,成为了他的导师,我就要从心理、生活、学业、家庭等各个方面去了解他,走进他的世界,与小利一起面对问题、一起解决问题。利用课余时间,我找了小利的班主任,了解了他的基本情况。又利用双休日,去小利家进行家访。寻找各种契机,不时地找小利谈心。

走进孩子的心是需要抓住各种契机的。一天晚上,小利的班主任发我一张图片,说小利的脚被教室椅子上的钉子划伤了,小利将此事告诉班主任的同时,还提醒班主任转告学校派人去维修。作为小利的导师,我第一时间联系了学生和家长,问了情况,提醒他一定要去打破伤风针,安慰了小利后,及时表扬了小利在受伤后还记得关心学校工作,事后,我又及时协助家长完成了保险理赔的工作。经过这件事后,小利和我的距离就近了一些,看到我会主动打招呼,有时会主动来我的办公室,找我谈心。

经过和小利及他妈妈的多次交流,我了解到小利是单亲家庭的孩子,从小和妈妈相依为命。童年时,爸爸有家暴倾向,自从父母离异后,他非常恨爸爸,只要跟他谈起父亲,他就会一口回绝说:"他已经死了!"童年的创伤让他变得非常敏感,脾气又十分暴躁,一件事他觉得不顺他的心,就会与对方起冲突。但是他非常爱自己的妈妈,对于自己信任的人,会给予无条件的爱与关怀。这一点在与小利的相处过程中,我深有体会,或许我是学校里小利唯一不会顶嘴"翻毛腔"的老师。

因为从小学习习惯差,等级考失利后,小利对学习更加没有信心了,他开始自暴自弃,上学三天打鱼两天晒网,作业不交,上课睡觉。没有目标的学习,让小利成了班里任课老师最头疼的学生之一,每个任课老师遇到我,都会不自觉地告状。家里面妈妈对小利的要求也比较模糊,舅舅对他的要求非常严格,一定要孩子考上本科。

三、指导措施

小利所面临的是人际交往问题和学业问题,在了解清楚情况后,我决定再次进行家访,与他妈妈当面沟通。

1. 明确学习目标,增强孩子自信

我:"小利妈妈,你知道小利对高中毕业后自己的人生道路的安排吗?"

家长:"不知道,他从来没提过,我问他,他就说不要我管,然后就不理我了。"

我:"小利妈妈,前几天我找小利谈过了,他说自己等级考考得一塌糊涂,也不知道未来能有啥出路,很迷茫,所以过一天算一天。"

家长:"啊!他还会分析自己的学习情况!老早就跟他说好好学习,一点都不听。"

我:"是啊!孩子在成长的过程中会遇到各种困难和挫折,有时他们自己也很迷茫,需要我们一起去帮他分析,明确未来的路。"

我:"从你的角度,你对小利有什么打算?"

家长:"我么,就希望他好好读书,考上大学……"

这就是我和小利妈妈的对话,我发现,妈妈对孩子的要求就是考上大学,究竟是怎么样的大学,是本科,还是大专也可以,都没有明确的目标。

我和家长一起分析了小利的实际情况,并将小利个人的想法与家长进行了沟通,小利目前希望越早结束高中的学习越好,如果春考不进,就大专自招,大专自招不行就去当兵,由此可见,小利对自己未来道路的安排是非常明确的。目前的关键就是家长要接受,我将小利二年多来重要考试的成绩整理出来给家长看,与家长一起分析孩子的优势所在,并且分步骤明确目标,既然要冲击春考,那就全力以赴语数外,家长也要积极配合,每天监督孩子语数外作业的完成情况。春考如果失利,就走大专自招。秋考暂不考虑。

经过多次沟通,小利在高二暑假中开始拾起他好长时间没有碰的书本,每周我也会电话联系小利妈妈,关注孩子的学习情况。目标明确了,孩子的自信心上来了,在高三第一学期结束的春考中小利考到 261 分,超过了本科分数线。当听到孩子的成绩时,我和小利的妈妈都激动得哭了,这是一个意想不到的分数。小利因志愿填报问题,没被春考院校录取,我又及时进行家访,与家长和孩子一起商量下一阶段的目标——大专自招,我从大专院校专业和家长的社会资源角度,给家长提出了建议。有了希望,有了方向,相信在接下来的大专自招中,小利一定会取得成功。

2. 增强家校沟通,关注孩子的情绪

小利的暴脾气是全校有名的。从初中开始,妈妈就因为这件事多次被老师叫到学校谈话,妈妈对孩子的行为既生气又无奈。成为我的导生没多久,小利又一次被叫到了学生处,因为将校园禁带的危险性玩具带入班级,结合学校调查结果,给予小利行政处分。小利的妈妈再次被叫到学校,谈完处分的事后。我单独留家长下来沟通。

妈妈表示孩子平时在家就比较自我,我告诉家长,自我也是孩子自我保护的一种形式,他不信任周边的人,他把自己关在自己的世界里,我们需要的是倾听,面对孩子的犯错,我们先去听一听孩子当时的想法,听完后再一起帮他分析。我建议妈妈可以每周和孩子约一次家庭会议时间,大家可以分享一下一周来的生活点滴。在分享中,妈妈要注意抓住孩子讲的关键事件,关注孩子在讲这些关键事件时的情绪表达,及时地纠正孩子在表述事件中出现的情绪偏差。如果可以的话,可以在家庭会议后,就其中无法把握的问题打电话联系我,我们一起分析解决。

有了固定的家庭谈心时间,家长与孩子之间有了契约,本来亲子关系就还可以,就更能及时了解孩子的想法,及时为孩子排忧解难。

3. 充分调动家庭成员的力量,关注孩子的成长

小利从小缺失父爱,但他有一个非常爱他关心他的舅舅,就像半个父亲一样,舅舅没有自己的孩子,把他当成自己的儿子,长期从物质上资助小利,同时也非常关注小利的日常生活,但是因为缺失父爱,所以小利与男性长辈交往有一些隔阂。

"老师,昨天小利和他舅舅吵架了,舅舅让他一定要考本科,说考不上本科高中白读了,他一生气说不读书了!这可怎么办呀……"一天晚上,我正准备睡觉,又接到了小利妈妈的电话。我一边在电话里安慰家长,一边与家长约第二天上门家访的时间。第二天,我见到了小利和他的妈妈,我先跟小利谈心,让他先去学校上课,在与班主任联系后,我把小利送出了家门,然后,我向家长仔细询问事情经过。原来舅舅对孩子的期望值非常高,但是对孩子的现状并不十分了解。妈妈就是小利与舅舅之间沟通的桥梁,通过沟通,妈妈将小利近期的情况进行整理,并且与舅舅进行沟通,舅舅也与小利进行了电话沟通,这件事情解决了。但是小利的成长需要家庭成员的关注,妈妈带小利去了舅舅的公司实习,给两人更多的独处空间,增进相互之间的情感,孩子在实习过程中看到了舅舅敬业、勤奋的工作品质,也成为激励自己学习的动力。

四、案例反思

"妈妈,我感觉苏老师是我遇到的对我最上心的老师。在学校我有事情都会去找她。"这是孩子的妈妈对我转述的话。同时妈妈也说到:这一年孩子的变化非常大,自己也学会了如何与孩子相处,如何去帮助孩子成长。家庭的关系也越来越和谐了。结合这两年的导师工作,我总结如下:

1. 相互信任,真实倾听

作为一名导师,同时作为一名家长,双重身份让我感受到,要走进家长的世界,必须先走进孩子的世界,现在的孩子自我意识都非常强,只有靠自己的一份真心才能换取孩子的信任。每一个孩子都是上天送给人间的小天使,需要我们去呵护,当我们取得孩子的信任,同时也要学会倾听,无条件地倾听,这样才能走进孩子的内心世界,把他们看作是自己

的孩子,让孩子充满安全感。孩子信任你了,才能走进家长的内心世界,开展真实有效的家庭教育指导。

2.抓住契机,耐心指导

家庭教育指导需要指导者不时关注孩子和家长的情况,抓住各种契机开展谈心交流。指导者要学会运用专业的知识,耐心指导家长,导师要根据不同的家庭结构分析家庭教育情况,有针对性地开展家庭教育指导工作。同时家庭教育指导不是一蹴而就的,需要极大的耐心,这是一个长期的过程,可能还会反复,需要我们不断坚持,给予家长有的放矢的指导。

重视劳动"对话"

徐 瑶

一、案例描述

突如其来的疫情,让学生的学习由线下转为线上。学习环境和学习方式的改变不仅给学生的学习带来了巨大的挑战,也给家长造成了不小的压力。他们在兼顾自身工作的同时,不仅需要配合学校督促孩子学习,也要时刻关注孩子的情绪变化,适时进行疏导,还要为孩子的居家学习做好后勤保障工作。

小梓同学疫情居家学习期间,学习状态和情绪起伏较大。家长对小梓的状态感到非常焦虑,但又害怕教育方式不当与孩子发生正面的冲突,不知道该如何是好,于是向我求助。作为小梓的导师,我与他家长在疫情线上学习期间保持了较为密切的沟通,适时为家长的家庭教育提供了一些指导。

二、案例分析

进入到高中后,随着学生学业压力的攀升,很多家长对于孩子的学业问题也呈现出非常焦虑的状态。尤其是线上学习期间,当看到自己的孩子呈现出较怠惰的状态时,家长们会愈发焦虑,若不用科学的方法排解,就容易将自身的焦虑情绪转移到孩子身上,引发激烈的亲子矛盾。或是像小梓的家长那样,变得手足无措。很多时候,家长是因为太过关注于孩子的学习成绩,不断给孩子施压,引发了他们的逆反心理,而导致家庭教育效果不佳。作为导师的我们应给予家长科学的指导,引导家长在敏感时期多关注孩子心理情绪状态的变化,积极组织家庭活动帮助孩子减压,在活动中育人将会收获更理想的教育效果。

三、指导措施

(一)了解情况,共寻契机

家长:老师,我们家小梓最近居家学习期间好像特别容易烦躁,上课也不专注,听着听着就走神了。每天循环往复地盯着电脑屏幕上课,我看他情绪状态也不佳,显得很疲惫的样子。而且他又不喜欢运动,整个人都胖了一大圈,看起来更没精神了。这可怎么办呀?

导师:居家线上学习确实对孩子的身体和心理都造成不小的压力。特殊时期,也不太方便出门游玩。平常不太喜欢运动的话,那家里的家务活家长会让他帮忙做一做吗?

家长:平常考虑到他学习比较忙,空闲的时间他自己喜欢玩玩手机放松,我一般能做的都会帮他弄好,不太让他自己动手。而且,他对这方面好像也不太感兴趣。

导师:其实在家里面劳动劳动挺好的,它并不会占用孩子的学习时间。而且孩子已经一整天对着电子设备学习,如果再玩手机放松的话对他们的颈椎也会造成不小的伤害。家长不妨可以考虑让孩子帮你做一些家务活,一来可以转换一下心情,减轻他从学习中获得的压力。二来正好可以让他活动活动,增强体质,不至于一天到晚都坐在那里。

家长:听起来挺有道理的,谢谢老师,我去试试看。

(二)耐心引导,加深认识

家长:老师,那天听了您的建议后,有一天晚上我们家包馄饨吃,我就让小梓来帮我一起包。他以前从来没有包过,他就看着我包,自己就学会了,而且整个过程都很认真,还自己发明出了不同的包法和形状。后来我和他爸爸一个劲夸他包的馄饨好吃,他听了很开心,还说下次他要自己独立完成。哎,他要是对学习也这么专注,这么感兴趣就好了。

导师:其实生活能力和学习能力是不能分割开来的。从孩子自主学会包馄饨就可以看出他的学习能力是很强的,在这一点上家长要多鼓励他。而且他还自己发明出了不同包法和形状,整个过程很认真,这其实就锻炼了他对待事情的专注度,也激发了他的创造力,这些能力其实都是可以迁移到学习中的。家长一定不要认为学习能力只能在学习中培养,其实学习能力也是生活能力的重要组成部分,很多时候是在生活劳动中慢慢增强的。

家长:原来如此!没想到帮我干个家务活还有这些好处。那下次我让他自己独立包馄饨给我们吃。

导师:可以的。他之所以会提出要独立包馄饨,是因为他在这个劳动的过程中收获了足够的自信和成就感。下次建议家长就放手让他去做,不管做得好与不好,都放手让他自己去体验这个过程,完成后不仅要多鼓励他,夸他包的好吃,还要问问他整个过程下来有什么深刻的感受或体会。

家长:好的,老师,谢谢您!

(三)切中肯綮,挖掘价值

家长:老师,那天他真的自己独立完成了包馄饨。我就负责帮他买了食材回来,其他都是他自己弄的,竟然还做得不错,我对我们家小梓刮目相看了。

导师:通过这次活动,不仅小梓自己提高了生活能力,还让家长发现了孩子身上更多的闪光点,这也很有意义的。那天他有什么体会或感受呢?

家长:他说,平常吃起馄饨来想不到这么多,今天自己完成了整个过程没想到还挺花工夫的，要洗菜、调肉馅、包馄饨、煮馄饨，还要洗碗，蛮累的，但也蛮开心的。他也感受到了我和他爸爸日复一日给他这样做饭照顾他的辛苦，说以后要主动帮我们分担。

导师：真是不错的孩子！通过这样的一次看似普通的家务活动，小梓的心灵也成长了。他慢慢懂得了珍惜与感恩，也更好地理解了父母的不易。这次家和活动还拉近了你们亲子间的距离，可谓是一举多得呀！

家长：是啊是啊！以前也不知道这些，因为现在孩子学习压力大，我们作为父母的就光想着怎样帮他做掉一些力所能及的事来帮他分担压力，至少在生活上尽量满足他，不想给他增加压力。现在看来，这样的思路还是需要调整。孩子的成长是多方面的，不能只关注于他的学习，生活能力的提高不仅将来能帮他更好地适应社会，而且也能带动他学习能力的提高，我以后还是应该重视起来。再次感谢您！

四、案例反思

（一）抓住良好契机，提高生活能力

作为导师的我们需要根据专业的知识判断出，疫情居家学习的这段时间其实是培养孩子生活能力的良好契机。我们需要积极引导家长利用好这段时间提高孩子的生活能力，进而促进他们其他各项能力的发展。

生活能力培养就是以生活为背景、通过对生活的思考和情感的表达，来培育具有适应生活、超越生活的能力的人。它包含了交往能力、学习能力、生存能力、动手能力等多方面。其中动手能力是现如今的孩子们比较薄弱之处，家长们的"吐槽"也较为集中地反映了这一点。所以，引导家长居家期间如何加强对孩子劳动能力的培养非常有必要。

（二）循序渐进沟通，不断加深认识

对于生活中"劳动"这一词，很多家长或许会对它存在刻板印象，一提到"劳动"就将它与"脏""累""浪费时间"等联系起来。因而会产生两种错误的认识：一是怕麻烦的心理。家长担心孩子能力不够，完成任务的质量不高，自己还得费时费力返工，还不如自己去做，省事又省力。二是比较心疼自己的孩子，也怕占用孩子过多的学习时间，从而耽误孩子的学习。

因此，导师在引导家长进行劳动教育，提高孩子生活能力时应坚持循序渐进的原则，少一些急切，多一些耐心，在寻找到合适契机的基础上，引导家长一步步地加深对"劳动"的认识，理性看待生活能力的提高对孩子全面成长的重要性。

（三）挖掘"劳动"价值，体会"劳动"真味

虽然"大神兽们"临上课前不是找不到这就是找不到那，但很多家长都是一边带着怨气吐槽，一边又帮孩子把这些事情都解决了，下一次依然还是如此，恶性循环。孩子真的学不会吗？我想并不是这样。那又是为什么呢？

归根结底或许还是因为家长对"劳动"的价值和意义了解得不够深入，认为劳动技能的习得似乎也没有这么重要，至少没有像学习那样来得紧迫。然而，劳动教育不仅限于劳

动技能的培养,于孩子本身而言,它可以锻炼身体、增强意志,促进良好道德品质的形成,同时还能让他们早点认知社会、职业,它背后的"育心"价值对孩子的成长产生不容忽视的积极作用。于家庭关系而言,"劳动"是亲子关系的润滑剂,它加强了亲子间的互动与理解,拉近了彼此间的距离。这些就需要我们导师在日常的家校沟通中做到循循善诱,积极引导家长来重新认识"劳动"的价值。

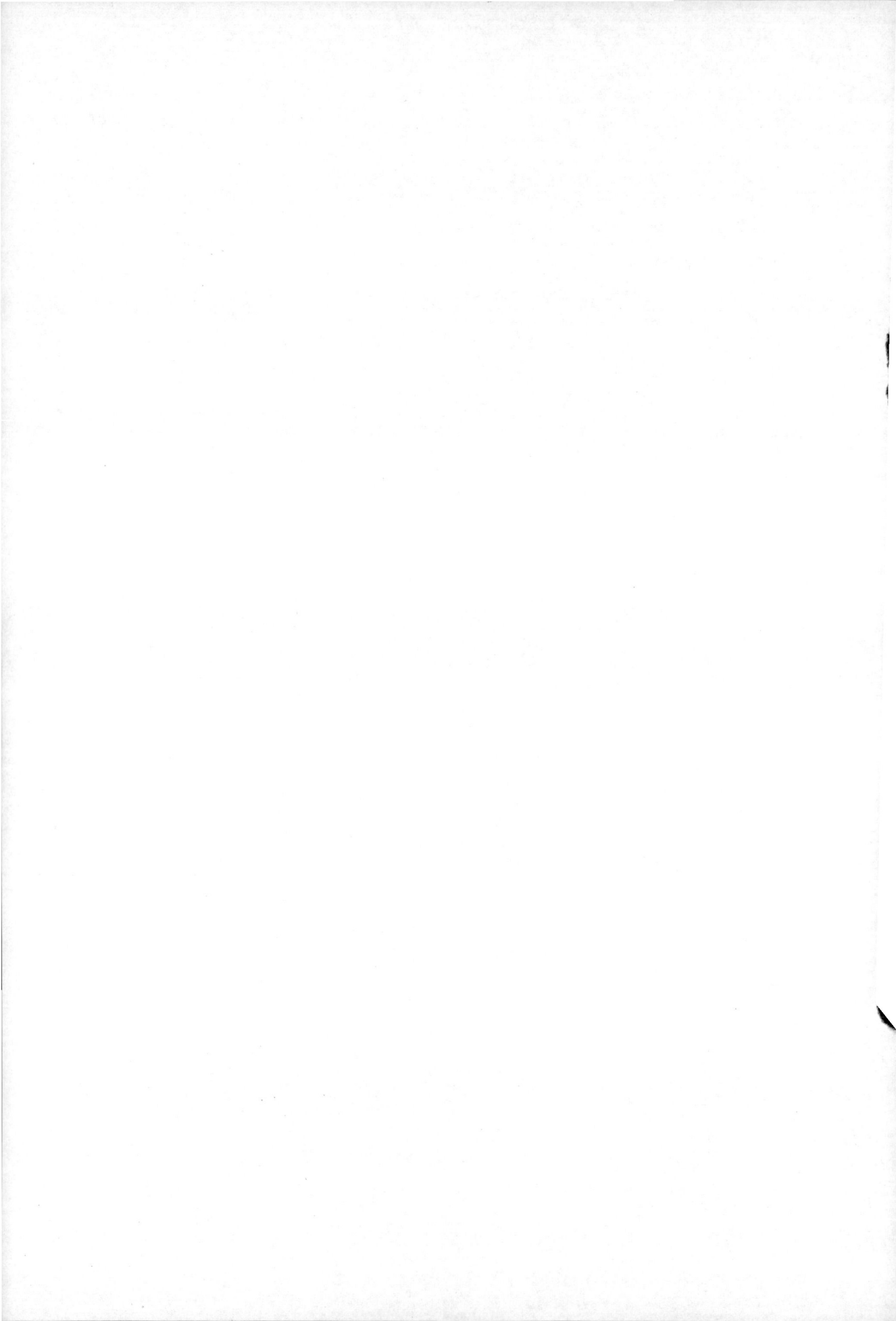